기억을 기억하라

징비록

정 종 숙 지음

BOOK★STAR

기억을 기억하라

징비록

목차

기억을 기억하라 징비록

노량해전과 징비록의 공통점

그날, 당신은 무엇을 했는가?
그날의 선택이 오늘을 만들었고, 또 지금 이 순간의
선택이 미래를 만든다면, 어떻게 할 것인가?
얼핏 보면 개인의 선택은 개인의 삶일 뿐,
한 사회의 모습을 결정짓는 역사적 흐름과는
아무런 연관이 없어 보인다.
그러나 과연 그럴까?

바람이 분다, 물결이 인다. 지금도 변함없이 출렁이는 노량 앞바다는 이순신의 마지막 선택이었다. 허나, 그곳은 조금만 비겁해지면 피할 수도 있었던 최후의 결전장이었다. 그러나 그는 달랐다. 그는 그다운 방식으로 전쟁을 끝내고자 했다. 이 땅을 무참히 짓밟은 적을 그냥 돌려보낼 수 없었기에 위험을 무릅쓰고 막아선 노량 앞바다. 이순신은 매 순간 참혹한 전쟁을 끝내겠다는 일념 하나로 적과 맞섰고, 싸웠고, 이겼다. 길고도 길었던 임진왜란 7년, 이순신은 마지막 순간까지 그의 선택이 어떻게 역사의 흐름을 가르고 결정짓는지 온몸으로 증명했다.

운명처럼 그곳 노량에서 그를 만났다. 1992년 그해 KBS의 드라마 다큐

멘터리 〈임진왜란〉를 구성하고 집필하기 위해 전국을 돌아다녔다. 임진왜란의 흔적을 찾아, 그의 발길이 머문 곳을 찾아 남쪽으로, 남쪽으로 내려갔다. 그렇게 마주한 노량 앞바다…… 그곳에 섰을 때 문득, 인터뷰 질문 하나가 머릿속을 맴돌았다.

"장군께선 왜 항상 급류를 선택했습니까?
왜 모두가 피하는 급류여야 했습니까?"

노량해전이 7년 전쟁을 끝내기 위한 이순신의 선택이었다면, 《징비록》은 전시내각을 이끌었던 류성룡이 그의 방식으로 전쟁을 끝내기 위해 선택한 것이었다. 1598년 11월 19일, 이순신이 노량 앞바다에서 최후를 맞은 그날 류성룡도 반대파의 탄핵을 받아 파면됐다. 그 길로 모든 걸 내려놓고 고향 하회마을로 돌아갔다. 얼마 뒤 삭탈된 관직과 명예가 회복되었지만 류성룡은 응하지 않았다. 임금의 거듭된 부름에도 나아가지 않고 칩거했다. 다시 정치의 중심에 서는 대신 그가 선택한 것은 전쟁의 전모를 기록하는 것이었다.

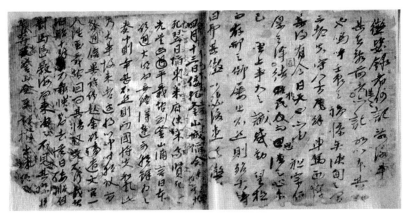

| 징비록 국보 제132호(한국국학진흥원 소장 / 풍산류씨 하회 충효당 기탁)

징비록이 당신에게
그들의 선택에서 무엇을 배울 것인가

왜 그랬을까?
조정에 나아가 전후 복구에 참여할 수도 있었을 텐데,
왜 류성룡은 징비록 집필에 매달린 걸까?
징비록을 통해 전하고자 하는 것은 무엇일까?

《징비록》이란 무엇인가?
임진왜란이 끝난 후 그 일을 기록한 것이다.
난이 발생하기 전의 일 또한 조금씩 기록했으니
이는 난의 처음부터 근본을 밝히기 위한 것이다.
……
《시경》에 '지난 일의 잘못을 징계하여 훗날의 환란이 없도록 조심하
게 한다'고 하였다. 이것이 내가 징비록을 쓰는 까닭이다.

《징비록》 서문 중에서

《징비록》 서문에서 밝힌 것처럼 류성룡은 참혹한 전쟁을 돌아보고 반
성하는 성찰의 기록이 필요하다고 생각했다. 그에겐 그것이 전쟁을 온전
하게 극복하는 길이었고, 미래로 나아가는 길이었다. 미래의 기준이 될
과거가 묻혀 버린다면 반성도 할 수 없고, 혁신도 할 수 없다. 그렇기 때

문에 참혹한 과거, 참담한 기억이라고 해서 지워버린다면, 또 자신에게 유리한 방향으로 각색한다면, 과거의 악몽은 언제든 되풀이될 수 있다. 그래선 안 될 일이었다. 류성룡은 기억을 기억하기 위해 붓을 들었다. 그의 시대를 기억하는 것은 그의 치부를 드러내는 일, 그럼에도 그는 붓을 꺾지 않았고, 《징비록》을 썼고, 완성했다. 그것은 임진왜란 발발 당시 포화의 한가운데서 전쟁의 참화를 겪으며 전시 내각을 이끌었던 최고위직 관리의 비장한 반성문이자 국난 극복의 역사 철학서이기도 하다. 그리하여 그의 《징비록》은 지금까지 개인이 남긴 회고록 중 유일하게 국보(국보 제132호)로 지정되었을 만큼 우리에게 값진 유산으로 남아 있다.

지금 우리는 류성룡의 《징비록》이 있어 임진왜란 이전의 국내외 정세는 물론 정부의 대처 방식, 전쟁의 구체적인 실상에 이르기까지 임진왜란의 전모를 파악할 수 있다. 구체적인 사료와 사실에 입각한 그 기록은 전쟁 직전 정부의 선택부터, 일본군의 침략 직후 달아난 관리들과 도성을 버린 임금의 선택, 그런 안팎의 위기에서 적과 맞서 싸운 이순신과 의병들의 선택 등 수많은 사람의 선택이 어떤 결과를 만들어내는지 생생하게 보여준다. 그래서 그것은 과거의 류성룡이 현재의 우리에게 던지는 시대를 초월한 질문으로 돌아온다.

"나의 시대와 당신의 시대는 어떻게 다른가?
나의 조선과 당신의 대한민국이 달라야 한다고 생각하는가?
그렇다면 오늘 당신은 무엇을 선택할 것인가?"

우리는 매 순간 선택 앞에 선다. 류성룡과 이순신이 그랬던 것처럼. 지금 우리 앞에 놓인 옳은 선택과 잘못된 선택, 합리적인 선택과 편향된 선택, 그 갈림길에서 때론 방향을 잃고 길을 헤매기도 하고, 때론 잘못된 길을 선택해 달려가기도 한다. 그러나 우리의 선택을 이끌어줄 지혜로운 안내자가 있다면 시행착오를 줄일 수 있을 것이다. 이 책은 그런 문제의식에서 출발했다. 그 때문에 《징비록》에 담긴 수많은 그들의 선택에 주목했다. 류성룡의 선택과 이순신의 선택에서 무엇을 배울 것인가? 또 도망간 관리와 도성을 버린 임금의 선택은 왜 잊지 말아야 하는가? 《징비록》의 그들이 우리 시대의 선택에 좋은 GPS가 되어줄 것이라 믿는다.

광복 70주년을 맞이하며

1장
프롤로그

《징비록》을 입수한 일본은 그 가치를 제대로 알아보았다.

처음에는 누군가 한 글자 한 글자 베껴 쓴 필사본이 나돌았다.

동아시아를
열광시킨 문제작

"류성룡이 지은 징비록이 왜국에 흘러들어 갔다 하니
지극히 놀랍습니다. 엄격하게 과조를 세워 금단하소서."

《숙종실록》 1712년 4월 22일

　　임진왜란의 상처가 채 가시지 않은 1607년, 조선통신사 행렬이 일본
땅에 도착했다. 7년 전쟁이 끝난 뒤 조선과 일본을 다시 이어준 평화의
행렬이었다. 전후 처음으로 파견된 통신사의 공식 명칭은 '쇄환사'였다.
전쟁 포로를 송환하려는 조선 정부의 의지가 반영된 외교사절이었다.
1,418명의 조선인 포로를 송환하는 것으로 활동을 시작한 쇄환사는 4회
때부터 그 명칭이 통신사로 바뀌었다.

ㅣ 조선통신사 행렬도

해로와 육로를 거쳐 조선통신사가 에도에 입성하는 데는 꼬박 4개월이 걸렸다. 1711년 일본에 파견된 조선통신사 조태억은 그 길에서 실로 놀라운 장면을 목격한다. 류성룡의 《징비록》이 일본의 서점가에서 팔리고 있는 것이었다. 그것도 필사본이 아니라, 1695년 정식으로 간행된 인쇄본 출판물이었다.

조태억의 보고를 받은 조정은 경악했다. 《징비록》의 2만 9,736자에는 임진왜란의 전모가 담겨 있어 일본 유출이 금지된 책이었다. 그러나 엄격한 통제도 실효성이 없었다. 전쟁이 끝나고 일본의 끈질긴 요구로 국교를 재개한 조선은 부산의 왜관을 다시 열어주었다. 조선의 문물과 지식, 각종 정보는 그곳 왜관을 통해 일본으로 흘러갔다. 류성룡의 《징비록》도 왜관을 통해 일본으로 넘어간 것이었다.

| 초량왜관
1783년(정조 7)에 변박(卞璞)이 그린 초량왜관(草梁倭館)의 전경이다.

| 일본에서 간행된
《조선 징비록》

　《징비록》을 입수한 일본은 그 가치를 제대로 알아보았다. 처음에는 누군가 한 글자 한 글자 베껴 쓴 필사본이 나돌았다. 그러다 17세기 말 《조선 징비록》이란 이름으로 간행되어 보급되기 시작했다. 교토 이조 거리의 '야마토야 이헤에' 출판사에 간행된 《조선 징비록》을 보면 류성룡의 서문이 나온다. 그리고 그 뒤에 당대 일본 최고의 유학자 가이바라 엣킨의 서문이 붙어 있다. 엣킨은 '일본에 수많은 임진왜란 관련 책이 있는데 그중 가장 믿을 만한 책은 징비록'이라고 극찬했다.

　《조선 징비록》은 일본 지식인들 사이에서 반드시 읽어야 할 책으로 통했다. 그렇게 당대 최고의 베스트셀러로 등극해 임진왜란과 조선에 대한 인식을 크게 바꾼다. 《조선 징비록》이 유통되면서 침략 전쟁을 미화시키던 일본인들의 기록에 변화가 생겨났다. 에도 시대의 장편 역사 소설에선 《징비록》을 인용해 일본 수군을 압도하는 이순신 장군을 영웅으로 소개하고 그 활약을 높이 평가한다. 그뿐만 아니라 조선 장수들의 활약상도 담아 소개했다. 《조선 징비록》이 일본에서 출간된 후 약 100여 종의 책이 그 영향을 받아 출판됐다.

"내가 가장 두려워하는 사람은 이순신이며, 가장 미워하는 사람도 이
순신이고, 가장 좋아하는 사람도 이순신이며, 가장 흠모하고 숭상하는
사람도 이순신이고, 가장 죽이고 싶은 사람도 이순신이며, 가장 차를
함께 마시고 싶은 사람도 바로 이순신이다."

《와키자카기》와키자자 야스하루의 일본 전사

"해군 장군인 나로서는 평생을 두고 경모하는 바다의 장수로 네덜란
드의 루티어 미첼(Ruyter Michel)과 조선의 이순신이다. 그중에서 갑과
을을 정하라면 서슴지 않고 이순신을 갑으로 추천하는 바이다. 영국의
넬슨이 세계적인 명장으로 명성이 높은 것은 누구나 잘 아는 바이지
만, 그 인격에 있어서나 창의성에 있어서는 도저히 이순신의 짝이 될
수 없다."

일본 해군 대좌 사토 데쓰타로(1908년)

"한국인들은 이순신 장군을 성웅이라고 떠받들기만 할 뿐 그분이 진
정으로 얼마나 위대한 분인가 하는 것은 우리 일본인보다도 모르고 있
는 것 같다."

가와다 고오(1920년대 일본 해군 전략 연구가)

《징비록》은 사상적 측면에서도 일본에 큰 영향을 끼쳤다. 《조선군기
대전》에 실린 삽화에는 죽은 어미의 젖을 빠는 아이가 그려져 있다. 전쟁
터의 비참한 기아상을 통해 침략 전쟁의 참상을 고발하는 것이다. 이는
역사를 후세의 거울로 삼으려는 《징비록》의 사상이 그 기반이 되었다.

| 안동 하회마을 류성룡은 1598년 고향 하회로 돌아와서 《징비록》 집필을 시작했다

　《징비록》의 산실은 낙동강 물길이 감싸고 흐르는 안동 하회마을이다. 전시 내각의 총사령관을 역임한 류성룡이 고향 하회로 돌아간 것은 1599년, 그의 낙향은 화려한 환송을 받으며 떠나온 꽃길이 아니었다. 반대파의 탄핵을 받아 관복을 벗었다. 그렇게 내려와 칩거했다. 낙동강 너머 옥연정사에서 류성룡은 붓을 들었다. 한 획 한 획 써 내려가며 치열한 기억 투쟁을 시작했다. 동아시아를 열광시킨 베스트셀러, 《징비록》은 그렇게 탄생한 것이었다.

| 하회 옥연정사 이곳에서 류성룡은 《징비록》을 집필하였다.

백성들이 떠돌고 정치가 어지러워진 때에 나 같은 못난 사람이 나라의 중책을 맡아 위기를 바로잡지 못하고 나라가 무너지는 것을 떠받치지 못하였으니 그 죄는 죽어도 용서받지 못할 것이다.

그럼에도 산골 전답 사이에서 쉬며 구차하게 목숨을 연명하고 있으니 이 어찌 두려움을 씻어주시는 임금의 은혜가 아니겠는가.

그때 일을 생각할 때마다 두렵고 부끄러워 몸을 지탱할 수조차 없다.

이에 한가한 틈을 내어 임진년(1592)부터 무술년(1598)에 이르는 기간 동안 따라다니며 듣고 본 것들을 대강이나마 서술하니 이것이 얼마간의 내용이 되었다. 거기에 서장書狀과 계사啓辭, 소疏, 차자箚子, 문이文移 그리고 잡록雜錄을 그 뒤에 붙였다. 비록 볼만한 것은 없을지라도 이야말로 그때의 사건과 자취이므로 버릴 수 없다. 그러니 이로써 시골 구석진 곳에서 온 정성으로 충성의 뜻을 드러내고, 우매한 신하가 나라에 보답하지 못한 죄를 기록하고자 한다.

《징비록》 서문 中

류성룡
그 남자의 이력서

류성룡

류성룡의 호는 서쪽 절벽을 뜻한 서애西厓다.

1542년중종 37년 10월 1일, 경상도 의성의 외가에서 태어났다. 외가에서 돌아온 류성룡은 안동 하회마을에서 자랐다. 그의 삶에서 가장 큰 영향을 끼친 인물은 그의 아버지 입암 류중영이다.

황해도 관찰사로 재직한 아버지는 류성룡의 흔들리지 않는 뿌리이자 나침반이었다. 아버지로부터 글을 배우기 시작해 6세에 《대학》을 공부했고, 8세에 《맹자》를 터득했다. 선비들이 주야로 공부하던 《대학》과 《맹자》를 독파해 어른들을 놀라게 한 신동이었다.

1562년, 아버지의 권유로 도산서당에 입문했다. 당시 도산서당은 조선사회를 움직이는 이념과 문화, 학문을 생산하는 센터였다. 21세에 도산에서 스승 퇴계로부터 배운 것은 단순한 지식의 학습이 아니었다. 지덕을 겸비하고 도덕적 인격을 갖춘 지식인으로 거듭나는 과정이었다. 퇴계가 감탄할 만큼 그의 학문은 빠르게 성장했다.

제자들에게 칭찬을 아꼈던 퇴계가 이렇게 극찬할 정도였다.

하루가 다르게 일취월장하는 것이

빠른 수레가 길을 나선 듯하네.

자네는 과히 하늘이 낸 인재일세.

조선 시대 최고의 엘리트 코스를 밟아나간 서애의 두각은 일찍부터
드러났다.

1564년명종 20 생원회시 과거에서 1등으로 합격하고, 1566년 성균관
입학 1년 만에 별시문과에 급제해 관직 생활을 시작했다. 이때 그의 나
이 25세였다. 관직 2년 차 되던 1567년에 선조가 즉위했다. 경연에서
학문을 강하는 류성룡의 모습은 선조에게 강한 인상을 남겼다. 갓 출사
한 때 이미 당대 최고의 감독관이라는 평가를 들었을 정도다.

류성룡이 강관이었을 때에 진설이 정밀하고 절실하므로

강관 중에서 첫째라고 하였는데…

《선조실록》 6년 8월 16일

1582년 선조 15   사간원 대사헌大司憲에 오르다.

1592년 선조 25   4월 좌의정 겸 병조판서 재직

4월 17일 도체찰사에 임명

5월 3일 영의정에 임명. 그날 저녁 영의정에서 파직

영의정에 임명된 지 하루도 안 되어 파직되어 조선
역사상 최단 영의정 기록

6월 1일 복직되어 풍원부원군에 봉해짐

이때부터 명나라 군대 지원 업무를 맡았다

12월 4일 평안도 도체찰사에 임명

1593년 선조 26 1월 30일 삼도(충청·경상·전라) 도체찰사에 임명

10월 27일 영의정에 임명

1594년 선조 27 1월 6일 류성룡이 사직을 청했으나 선조가 받아들이

지 않음

1595년 선조 28 10월 사도(경기·황해·평안·함경도) 도체찰사에 임명

1598년 선조 31 11월 19일 탄핵되어 영의정에서 파직

12월 6일 모든 관작을 삭탈 당함

1599년 선조 32 고향 하회로 돌아오다.

1600년 선조 33 직첩을 되돌려받다.

1602년 선조 35 청백리에 뽑혀《염근 청백록》에 이름이 오르다.

1604년 선조 37 《징비록》 집필 완성하다.

호성공신에 서훈되었으나 거부하다.

1607년 선조 40 5월 6일 66세의 일기로 세상을 떠나다.

류성룡의 유물

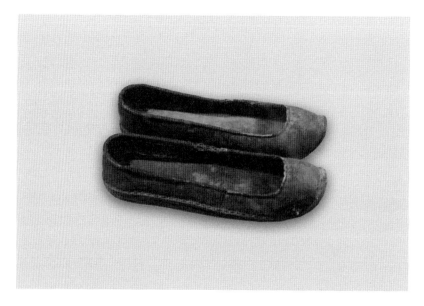

l 류성룡 가죽신 안동 하회마을 내 류성룡 유물전시관인 영모각(詠慕閣)에 소장

2장
전쟁과 평화의 갈림길
왕과 이순신

시간이 지날수록 점점 또렷해지는 그날의 기억,
또다시 그 참담한 기억이 엄습해 온다.
화살도 성벽도 소용이 없었다.
왜군의 조총 앞에 채 십여 일도 버티지 못하고
삼도가 함락됐다.
전쟁 초기, 왜 우리는 싸워보지도 못하고
속수무책 무너졌을까.
왜군의 신무기 조총 때문이었을까.
정녕 그것이 전부였을까.
참혹한 전쟁을 진정으로 극복하기 위해선
뼈를 깎는 고통이 따르더라도
그날의 기억과 정면으로 마주 서야 한다.

믿고 싶은 것만
믿은 정부

일본 수도에 도착하자 그들은 통신사 일행을 큰 절에 머물도록 했다.
마침 히데요시가 동산도라는 곳에 출전한 터라
일행은 그가 돌아올 때까지 수개월을 기다려야 했다.
그러나 히데요시는 돌아온 후에도 궁을 수리한다는 구실을 붙여
통신사 일행이 가지고 간 국서를 받지 않았다.
결국, 다섯 달이 지난 다음에서야 겨우 왕명을 전하게 되었다.

임진왜란 발발 1년 전, 일본에 갔던 통신사가 돌아왔다. 정사 황윤길, 부사 김성일, 서장관 허성으로 구성된 통신사의 주된 임무는 일본의 정세를 파악해 오는 것이었다. 통신사 일행이 한양에 도착해 경과보고를 하던 날, 뜻밖의 파란이 일어났다.

선 조: 일본이 정말 전쟁을 일으킬 것 같았소?
황윤길: 왜적은 반드시 침범할 것이오니 대비책을 마련하심이 옳을
　　　　듯하옵니다.
선 조: 부사의 의견도 그러하오?
김성일: 신은 일본에서 그런 기색을 느끼지 못했나이다. 정사께서 과
　　　　장되게 아뢰어 민심을 동요시킬까 우려됩니다.

정사 황윤길과 부사 김성일의 보고는 완전히 달랐다. 두 사람의 상반된 주장에 조정 대신들 간에도 의견이 분분했다. 하지만 대세는 김성일의 의견 쪽으로 기울었다. 《징비록》에는 류성룡이 김성일을 따로 만나 일본의 침략 가능성이 없는지 재차 물어보는 장면이 나온다.

> 류성룡: 자네 의견이 정사와 전혀 다른데, 만일 전쟁이 일어나면 어쩌려고 그러는가?
> 김성일: 나라고 어찌 일본이 끝내 전쟁을 하지 않을 것이라고 단정 짓겠는가. 다만 윤길의 말이 너무도 강경해 잘못하면 온 나라가 놀라고 인심이 동요될 것 같아 일부러 그렇게 말한 것일 뿐이네.

김성일 역시 전쟁의 가능성을 파악하지 못한 게 아니었다. 그로 인해 조선의 민심이 혼란에 빠지는 상황을 더 큰 문제로 보고 우려한 것이다. 그러나 그것은 명백한 실수였다. 사실대로 보고하고 전쟁을 대비하는 것이 더 급한 일이었다. 이 실수 때문에 김성일은 역사의 죄인이 되었고, 이후 임진왜란에 대한 책임을 져야 하는 인물로 공격받는다. 그의 잘못된 판단과 보고로 전쟁을 막지 못했다는 것이다.

그러나 과연 그럴까? 김성일의 한 마디에 나라의 존망이 걸린 문제가 결정된 걸까? 선조 임금과 집권 세력은 대체 무엇을 한 걸까?

'하인리히(Heinrich) 법칙'은 임진왜란 때도 그대로 적용되었다. 큰 재해가 오기 전에는 그에 대한 전조 현상으로 29건의 작은 재난과 300건의 미세한 이상 징후들이 나타난다는 것이 이른바 '하인리히 법칙'이다. 이는 어느 날 갑자기 일어나는 우연한 재난은 결코 없다는 것을 강조하고 있다.

임진왜란의 이상 징후들은 1586년부터 나타났다. 류성룡은 《징비록》 첫 장을 그 이야기로 시작한다. 전쟁 발발 6년 전인 그해, 쓰시마의 다치바나 야스히로橘康廣가 조선에 왔다. 도요토미 히데요시豊臣秀吉의 친서를 가지고 온 일본의 사절이었다.

우리는 자주 사신을 보냈다.
그럼에도 그대들은 한 번도 사신을 보내오지 않았다.
이는 곧 우리나라를 업신여긴다는 증거다.

통신사 파견을 요구하는 도요토미 히데요시 친서에는 무례한 내용이 들어 있었다. '이제 천하는 짐의 손아귀에 있다'며 그의 오만함을 드러냈다.

그뿐만이 아니었다. 사절로 온 야스히로의 태도도 심상치 않았다. 예조에서 베푼 연회장에서 술에 취하자 갑자기 잔칫상에 후추를 뿌렸다. 기생과 악사들이 다투어 그것을 줍느라 연회장은 아수라장이 되었다. 야스히로는 그 모습을 물끄러미 지켜보다 숙소로 돌아가 탄식하며 통역관에게 이렇게 말했다.

"너희 나라가 망할 날이 멀지 않았다. 아랫사람들의 기강이 이 모양이니, 그러고서 어찌 나라가 온전하기를 바라겠느냐?"

야스히로는 14년 전 조선에 왔을 때와는 달리 무례한 행동을 일삼았다. 그를 만난 사람들은 예전에 온 일본 사신들과는 너무도 다른 모습에 의아해했다. 그러나 딱, 거기까지였다. 외교적 관계에 어긋난 그의 행동만 탓할 뿐, 야스히로를 통해 그 진의를 파악하기 위한 노력은 하지 않았다. 조선이 일본의 정세를 탐지할 수 있는 첫 번째 기회는 그렇게 날아갔다.

| 도요토미 히데요시

물길이 험해 사신을 보내지 못한다.

이것이 조선의 답장이었다. 히데요시는 아무런 성과 없이 돌아온 야스히로를 그 자리에서 죽였다. 그의 가족까지 몰살했다. 그것을 목격한 쓰시마는 공포에 휩싸였다.

그러나 당시 조선의 경제적 영향 아래 놓여 있던 쓰시마는 도요토미 히데요시의 명령을 그대로 따를 입장이 아니었다. 쓰시마는 섬의 대부분이 산악 지형이다. 경작할 수 있는 땅이 3%에 불과해 조선과의 무역에 의지하여 생활하고 있던 처지였다. 그러니 조선과 사이가 나빠져도 큰 문제였다. 어떡하든 조선과 일본의 관계가 악화되는 걸 막아야 했던 쓰시마의 도주가 이번엔 직접 나섰다.

| 쓰시마 도주의 무덤

　당시 쓰시마 도주는 19대 소 요시토시宗義智. 1589년 그에게 전달된 도요토미 히데요시의 국서는 '조선왕입조朝鮮王入朝와 정명향도征明嚮導', 즉 명나라를 치는데 조선 왕이 앞장서라고 요구하는 것이었다. 소 요시토시는 이를 통신사 파견과 '가도입명假途入明', 즉 명나라로 가는 길을 비켜 달라는 것으로 고친다.

　1589년 6월, 소 요시토시는 승려 겐소玄蘇와 함께 직접 조선에 건너왔다. 그는 조선 조정에 위조한 국서를 전하며 자신이 직접 바닷길을 안내하겠다고 나섰다. 조선과 도요토미 히데요시 사이에서 살아남기 위한 필사적인 몸부림이었다.

　요시토시는 일본의 주병 대장 고니시 유키나가小西行長의 사위로 도요
　토미 히데요시의 심복이기도 했다. 본래 쓰시마 태수는 소 모리나가
　로 그는 우리나라를 섬기며 살아왔다. 그런데 히데요시가 그를 내쫓

고 요시토시에게 섬을 다스리도록 했다. 이런 까닭에 우리가 바닷길이 험해서 사신을 보내지 못한다고 하니 이 핑계를 없애기 위해서 요시토시를 보낸 것이다.

'요시토시는 섬 주인의 아들로서 바닷길에 익숙하오. 그러니 그와 함께 왕래하도록 하시오.'

이런 내용이 전해지니 우리 조정에서는 더 이상 거절할 구실이 없어졌다. 우리나라의 상황을 파악하기 위해 요시토시는 야나가와 시게노부와 승려 겐소를 데리고 들어왔다. 젊은 요시토시는 힘이 넘치고 성질이 사나운 까닭에 일본인들조차도 두려워했다. 사신으로 들어온 요시토시는 동평관에 오랫동안 머물러 있으면서, 우리 사신과 함께 가지 않으면 돌아가지 않겠다고 했다.

그러나 조선은 쓰시마 도주의 간청에도 불구하고 쉽게 응하지 않았다. 먼저 조건을 제시했다. 진도 출신으로 왜구에 투항하여 노략질에 앞장섰던 사을배동을 잡아 보내면 통신사 파견을 고려하겠다는 것이었다. 쓰시마 도주는 즉시 본국에 그 사실을 알렸고, 사을배동은 물론 반란을 모의한 조선인 10명까지 끌고 왔다. 결국, 조선은 1589년 9월, 일본의 통일을 축하한다는 명목으로 통신사 파견을 결정한다. 조선통신사 규모는 정사 황윤길, 부사 김성일, 서장관 허성, 수행 무관 황진 등을 포함해서 약 200여 명이었다. 조선 조정이 이들에게 부여한 임무는 일본 내정에 대한 정탐 활동이었다. 통신사 일행이 직접 일본 본토에서 도요토미 히데요시의 실체를 파악할 수 있는 절호의 기회였다.

1590년 3월, 드디어 우리 사신 일행이 요시토시와 함께 일본을 향해 떠났다. 요시토시는 본국으로 돌아가기에 앞서 공작 두 마리와 조총 鳥銃, 창, 칼 등을 임금께 바쳤다. 임금께서는 공작새는 날려 보내라고

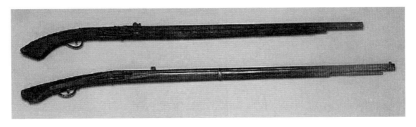

| 조총
요시토시가 주고 간 조총은 조선이 신무기를 연구할 수 있는 기회였다. 그러나 군기시 창고에 처박아 두었을 뿐, 조총에 대한 연구나 대비는 없었다. 임진왜란 초기 조선군은 조총으로 무장한 일본군에게 속수무책으로 무너졌다.

하시고, 조총은 군기시軍器寺에 보관토록 하셨다. 우리나라에 조총이 들어오기는 이것이 처음이었다.

통신사 일행은 1590년 3월 한양을 출발하여 7월에 교토에 도착했다. 하지만 도요토미 히데요시를 바로 만나지 못하고 11월까지 기다려야 했다. 그가 원정에 나아가 돌아오지 않았기 때문이었다. 통신사 일행이 도요토미 히데요시를 만난 것은 11월 7일. 그 자리에서도 도요토미 히데요시는 무례한 행동을 서슴지 않았다. 게다가 통신사 일행이 가져온 선조 임금의 국서에 대한 답서를 제때 주지 않는 무례까지 저질렀다.

귀국길에 받은 도요토미 히데요시의 답서를 본 통신사 일행은 경악했다. 자신을 '태양의 아들'로 칭한 도요토미 히데요시는 중국을 차지해 일본의 풍속으로 바꾸겠다는 야욕을 숨기지 않고 드러냈다. 동시에 조선이 보낸 예물을 제후국의 조공물을 뜻하는 '방물方物', 통신사의 일본 방문을 '입조入朝' 등으로 기술했다. 조선을 제후국으로 여기는 무례한 문구들이었다. 김성일은 격분하여 문구 수정을 요구했다. 그러나 일본은 제대로 고치지 않았다.

| 조선통신사 기록화

사람의 한평생이 백 년을 넘지 못하는데 어찌 답답하게 이곳에만 오래 있을 수 있겠습니까. 국가가 멀고 산하가 막혀 있는 것도 관계없이 한번 뛰어서 곧바로 대명국大明國에 들어가 우리나라의 풍속을 400여 주에 바꾸어놓고 제도의 정화를 억만년토록 시행하고자 하는 것이 나의 마음입니다. 귀국이 먼저 달려와 입조入朝한다면, 원대한 생각은 있고, 가까운 근심은 없게 되는 것이 아니겠습니까. 내가 대명에 들어가는 날 사졸을 거느리고 군영에 임한다면 더욱 이웃으로서의 맹약을 굳게 할 것입니다. 나의 소원은 다른 게 아니라 삼국에 아름다운 명성을 떨치고자 하는 것일 뿐입니다. 방물方物은 목록대로 받았습니다.

《선조수정실록》 1591년 3월 1일, 도요토미 히데요시의 답서

1591년 1월 28일 통신사 일행은 일본에서 돌아왔다. 황윤길과 김성일의 엇갈린 보고는 두 사람의 일본에 대한 인식이 반영된 것이었다. 그러나 불행하게도 황윤길은 서인이었고, 김성일은 동인에 속해 있었다. 그 때문에 극심한 당파싸움이 두 사람의 엇갈린 보고를 낳았다는 것이 그동

안의 일반적인 평가였다. 그런데 당시 통신사로 일본에 다녀온 서장관 허성도 김성일과 같은 동인이었으나 서인인 황윤길과 의견을 같이 하였다. 김성일을 수행하였던 황진 역시 마찬가지였다.

그렇다면 왜 선조 임금과 조선의 집권 세력은 여러 사람이 전쟁 가능성을 보고했음에도 불구하고 한 사람의 의견을 들었을까? 또 도요토미 히데요시의 답서 내용은 선전포고에 준하는 것인데, 왜 애써 외면한 것인가?

사실 일본의 침략 가능성에 대해서는 통신사 귀국 이후에도 다른 정보 루트가 아주 많았다. 1591년 2월엔 선위사 오억령이 일본 사신 겐소를 만난 후 왜적이 침입해올 징후가 있다고 보고했다.

> 오억령이 겐소에게 묻자, 군사를 크게 일으켜 조선의 길을 빌려 명나라를 바로 침범할 것이라고 분명히 말했다. 오억령이 즉시 들은 대로 왜적이 침입할 정세임을 장계로 올려 보고했다. 이때 국사를 담당하고 있는 자들은 왜병이 움직이지 않는다는 한쪽 말만 주장하고 있어 오억령의 장계가 도착하자 조정과 민간이 크게 해괴하게 여겨 즉시 아뢰어 오억령을 교체시켰다.
>
> 《연려실기술》 〈선조조 고사본말〉

하지만 조정은 오억령이 민심을 혼란시킨다며 도리어 파직시켰다. 그 해 5월 쓰시마의 소 요시토시가 부산에 와서 '내년 봄에 침략할 것'이라고 알려주었다. 그것이 쓰시마 도주로서는 마지막 경고였다. 그럼에도 불구하고 당시 조정의 중론은 '전쟁 없음'이었다.

결국, 일본의 침략 가능성에 대한 종합적인 판단은 선조와 조정 대신들이 하는 것이다. 당시 조정 분위기를 보면 김성일의 보고만으로 사태가 진행되었거나, 문제가 해결될 상황이 아니었다.

하지만 전쟁이 일어나자 선조의 분노는 김성일에게로 향했다. 김성일의 잘못된 보고 때문에 전쟁이 일어났다며 모든 책임의 화살을 그에게 돌렸다. 선조와 조정 대신들의 책임 면제를 위한 희생양이 필요했고, 그 희생양으로 김성일이 선택된 셈이다.

류성룡이 《징비록》의 첫 장에 기록한 임진왜란 발발 전의 상황은 많은 것을 시사한다. 한 사람을 희생양으로 만들어 누군가에게 면죄부를 주는 꼬리 자르기 형태의 책임 지우기는 문제의 본질을 해치는 법이다. 그래서 류성룡은 임진왜란과 같은 참혹한 재난에 대처하지 못한 모든 책임을 한 개인에게 지우는 게 과연 타당한 것인지 우리 앞에 질문을 던지는 것이다.

류성룡의 시대나 우리 시대나 마찬가지로 냉철한 현실 인식은 국정 지도자가 갖춰야 할 필수 덕목이다. 그 결정에 따라 국정 방향이 서고, 나라의 운명이 좌우되기 때문이다. 그러나 조선의 왕 선조는 현실을 똑바로 직시하지 않았다. 어쩌면 자신에게 유리한 것만 취하고, 믿고 싶은 것만 믿었는지도 모른다. 요행을 바라던 조정 대신들도 반신반의하면서도 전쟁이 없을 것이라고 믿었고, 방어를 소홀히 했다. 그것이 문제였다.

선조의 변덕

경상우병사 김성일을 잡아다 국문하도록 명하였다가 미처 도착하기 전에 석방시켜 도로 본도의 초유사로 삼고, 함안군수 유숭인을 대신 병사로 삼았다. 이에 앞서 상은 전에 성일이 일본에 사신으로 갔다가 돌아와 적이 반드시 침략해오지 않을 것이라고 말하여 인심을 해이하게 하고 국사를 그르쳤다는 이유로 의금부 도사를 보내어 잡아오도록 명하였다. 일이 장차 측량할 수 없게 되었을 때 얼마 있다가 성일이 적을 만나 교전한 상황을 아뢰었는데, 류성룡이 성일의 충절은 믿을 수 있다고 말하였으므로 상의 노여움이 풀려 이와 같은 명이 있게 된 것이다.

《선조수정실록》 선조 25년 4월 1일

실록에 따르면 선조는 전쟁이 일어나자 김성일 체포 명령을 내린다. 임진왜란이 일어나자 김성일은 경상도 지역에서 병사들을 모아 전쟁 수습에 나서고 있었다. 영남 지역의 인심을 수습하고 군사를 정비하려면 지역민의 신임이 두터운 인물이 필요했다. 김성일이 바로 그 적임자라는 류성룡의 진언에 선조는 어쩔 수 없이 마음을 바꿨다. 한양으로 압송되어 오던 중 김성일은 다시 경상우도 초유사招諭使(조선 시대 난리가 났을 때 백성들을 안정시키는 책임을 맡은 임시 관직)에 임명된다. 이후 김성일은 전장을 오가며 경상도의 관군과 의병들을 지휘하다 전사하였다.

학봉 김성일의 초유문初諭文

| 초유문초
  1592년 5월 7일 김성일이 경상우도 지역민들에게 일본군의 침략에 맞서 의연히 대
  처해줄 것을 당부하는 내용이 담겨 있음.

국운이 잠시 비색하여 섬 오랑캐들이 남몰래 발동하였다. 국경을 유린하고 동서로 충돌하니 울창한 성과 큰 진영도 일찍 울타리의 막힘이 없어서 수십일 사이에 관령을 넘어 서울로 쳐들어왔다.

임금의 수레는 다른 곳으로 옮겨 가고 온 나라가 바람결에 쓰러지려 하니, 섬 오랑캐의 방화가 있은 후로 오늘같이 참혹한 때는 없었다.

미친 물결이 한 번 성을 무너뜨리니 막아낼 수가 없다. 성에는 창을 멘 군사가 없고, 고을에는 목숨을 바칠 백성이 없으니 적은 이르는 곳마다 무인지경을 달리는 듯하여 마침내 영남으로 하여금 적의 소굴로 빠뜨리게 하니 무너지고 흩어져서 조석을 보전할 수 없구나. 이것이 무슨 변인고? 그러나 이 어찌 다만 장수와 수령만의 허물이라고 하겠는가. 백성 된 이도 또한 그 책임을 면치 못할 것이다.

지사는 창을 베고 잠자며 충신은 나라를 위하여 순절할 때인데, 경상도 67주 가운데 아직도 의병을 일으켜서 팔을 휘두르며 나서는 사람이 없다. 오히려 죽음을 두려워하여 남보다 먼저 도망치거나 산에 깊이 들어가 숨지 못할까 두려워하니 이 어찌 탄식할 일이 아니겠는가?

돌이켜 생각하면 영남은 본래부터 인재가 많은 곳이라, 천 년 신라와 500년 고려 및 200년 조선 사이에 충신 효자의 의열이 청사에 빛나고, 절의의 훌륭함과 풍속의 순후함은 동방에 으뜸이니 이는 진실로 백성이 다 아는 바이다.

가까운 일로써 말하더라도 남명, 퇴계 두 선생이 한 시대에 같이 나서 도학을 창명하여 사람의 마음을 착하게 하고, 사람의 도리를 심는 일을 자기의 임무로 삼았다. 이에 선비가 감화되어 점차로 물들고 본받는 이가 많았다. 평소에 많은 성현의 책을 읽고 그 자부함이 어떠하였는데, 하루아침에 변고를 만나자 살기를 탐내고 죽음을 피할 것만을 서두를 것이냐?

성심으로 원하는 바는 이 격문이 이르는 날 수령들은 한 고을을 효유하고 변방의 장수는 사졸을 격려하라. 문무 관리와 어른이나 선비들은 서로 전달하라. 그리하여 동지를 불러 모아 충의로서 결속하고, 성을 쌓아서 스스로 지키고, 군졸을 거느리고 싸움을 거들어라. 부유한 백성은 군량을 운반하고 군수를 넉넉하게 할 것이요, 용감한 사람은 칼을 뽑아들고 적의 무리를 무찔러라.

혹은 말하기를 "적은 용감하고 우리는 비겁하며, 적은 병기가 예리한데 우리는 병기가 둔하니 비록 군사를 일으킨다 하더라도 어찌할 수 없을 것이다."라고 한다.

이 무슨 얕은 생각인가?

집집마다 사람마다 일시에 같이 일어나 싸우면 군세가 크게 떨쳐 창, 긴 창 등 날카로운 무기로 될 것이니, 적이 비록 긴 창과 큰 칼을 가졌다고 하더라도 무엇을 두려워할 것이냐?

일이 이뤄지면 나라의 치욕을 깨끗하게 씻을 것이요, 이루어지지 못한다면 의로운 귀신이라도 될 것이니 여러분들은 힘쓸지어다.

왕의 선택

이 무렵 조신들의 의견이 둘로 갈라졌는데
선생은 벌써부터 이를 크게 우려하시어 여러 동지들과 함께
힘써 화평시키고 진정시키고자 했으나
뜻대로 되지 않았다.

선조가 왕이 된 16세기 조선은 역사적 격변기였다. 1392년 조선을 건국하고 나라의 기반을 다졌던 훈구파 세력은 각종 비리의 주역으로 떠올랐다. 건국 초기 백성을 위한다는 명분은 땅에 떨어진 지 오래였다.

이때 새로운 세력이 훈구파의 비리를 비판하며 역사의 전면에 등장했다. 정암 조광조, 퇴계 이황, 율곡 이이, 남명 조식 등 조선의 건국 이념인 성리학의 이상을 실현하려 한 이들 신진세력을 '사림士林'이라 불렀다. 이들은 성리학이 강조하는 수기치인修己治人(내

| 정암 조광조

몸을 닦은 뒤 남을 다스린다)의 이념을 무기로 왕과 훈구파들에게 왕도정치를 펼치라고 촉구했다.

하지만 훈구파 세력과 첨예한 갈등을 빚던 사림 세력은 훈구파가 일으킨 잇단 사화士禍(사림의 화를 줄인 말)로 조정에서 축출되거나 참혹하게 죽어갔다. 16세기 들어 조선 시대 4대 사화(1498년 무오사화, 1504년 갑자사화, 1519년 기묘사화, 1545년 을사사화)가 모두 일어난 것은 사림 세력의 도전에 위협을 느낀 훈구 세력의 정치적 보복으로 인한 것이었다.

을사사화와 함께 출범한 명종 시대는 양재역 벽서사건으로 막이 올랐다. 명종이 2년 차 되던 1547년 9월 18일, 지금의 양재역에 최고 권력을 겨냥한 벽서가 나붙었다. 그것도 매우 선동적인 붉은 글씨로 쓴 벽서였다.

> '여주女主'가 위에서 정권을 잡고 아래에서는 간신들이 권세를 농간하
> 고 있으니 나라가 장차 망할 것이다. 이 어찌 한심하지 않은가.

벽서의 '여주'는 다름 아닌 명종 임금의 어머니 문정왕후 윤씨를 일컬었다. 그러니까 명종의 모든 실권은 문정왕후文定王后(1501~1565)에게서 나오는 정치 상황을 꼬집은 벽서였다. 당시 문정왕후는 12세 어린 나이에 왕이 된 명종을 대신하여 수렴청정垂簾聽政을 통해 정사를 처리하고, 왕후의 동생 윤원형이 권력의 전면에 나섰다. 윤원형은 율곡 이이가 지목한 권간, 즉 권력을 독점한 간신의 상징적인 존재였다. 외척들이 실권을 장악하고 국정을 좌지우지하는 이른바 척신 정치戚臣政治가 기승을 부리기 시작했다.

이때부터 20여 년간 지속된 척신 정치 아래서 갖가지 모순이 터져 나왔다. 척신들은 국가의 재산을 빼돌려 사유재산을 늘리고 바닥난 국고는

백성의 세금으로 채워졌다. 지방 관리들은 중간에서 농간을 부려 이득을 취하면서 술과 고기로 잔치를 벌였다. 세금을 피하려고 스스로 노비가 되거나 유랑 생활을 하는 백성들이 부지기수였다.

> 빈궁한 백성들은 나물을 캐어 먹고 있으나 그래도 먹고살 수가 없어서 약한 자는 몰래 도적질을 하고, 강한 자는 살인하며, 심지어는 밥을 가지고 가는 것을 보고 목을 졸라 죽이고 뺏어 먹은 자까지 있었다.
>
> 〈함경도 관찰사의 상소문〉 1560년 5월

함경도 관찰사가 명종에게 올린 상소문에는 백성들의 절망적인 상황이 잘 담겨 있다. 벽서가 붙은 지 12년이 지난 1559~1562년 사이, 백정 출신의 임꺽정林巨正의 반란이 황해도와 경기도 일대에서 위력을 떨친 것은 결코 우연이 아니었다. 《명조실록》을 쓴 사관이 그 핵심을 찔렀다.

> 도적이 성행하는 것은 수령의 가렴주구 탓이며, 수령의 가렴주구는 재상이 청렴하지 못한 탓이다. 요즘 재상들의 탐오한 풍습이 한이 없다. 수령들은 백성의 고혈을 짜내어 권력자들을 섬겨야 하므로 돼지와 닭을 마구 잡는 등 못 하는 짓이 없다. 그런데도 곤궁한 백성들은 하소연할 곳이 없으니, 도적이 되지 않으면 살아갈 길이 없는 형편이다.
>
> 《명조실록》

백성을 도적으로 내몰았던 척신 정치는 1567년 명종의 죽음으로 막을 내렸다. 그 뒤를 이은 왕이 선조였다. 즉위 당시 16세였던 선조는 명종 때와 같은 외척 세력이 없었다. 재야에 있던 사림 세력이 선조의 즉위와 함께 조정에 대거 진출해 새로운 바람을 불러일으켰다.

그러나 정국의 평화는 오래가지 않았다. 정권을 잡은 사림 세력 내부에서 새로운 갈등이 생겨났다. 척신 정치의 청산을 둘러싸고 강경파와

온건파로 나뉘어 대립하기 시작한 것이다. 그러다 결국 입장 차이를 좁히지 못하고 동인東人과 서인西人으로 분열해 붕당을 이루었다.

당시 동인은 퇴계 이황과 남명 조식의 제자들로 이루어진 영남학파가, 서인에는 율곡 이이와 성혼 등 기호학파 인물들이 참여했다.

사림의 동·서 분당이 조정에 혼란을 야기하자 이이는 그것을 막기 위해 노력했다. 이이의 중재로 동·서 간의 화해의 자리가 마련되기도 했다. 그러나 그 자리에서도 논쟁이 격화됐다. 급기야 서인 대표 정철이 동인의 영수 이발의 얼굴에 침을 뱉는 사건이 일어난다. 그 후 이이가 죽자 파당으로 인한 대립은 치열한 대결 양상으로 치달았다.

왕의 냉철한 판단과 선택이 무엇보다 중요한 시기였다. 정치 세력 간의 갈등이 심할 때, 왕은 그 조정자 역할을 할 수도 있지만 갈등과 대립을 더욱 격화시킬 수도 있는 존재였다.

그런데 소 요시토시가 통신사 파견을 요청하며 한양에 머물고 있던 1589년 10월, 늦은 밤 접수된 역모 사건이 조선을 뒤흔들었다. 역모 주모자로 지목된 사람은 정여립이었다. 당시 관직에서 물러나 있던 정여립과

| 도산서당 퇴계 이황이 후학을 양성한 도산서당은 영남학파의 구심점이었다.

그의 세력들이 한강의 결빙기를 이용해 황해도와 전라도에서 동시에 봉기하여 입경하고 신립 장군과 병조판서를 살해하고 병권을 장악하기로 했다는 것이었다.

선조는 경악했다. 그러나 조정 대신들 대부분은 처음엔 정여립의 역모를 믿지 않았다. 정여립이 한양에 올라와 결백을 밝히면 될 것으로 생각했다. 그런데 그들의 예상과 달리 정여립은 사체로 끌려왔다. 관군이 추격해오자 스스로 목숨을 끊었다는 것이었다. 그것은 역모를 시인한 증거로 해석되었다. 참 이상한 일이었다. 사회 불만 세력을 모아 나라를 뒤엎으려고 했다면, 왜 싸워보지도 않고 자살한 것일까?

제시된 반역의 증거는 너무나 부실했다. 황해도 관찰사가 올린 역모 고변만 있을 뿐, 정확한 사실 관계를 규명할 수 있는 증거는 더 이상 나오지 않았다. 죽은 자는 말이 없는 법, 사체로 압송된 정여립에게서는 아무것도 확인할 수가 없었다.

의문은 커졌고, 수사는 진척이 없었다. 선조는 그 책임을 물어 수사 책임자인 정언신을 교체했다. 선조의 특명을 받은 사람은 서인의 대표 주자 정철이었다. 정여립이 동인에 속해 있어 동인 전체가 역모 사건에 휘말릴 우려가 있었다. 정철이 수사를 지휘하면서 우려는 현실로 나타났다. 정여립과 당색이 같은 사람들 중에 조금이라도 혐의가 발견되면 역모로 몰아 처형했다.

의금부 추국청은 비명과 피비린내로 진동했다. 인두로 지지고, 무릎을 부수는 잔혹한 압슬형을 견뎌낼 수 있는 사람은 거의 없었다. 동인의 영수로 정철과 침을 뱉어가며 싸웠던 이발은 모진 고문 끝에 죽었다. 그의 형제들도 역모를 부인하다 죽었다. 호남의 대유학자 정개청은 정여립에게 편지를 보낸 것이 역모에 가담했다는 증거가 되어 화를 입었다. 정개

청을 따르던 제자 50명이 죽고, 20명이 유배당했다. 이렇게 정여립과 조금이라도 알거나 편지를 주고받았다는 사실만으로 많은 사람이 죽었다. 역모 가담 여부와는 상관이 없었다.

긴박하게 돌아가는 일본 정세를 파악해야 할 중요한 때, 정여립 역모 사건은 조선 사회에 광풍을 몰고 왔다. 이름 높은 학자에서 이름 없는 백성에 이르기까지 천여 명의 목숨을 앗아간 조선 최대의 정치 참사였다. 이를 '기축옥사己丑獄死'라고 한다.

> 정여립이 역적이 되자 서인들은 기뻐 날뛰지 않는 자가 없었다.
> 동인들은 일어설 길이 없었고 서인들은 손뼉을 치며 크게 기뻐하였다.
> 《연려실기술》14권 선조 고사본말

놀랍게도 기축옥사의 시작과 끝에는 선조가 있었다. 《선조실록》은 정철이 기축옥사를 이용해 자신과 의견이 다른 사람들을 일망타진했다고 하지만, 선조는 그 사실을 알면서도 묵인했다. 정철에게 기축옥사의 칼을 쥐여준 것도 선조였고, 칼을 휘두르게 한 것도 선조였다. 자신의 의중을 정확하게 집행해 줄 대리인으로 정철을 선택해 동인의 핵심 세력을 제거한 것이다.

선조는 특정 정파가 강해지는 것을 극도로 경계했다. 그만큼 왕권의 제약을 받기 때문이다. 그도 그럴 것이 선조는 명종이 후사 없이 죽자 조정 대신들에 의해 추대된 왕이다. 중종의 후궁 소생인 덕흥군의 셋째 아들로 왕의 직계가 아닌 왕실의 방계에서 왕이 된 방계 승통의 첫 주자였다. 정통성이 약할

| 송강 정철

수밖에 없었다. 그것은 꼬리표처럼 따라다니는 선조의 콤플렉스였다.

그러나 선조는 영민했다. 동서 양당의 대립을 자신의 왕권 강화에 이용했다. 선조는 그의 즉위와 함께 집권한 동인의 힘이 커지자 자신의 영향력이 축소될 것이라는 위기의식을 느꼈다. 그러던 차에 정여립 역모 사건을 이용해 서인의 칼로 동인의 세력을 약화시킨 것이다. 동인의 수뇌부는 거의 붕괴되었다. 정철은 기축옥사를 진압한 공로로 좌의정에 올랐고, 서인이 조정을 장악했다. 하지만 그것은 오래가지 못했다.

선조가 그의 대리인에 지나지 않았던 정철에게 권력이 집중되는 걸 용납할 리 없었다. 옥사가 무리되는 시점에 보여준 선조의 태도는 실로 놀라웠다. 광란의 피바람이 그치자 선조는 정철에게서 등을 돌렸다. 정철이 선조에게 세자 책봉 문제를 건의한 것이 빌미가 되었다. 결국, 정철은 삭탈관직되어 유배당하는 신세로 전락했고, 그와 함께 서인 세력도 실각했다.

임금이 말하기를
"정철의 일을 말하면 입이 더러워질 듯하니 방치하는 것이 옳다."
《선조실록》 선조 27년 8월 9일

선조는 그런 왕이었다. 율곡 이이의 진언처럼 조선의 원기를 다시 불어넣어야 하는 막중한 책임이 있었지만 결국 다른 길을 갔다. 격렬한 당쟁을 이용해 절대 왕권을 쥐려 했다. 불행히도 피바람이 난무하는 그런 상황에서 왕과 다른 목소리를 낼 수 있는 소신 있는 신하는 없었다. 그렇게 척신 정치의 잔재를 청산할 개혁 세력은 거세되었고, 조선은 스스로 자기모순을 치유할 기회를 잃어버렸다. 임진왜란의 국가적 위기는 그렇게 왔다.

| 제 14대 왕 선조 가계도

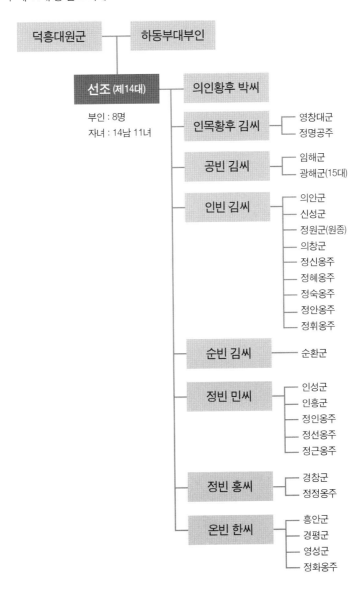

덕흥대원군 ─── 하동부대부인

선조 (제14대)
부인 : 8명
자녀 : 14남 11녀

의인황후 박씨

인목황후 김씨
├ 영창대군
└ 정명공주

공빈 김씨
├ 임해군
└ 광해군(15대)

인빈 김씨
├ 의안군
├ 신성군
├ 정원군(원종)
├ 의창군
├ 정신옹주
├ 정혜옹주
├ 정숙옹주
├ 정안옹주
└ 정휘옹주

순빈 김씨
└ 순환군

정빈 민씨
├ 인성군
├ 인흥군
├ 정인옹주
├ 정선옹주
└ 정근옹주

정빈 홍씨
├ 경창군
└ 정정옹주

온빈 한씨
├ 흥안군
├ 경평군
├ 영성군
└ 정화옹주

도요토미 히데요시의
전쟁 준비

도요토미 히데요시가 일본 전역을 평정하고 66주를 통일한 것은 사실이다. 이후 그는 외국 침략의 야욕을 품기에 이르렀다.
히데요시는 얼굴이 못생겼으며 얼굴빛 또한 거무스름했다.
보통 사람과 다르지 않았으나 오직 눈썹 속에서 빛나는 눈빛만은
사람을 꿰뚫어 보는 느낌을 주었다.

기축옥사가 일어난 지 1년째 되었을 때 통신사 일행은 도요토미 히데요시를 만났다. 류성룡은 《징비록》에 그날의 접견 모습을 아주 구체적으로 기록해 놓았다. 히데요시를 직접 본 통신사들은 그의 모습이 볼품이 없었다고 폄하하면서도 눈빛만큼은 매서웠다고 평가했다. 그런데 접견 당시 히데요시가 보여준 태도는 상식을 초월하는 것이었다.

그는 삼중으로 만든 자리에 남쪽을 향해 앉았으며, 사모紗帽를 머리에 얹고 검은 도포를 입었다. 곁에는 여러 신하가 앉아 있다가 우리 사신들이 들어서면 안내해 자리를 정해 주었다.
자리에는 어떤 연회 도구도 마련되어 있지 않았으며, 다만 방 가운데 탁자 하나가 덩그러니 놓여 있었다. 탁자 위에는 떡 한 접시와 술 항아리가 놓여 있었는데, 그나마도 탁주였다. 이는 남의 나라 사신을 접대

하는 예의라 할 수 없었다. 게다가 술자리도 두어 번 돌아가며 따르면 그뿐이었다. 또한, 그들은 절이나 읍揖도 하지 않았다.

히데요시는 잠시 앉았다 이내 들어가곤 했다. 그가 들어갈 때도 좌중의 사람들은 아무도 움직이지 않고 그대로 있었다. 잠시 후 한 사람이 평상복 차림으로 어린아이를 안고 나와 마루 위를 돌아다녔는데, 자세히 보니 히데요시였다. 그래도 사람들은 그대로 앉아 고개를 숙이고 엎드릴 뿐이었다. 난간에 기대어 앉은 그는 우리 악사들에게 음악을 청해 들었다. 잠시 후 히데요시는 어린아이가 오줌을 쌌다고 웃으면서 심부름꾼을 불렀다. 계집이 하나 들어와 옷을 갈아입히는데, 그 모습이 참 가관이고 안하무인이었다. 그 자리를 물러 나온 통신사 일행은 이후 다시는 히데요시를 볼 수 없었다.

외교 사절을 맞이하는 공식적인 자리에 어린 아들을 안고 나왔다니 상상이 되는가. 외교적 결례를 넘어서 무례하기 짝이 없는 행동이었다. 도대체 왜, 그렇게 무례한 행동을 한 것일까?

외교에서 의전은 국가 간의 관계에 치명적인 영향을 미칠 수 있을 만큼 중요한 역할을 한다. 밑바닥에서부터 시작해 일본 최고 권력자가 된 매서운 눈빛의 히데요시가 그것을 몰랐을 리가 없다. 그렇다면 이는 곧 히데요시의 조선에 대한 인식이 어떠했는지 적나라하게 보여주는 태도라는 얘기다. 실제로 도요토미 히데요시는 쓰시마 도주가 조선을 좌지우지할 수 있다고 생각했다. 그래서 조선 국왕을 불러와 자신을 알현토록 하라고 지시한 것도 쓰시마 도주였고, 전쟁을 일으키겠다는 말을 전하라고 시킨 것도 쓰시마 도주였다. 조선 통신사가 왔을 때는 자신의 정벌 계획을 받아들이고 일본의 다른 영주들처럼 자신의 밑으로 들어왔다고 생각한 것이다. 히데요시는 기본적으로 쓰시마와 조선의 관계에 대

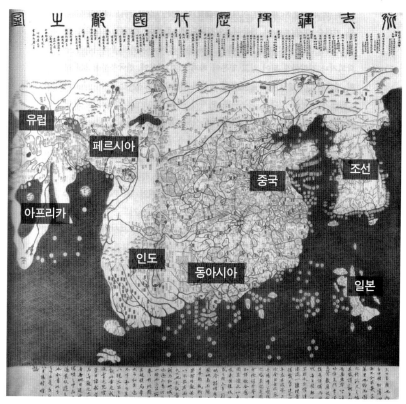

유럽

페르시아

조선

중국

아프리카

인도

동아시아

일본

| 혼일강리역대국도지도 混一疆理歷代國都之圖

해 무지했고, 조선을 몰라도 너무 몰랐다. 그것은 조선도 마찬가지였다.

'혼일강리역대국도지도混一疆理歷代國都之圖'에는 일본에 대한 조선의
인식이 담겨 있다. 1402년태종 2년에 제작된 이 지도는 현재까지 전해오
는 동양 최고最古의 세계지도로 꼽힌다. 그런데 지도를 보면, 한반도가
아프리카보다도 크게 그려져 있다. 세계를 보는 당대 조선의 인식이 반
영된 결과다. 당시 조선은 명나라를 천자의 나라로 섬기는 중국 중심의
세계관에 따라 조선이 명나라 다음으로 동아시아 강국이라고 생각했다.
일본은 북방의 여진족과 같은 오랑캐에 불과했다. 지도에서 우측 하단

의 조그만 섬나라가 일본이다. 이것이 조선이 생각한 일본이었다.

그뿐만이 아니다. 16세기에 제작된 '혼일역대국도강리지도混一歷代國都疆理地圖'에는 일본이 더 작아져 있다. 작은 원형의 기호에 일본이라는 국호만 표기된 정도이다. 일본을 조선의 해안에서 노략질하는 왜구 정도로 여긴 것이다.

그도 그럴 것이 조선은 1475년성종 6년 이후로 일본 막부에 보내던 사신 파견을 중단했다. 이로써 신숙주처럼 일본을 잘 알던 외교 전문가들이 나타날 토양이 사라졌다. 일본의 동향과 변화를 탐지할 기회도 그만큼 줄어들었다. 류성룡은 이를 매우 안타깝게 여겼다. 그래서 《징비록》첫 장을 신숙주가 남긴 유지로 시작한 것이다.

> 신숙주가 세상을 떠날 무렵, 성종成宗께서 물으셨다.
> "그래, 경은 나에게 남길 말이 있소?"
> 그러자 신숙주가 대답했다.
> "앞으로도 일본과 친하게 지내도록 하십시오."
> 이 말을 가슴 깊이 새겨둔 성종께서는 부제학 이형원과 서장관 김흔을 보내 화친토록 했다. 그러나 이들은 쓰시마에 도착해서 그만 풍토병에 걸리고 말았다. 결국, 일본에 갈 수 없게 된 일행은 조정에 사정을 전했고 성종께서는 글과 선물만 쓰시마 도주에게 전하고 돌아오도록 명했다.

그러나 신숙주의 당부는 지켜지지 않았다. 모두들 일본으로 가는 사신행을 꺼렸다. 명나라 사절단으로 뽑히면 출세가도를 달렸지만 일본은 그렇지 않았다. 출세는커녕 험한 바닷길에 목숨을 걸어야 하는 곳이었고, 전국 시대의 혼란으로 한층 더 위험한 곳이었다. 결국, 일본에서 전국 시대의 혼란이 이어졌던 것을 계기로 공식적인 사신 왕래마저 중단

| 신숙주의 《해동제국기》
일본에 다녀온 신숙주가 왕명에 따라 1471년에 편찬한 책. '해동제국'이란 바다 동쪽의 여러나라(일본 본국·구주 및 대마도·이키도壹岐島와 유구국琉球國)에 관한 기록으로 조선 초기와 일본 무로마치 막부 시대(室町幕府時代)의 한일 외교 관계에 있어서 가장 정확하고도 근본적인 사료이다. 이때문에, 우리나라에서뿐만 아니라 일본에서도 에도 시대(江戸時代) 한일 관계 연구의 유일한 사료로 폭넓게 이용되어 왔다.

되면서 일본 내정에 대한 탐지 능력도 떨어진 것이다.

이때부터 조선은 일본에 뭔가 전할 말이 있으면 쓰시마를 통해 전달했다. 도요토미 히데요시가 조선을 쓰시마의 영향력 아래에 놓여 있다고 생각한 것도 그 때문이었다. 그러다 보니 조선이 일본에 대해 알고 있는 것은 1443년 일본을 다녀온 신숙주가 쓴 《해동제국기海東諸國記》가 유일했다. 하지만 일본은 그때의 일본이 아니었다.

일본 항공 우주센터가 있는 다네가시마는 일본의 놀라운 변화를 견인한 곳이다. 그곳에서 일본과 포르투갈과의 만남이 시작됐고, 그 만남으로 일본이 처음으로 서양 문명을 접하고 유용성에 눈 떴다.

일본의 조총은 다네가시마 영주가 포르투갈인에게서 구입한 것이었다. 그 역사는 1543년 우연히 표류해 온 포르투갈 선원과의 만남으로 시작됐다. 당시 이웃한 성과 전투 중이던 다네가시마 영주는 포르투갈 선원이 들고 있던 휴대용 철포鐵砲(일본 발음으로 뎃뽀)에 완전히 매료당했다. 지금의 우리 돈으로 약 10억 원의 거금을 지급하고 구매한 것이 철포다. 처음엔 사용 방법도 몰랐지만, 포르투갈의 철포 제작 기술을 빼내려

| 당시 조총

| 1575년 오다 노부나가의 나가시노 전투 모습을 그린 병풍도
조총의 위력이 유감없이 발휘된 이 전투를 계기로 오다 노부나가는 일본의 패권 장악에 한발 다가섰다.

고 갖은 방법을 동원했다. 영주는 자신의 딸까지 포르투갈인에게 바치며 핵심 제작 기술을 빼내 철포를 일본화시키는 데 성공한다. 그것이 바로 조총이었다.

전국 시대를 거치면서 조총은 위력을 발휘했다. 일본 통일을 가르는 분수령이 되었던 나가시노 전투에서 오다 노부나가는 신무기 조총 부대를 앞세워 승리했다. 교토에 입성해 전국 시대 통일의 초석을 놓았던 오다 노부나가는 1582년 부하의 배신에 휘말려 최후를 맞았다.

오다 노부나가가 죽은 뒤 권력을 장악한 사람이 도요토미 히데요시였다. 그는 오다의 유업을 이어 정복 사업을 계속 벌였고, 오다의 동맹자였던 도쿠가와 이에야스를 굴복시킨 다음 1585년 7월 간파쿠關白에 취임했다. 간파쿠란 천황을 보좌하여 국정을 총괄하는 직책이었다. 히데요시는 이어 1587년 규슈의 시마즈를 복속시켜 중앙 집권을 강화하고, 1590년에는 간토의 호조 우지마사를 마지막으로 모든 반대자를 무릎 꿇리고 일본을 통일한다. 임진왜란 2년 전이었다. 이로써 히데요시는 100년간의 분열을 종식시키고 일본 통일의 과업을 달성하게 됐다. 이때 그의 나이 55세였다.

히데요시는 전국 시대의 혼란이 안정되자 대륙 정벌 계획을 세우고 밀어붙이기 시작했다. 그것은 오래전부터 구상해 오던 것이었다.

오다를 섬기던 1577년에 처음으로 조선과 명나라로 출병하겠다고 밝혔고, 간파쿠에 오른 이듬해인 1586년엔 일본에 와 있던 예수회 선교사에게 명나라와 조선을 손에 넣을 것이라고 호언장담했다. 그는 포르투갈 선교사를 접견한 자리에서 '다음 목표는 조선과 명나라다. 나아가 동남아시아와 인도까지 모두 정복하는 것'이라고 공언했다. 실제로 선교사들을 통해 포르투갈로부터 전투함 원조를 받아내려고 시도하기도 했다.

히데요시가 사용하던 부채에도 그의 대륙 정복 야망이 담겨 있다. 그의 부채에는 일본, 조선, 명나라의 지도가 그려져 있다. 조선의 한양과 명나라의 북경과 남경이 그려져 있는 상세한 지도로 조선을 거쳐 중국을 치겠다는 야망을 부채에 담아 놓은 것이다.

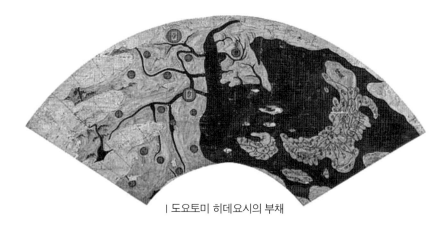

| 도요토미 히데요시의 부채

| 히젠 나고야성

히데요시의 선언은 빈말이 아니었다. 1592년 7월에 히데요시가 발급한 공문서를 보면 그의 세계 정복 계획을 알 수 있다. 그 계획에 따르면, 조선과 중국을 점령한 뒤 일본의 천황을 베이징으로 옮기고, 일본 땅은 그의 조카에게 주고, 조선 땅은 그의 제후에게 준 뒤, 자신은 인도와 동남아까지 진출한다는 구상이었다.

나고야 성을 축조하라!

1591년 도요토미 히데요시는 본격적인 전쟁 준비에 들어갔다. 그해 3월 계유원정을 선포하고 나고야에 성을 쌓도록 지시했다. 히데요시는 공사를 시작한 지 불과 5개월 만에 완공된 나고야성을 조선 침략 거점으로 삼았다. 부산까지의 거리는 200km, 한반도와 일본 열도를 최단거리로 이을 수 있는 곳에 전쟁 기지를 건설하고 만반의 준비를 한 것이다.

류성룡의 안타까움이 여기에 있다. 치밀하게 준비된 히데요시의 날카로운 총구가 한반도를 겨누고 있었지만 조선은 알지 못했다. 과거의 척신 정치가 남긴 폐단과 후유증을 치유하기에도 겨를이 없었던 조선은 일본을 제대로 돌아볼 여유가 없었다.

신의 한 수
이순신의 발탁

그가 세운 공은 참으로 많았다.
그러나 누구도 그를 추천하지 않았다.
과거에 급제한 지 10여 년 만에 겨우 정읍현감에 올랐을 뿐이었다.
이때 왜적이 쳐들어온다는 소식이 날로 퍼지자
임금께서 비변사지금의 국가안전보장회의에 명을 내려
뛰어난 장수를 추천하라고 하셨다.
그래서 내가 이순신을 천거하여
그가 전라좌수사의 지위에 오르게 되었다.
사람들은 그의 갑작스러운 승진에 의심의 눈길을 보냈다.

마침내 이순신이 전라좌수사에 임명됐다. 이순신이 역사의 전면에 등장한 그날 1591년 2월 13일. 도요토미 히데요시가 침략기지 건설에 나서던 시기로 임진왜란이 일어나기 1년 2개월 전이다. 하지만 그 역사적인 순간은 거센 반발로 시작됐다.

아니되옵니다, 전하.
전라좌수사 이순신은 현감으로서 아직 군수에 부임하지도 않았는데
좌수사에 임명하시니 관작의 남용이 이보다 심할 수 없습니다.

부당한 인사이옵니다, 전하.
아무리 인재가 부족하다고 하지만 어떻게 현감을 갑자기 수사에 승차
시킬 수 있겠습니까. 한 번에 일곱 품계를 뛰어넘는 승차는 전례가 없
는 일이옵니다. 요행의 문이 한 번 열리면 폐단을 막기 어려우니 빨리
체차시키소서.

이순신을 전라좌수사로 추천한 사람은 류성룡이다. 그것은 조정을 발
칵 뒤집어놓은 파격적인 인사였다. 당시 이순신은 정읍현감종6품에서 진
도군수종4품로 발령을 받았지만, 새 임지에 부임하기 전에 류성룡의 추천
으로 전라좌수사정3품에 임명된 것이다. 무려 일곱 품계나 뛰어넘는 초고
속 승진이었다. 아무리 비상시국이라고 하더라도 지방 현감이던 사람을
전라좌도 해군사령관에 추천하는 것은 대단한 모험을 요구하는 일이었
다. 류성룡처럼 인재를 알아보는 눈을 가진 사람이 아니라면 해낼 수 없
는 일이었다. 조정 대신들은 전례가 없는 파격 인사에 반발했다. 상소를
올려 임명 철회를 요구하며 인사권자와 맞섰다. 그런데 놀라운 일이 벌
어졌다.

윤허할 수 없다. 과인은 이순신이 전라좌수사로 그 소임을 누구보다
잘 해내리라 여겨 그를 임명한 것이다. 다시 논하여 그의 마음을 동요
시키지 말라.

《선조실록》24년1591년 2월 16일

이순신을 감싸고 나선 사람은 다름 아닌 선조였다. 빗발치는 격렬한 반
대를 물리치고 이순신이 제 역할을 해낼 인재라며 선조는 그 뜻을 관철시
켰다. 그것은 선조가 이순신을 잘 알아서라기보다는 이순신을 추천한 류
성룡에 대한 선조의 신뢰였다.

신의 집이 이순신과 같은 동네에 있기 때문에 신이 이순신의 사람됨
을 깊이 알고 있습니다.

《선조실록》 30년 1월 27일

이순신을 '역사의 이순신'으로 만들고 존재하게 한 사람이 류성룡이었
다. 류성룡이 없는 전라좌수사 이순신은 있을 수 없었다. 이때 이순신의
나이 47세. 무과에 급제한 지 15년 만에 맡게 된 제대로 된 관직이었다.
그동안 이순신은 한직을 떠돌았고, 그의 벼슬살이는 순탄치 않았다.

서른두 살 늦깎이로 과거에 붙어 함경도 동구비보의 권관종9품이 그의
첫 보직이었다. 최전방에서 2년간 근무한 뒤 훈련원 봉사종8품로 승진해
한양으로 왔다. 이순신에게도 출세할 수 있는 기회가 찾아온 것이다.

그러던 어느 날 국방부 장관에 해당하는 병조판서 김귀영金貴榮이 이순
신에게 중매쟁이를 보냈다. 이순신을 사윗감으로 눈독 들인 김귀영이 서

| 이순신의 무과급제 홍패

출인 그의 딸을 이순신에게 첩
으로 주겠다는 것이었다. 만약
김귀영 같은 실세 중의 실세의
사위가 된다면 출세는 보장된
길이었다. 그러나 이순신은 일
언지하에 거절했다. 관직에 나
선 지 오래되지 않았는데 어찌
세도가에 의지해 출세를 도모하
겠느냐며 정중하게 중매쟁이를
돌려보냈다.

게다가 병조의 인사권을 쥐고

있던 서익과도 척을 지는 사건이 일어났다. 서익이 그와 친분이 있는 자를 승진시키라는 명령을 내리자 원칙에 위배되는 명령은 따를 수 없다고 거부했다.

이순신은 그랬다. 당장 불이익을 받을지라도 부당한 권력과는 타협하지 않았다. 정도에서 벗어나면 직속상관에게 맞섰다. 원칙에 벗어나는 일은 하지 않았다. 그런 까칠한 성격 탓에 훈련원 근무 8개월 만에 충청병사 군관으로 좌천되고 말았다.

인재人才는 인재人才를 알아보는 법이다. 이순신의 그런 강직한 성품과 능력을 류성룡만은 제대로 알아보았다. 변방을 떠돌던 이순신을 정읍현감으로 발탁한 것도 류성룡이었고, 전라좌수사로 만든 것도 류성룡이었

다. 선조는 자신의 권위에 도전하는 사람을 극도로 싫어했다. 그러니 상관의 부당한 요구에는 절대 응하지 않는 이순신은 선조가 싫어하는 조건을 두루 갖춘 셈이

| 수책거적도
함경도에서 용맹을 떨친 고려,조선 장수들의 업적을 담은 《북관유적도첩》 중 녹둔도에서 이순신의 활약상을 그린 그림.

다. 그러나 류성룡이라는 특급 참모의 보좌 덕분에 선조는 그런 훌륭한 인재를 기용할 수 있었다. 이순신의 전라좌수사 임명, 그것은 다가오는 전쟁에 대비한 신의 한 수였다.

그렇다면 이순신은 어떻게 전라좌수사의 임무를 수행했을까? 이순신이 전라좌수영에 부임했을 때는 이미 전쟁이 날 것이라는 소문이 파다하게 퍼져 있었다. 그런데다 조정에서는 수군을 없애자는 논의가 진행됐다. 조선 최고의 장수로 꼽히던 신립 장군이 방어 체제를 점검하고 돌아와 수군을 폐지하고 육군을 모아서 방어하자는 의견을 제시한 것이다.

왜적들이 해전에는 능하지만, 육지에 오르기만 하면 민활하지 못하다고 하여 육지 방어에 전력하기를 주장했다.

《선묘중흥지》

그러나 이순신의 생각은 달랐다. 그는 수군을 폐지하려는 조정의 결정에 맞서 수군을 유지해야만 하는 근본적인 이유부터 설명해야 하는 답답한 상황이었다.

바다로 침입하는 적을 저지하는 데는 수군을 따를 만한 대책이 없습니다. 수군이나 육군은 그 어느 쪽도 없애는 것은 불가합니다.
그러하오니 수군을 폐지하라는 지시를 거두어 주십시오.

《선묘중흥지》

전쟁 발발 전 비변사의 수군 폐지 지시에 이순신은 이 같은 장계를 올리며 힘겨운 투쟁을 벌였다. 전운은 감도는데 육전만 준비하는 조정의 전략은 그를 초조하게 만들었다. 부임 직후부터 이순신은 바쁘게 움직였다. 그의 14개월은 빈틈없는 전쟁 준비의 나날이었다.

동헌에 나가 별방군을 점검하고 각 관아와 포구에 공문을 보냈다.

《난중일기》 1592년 1월 3일

당시 전라좌수영은 5관 5포로 이루어져 있었다. 행정 구역인 5관은 순천과 광양, 낙안, 보성, 흥양지금의 고흥으로 구성됐고, 군사 기지인 5포는 방답진, 녹도진, 사도진, 여도진, 발포진 등의 다섯 포구였다.

전쟁 직전인 1592년 2월, 이순신은 휘하 부대 순시에 나섰다. 전라좌수영 본영이 있는 여수를 출발해 관할 해안 지역을 점검하는 순시 여정의 첫 도착지는 백야곶이었다.

순시하러 떠나 백야곶의 감목관말 목장 관리인이 있는 곳에 이르니 승평부사 권준이 그 아우를 데리고 와서 기다리고 있었다.

《난중일기》 1592년 2월 19일

관할 지역을 둘러보는 순시에서 이순신은 고흥 지역을 중요하게 생각했다. 전라좌수군의 승패 여부는 고흥 지역 수군에 달려 있다고 보았다. 37세에 고흥 지역의 발포 만호를 지낸 적이 있었기 때문에 그 중요성을 누구보다 잘 알았다. 그의 순시는 9일 동안 이어졌는데, 그 목적은 각 포구의 군기 검열이었다. 군사들의 상태와 무기, 그리고 각 포구의 방어 시설들을 빈틈없이 점검했다. 이순신의 군기 검열은 치밀하고 엄격했다. 준비가 미비한 부하들은 엄격한 군율로 다스렸다.

여러 가지 전쟁 준비에 탈 난 곳이 많다. 군관과 색리들에게 벌을 줬다. 첨사를 잡아들이고 교수를 내보냈다.

《난중일기》 1592년 2월 25일

이순신은 관련자들을 모두 처벌했다. 《난중일기》에는 이때 준비가 덜
된 지역에 대한 이순신의 우려가 얼마나 컸는지 잘 드러난다.

> 북봉에 올라가 지형을 살펴보니 외롭고 위태로운 섬인지라 사방에서
> 적의 공격을 받을 수 있고, 섬과 해자 또한 매우 엉성하니 참으로 걱
> 정, 걱정스러웠다. 첨사는 애는 썼으나 미처 시설하지 못했으니 이를
> 어찌하라.
>
> 《난중일기》 1592년 2월 27일

군 기강을 바로 세우기 위한 일에는 지나칠 정도로 엄격했다. 군 기강
을 바로잡기 위해 처벌도 마다하지 않았다. 이순신의 《난중일기》에는 전
쟁 직전 부하들을 처벌한 내용이 집중되어 있다.

> 방답의 병선 담당 군관과 아전들이 병선을 수리하지 않았기에 곤장을
> 때렸다. (1592년 1월 16일)

> 석수들이 새로 쌓은 해자가 구덩이가 많아 무너져 벌을 주고 다시 쌓
> 게 하였다. (1592년 2월 15일)

> 승군들이 돌 줍는 것이 성실치 못하므로 우두머리를 잡아다가 매를
> 때렸다. (1592년 3월 4일)

심지어 승군들까지 곤장을 때렸으니 이순신이 어떤 각오로 전쟁 준비
에 만전을 기했는지 알 수 있다. 이순신의 순시 지역 중 녹도진의 준비는
완벽했다. 이순신은 녹도 만호 정운의 애쓴 정성이 미치지 않은 곳이 없
다며 극찬했다. 원칙에 어긋나거나 목표를 달성하지 못하면 엄벌에 처했
지만, 소임을 다하는 부하들에겐 칭찬을 아끼지 않았다. 이순신 스스로

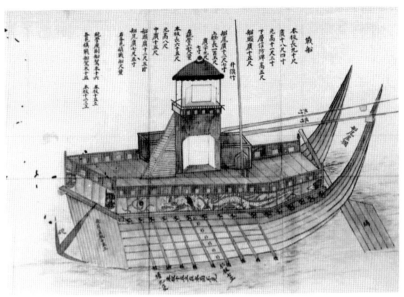

| 《각선도본》에 실린 조선의 판옥선

앞장서 모범을 보이며 전쟁에 대비한 매뉴얼과 시스템을 갖춰나갔다. 이순신의 철두철미한 준비로 전라좌수영은 이순신이 부임하고 불과 1년 남짓 만에 24척의 판옥선 함대를 보유하게 됐다.

> 배를 타고 거북선의 지자포와 현자포를 쏘았다.
>
> 《난중일기》 1592년 4월 12일

마침내 조선 수군의 비밀 병기 거북선도 건조했다. 전쟁이 나기 하루 전날, 이순신은 거북선 총통의 시험 발사를 마쳤다. 임진왜란 당시 가공할 위력을 발휘한 거북선을 만드는데 결정적인 공헌을 한 사람이 이순신 휘하의 군관 나대용이다.

당시 조선의 주력 전함은 판옥선이었다. 판옥선의 경우 갑판 아래 선실에 격군이 배치됐고, 전투 요원과 총통은 갑판 위에 배치했다. 전투 요원

들이 적에게 노출되는 구조였다. 바로 이 판옥선을 기본으로 삼아, 그 위에 뚜껑을 덮고 옆을 막은 것이 거북선이었다. 전투 요원의 안전을 확보할 수 있는 구조가 된 것이다.

적진 한가운데로 돌격해 들어가 근접 포격을 하는 거북선은 엄청난 위력을 발휘했다. 왜군의 백병전을 막기 위한 장치도 있었다. 거북선 등에 쇠못을 꽂아 왜군들이 기어오르지 못하게 만들었다. 그리하여 바다를 누비는 무적의 탱크 역할을 할 수 있도록 한 것이다.

> 앞에는 용머리를 설치하여 그 입으로 대포를 쏘고 등에는 쇠못을 꽂았으며 안에서는 밖을 내다볼 수 있으나 밖에서는 안을 볼 수 없게 했습니다. 그래서 수백 척의 적선 속이라도 돌진해 들어가서 대포를 쏠수 있게 했습니다.
>
> 〈이순신의 '당포파왜병장'〉

거북선의 등장 역시 류성룡의 든든한 지원이 있었기에 가능했다. 군함

| 삼도수군 조련 전진도
　1800년대 조선 수군의 훈련 모습을 그린 그림으로 수백 척의 크고 작은 조선의 전선 중에는 거북선도 여러 척 눈에 띈다.

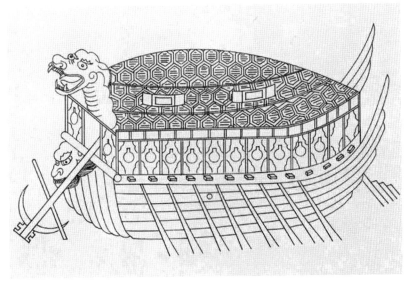

| 이충무공 전서에 실린 전라좌수영 거북선

건조는 이순신 혼자서 결정할 수 있는 것이 아니다. 국가의 재정 지원이 있어야만 실행 가능한 프로젝트였다. 수군 폐지를 논하던 조정에서 막대한 경비가 들어가는 이순신의 거북선 건조 계획을 반겼을 리 만무하다. 그런 상황에서 류성룡의 절대적인 지지와 후원이 없었다면 이순신 함대의 거북선은 빛을 보지 못했을 것이다. 류성룡의 이순신에 대한 지원은 《난중일기》에도 기록되어 있다.

> 저물녘에 서울 갔던 진무가 돌아왔는데, 좌의정이 편지와 《증손전수방략》이란 책을 보내왔다. 책을 보니 육전과 화공 전술에 관한 일이 낱낱이 적혀 있는데 진실로 만고에 기이한 이론이다.
>
> 《난중일기》 1592년 3월 5일

'전투 지침서'가 될 병법서까지 직접 보낼 정도로 류성룡의 이순신에 대한 기대는 컸다. 이순신은 그런 류성룡의 기대에 부응하기 위해 전력을 다했다. 이처럼 조선은 이 두 사람의 만남이 있음으로 해서 적의 침략 앞에서도 조선일 수 있었다.

3장
싸우는 자 도망가는 자

1592년 4월 13일 왜군이 부산에 상륙했다.

4월 14일 부산진이 함락됐다.

4월 15일 동래성 함락됐다.

4월 22일 곽재우가 경남 의령에서 의병을 일으켰다.

4월 25일 이일 장군이 상주 전투에서 패배했다.

4월 28일 신립 장군이 탄금대 전투에서 패배하고

　　　　자결했다

4월 30일 선조 임금이 한성 버리고 피난길에 올랐다.

5월 3일 수도 한양이 함락됐다.

전쟁의 민낯

임진년1592년 4월 13일, 적선이 바다를 덮고 몰려왔다.
왜적들이 타고 온 배가 부산포 앞바다를 가득 메워 끝이 보이지 않았다.
부산첨사 정발은 마침 절영도로 사냥을 나갔다가
왜적의 침략을 보고받고 급히 성으로 돌아왔다.
적은 이미 육지에 올라 사방에서 구름같이 몰려드니
삽시간에 성이 함락되고 말았다.

일본군은 부산 앞바다로 침략했다. 예고 없이 들이닥친 갑작스러운 침공이 아니었다.

선전포고만 없었을 뿐이지 히데요시가 조선 침략을 준비 중이라는 사실은 이미 여러 경로를 통해 그 징후를 보내왔다. 대놓고 명나라를 치러 가는 길을 빌려달라는 외교 문서가 접수됐고, 쓰시마 도주는 일본이 대규모 침공을 준비 중이라는 정보를 알려왔다. 심지어 전쟁 발발 십여 일 전에는 왜군의 침략 계획을 알리는 첩보도 있었고, 부산포 왜관에 머물고 있던 일본인들은 침략 직전 모두 자국으로 철수했다.

침략 세 달 전부터 일본군 병력은 규슈의 나고야 성으로 속속 집결해 있었다. 고니시 유키나가小西行長의 제1군 1만 8,000명, 가토 기요마사加藤淸正의 제2군 2만 명, 구로다 나가마사黑田長政의 제3군 1만 1,000여 명

등 16만여 명에 이르는 대군이었다.

히데요시는 4월 13일 새벽, 16만 대군을 나누어 출격시켰다. 고니시 유키나가의 제1군이 선봉에 섰다. 이들 일본군 선봉대는 그날 오후 5시쯤 부산포 앞바다에 나타났다. 동아시아를 뒤흔든 참혹한 7년 전쟁은 그렇게 막이 올랐다.

침략군이 타고 온 병선은 700여 척에 이르는 대선단이었다. 하지만 임진왜란에 대한 최초의 조선 쪽 보고는 '1만 명 정도의 왜구가 침략'한 소동 정도였고, 조정에서도 그렇게 여겼다.

이달 13일 새벽 안개를 틈타 적이 바다를 건너왔다. 부산에서 망을 보던 관리가 처음에 온 400여 척을 보고 주진主鎭에 보고했는데, 변장邊將이 처음 보고받은 이것을 실제 수효로 여겼다. 그래서 병사兵使가 장계하기를 '적의 배가 400척이 채 못 되는데 한 척의 인원이 수십 명에 불과하니 그 대략을 계산하면 만 명쯤 될 것이다.'라고 하였으므로, 조정에서도 그렇게 여겼다.

《선조수정실록》 25년 4월 14일

| 부산진 순절도(육군박물관 소장)
조선 후기의 화가 변박이 그린 기록화. 1760년 작. 비단 바탕에 채색, 세로 145㎝, 가로 96㎝. 보물 제391호. 육군박물관 소장. 임진왜란 당시의 격전 장면을 도회한 그림으로 '동래부순절도'와 함께 1709년에 처음 그려졌으나 없어지고, 이 그림은 1760년 당시 동래부의 화원이었던 변박에 의하여 개모된 것이다.

일본군의 침략을 기껏해야 삼포왜란 때처럼 경상도 해안 일대를 노략질하는 왜구 정도로 오판한 것이다. 부산포 방어 책임자인 정발은 처음엔 쓰시마에서 보내온 조공 선단으로 오인했다. 뒤늦게 침략군의 엄청난 규모에 놀랐고, 급히 부산진성으로 돌아가 결전을 준비했다.

고니시 유키나가의 제1군은 다음 날 아침 부산진성을 공격했다. 그들은 조선 침략의 선봉을 맡은 최정예 일본군이었다. 이에 맞선 부산진의 병력은 1,000명에 불과했다. 정발과 그의 군사들은 성을 에워싸고 공격하는 일본군과 치열한 접전을 벌였다. 그러나 성을 지켜내기엔 역부족이었다. 일본군이 북쪽 성벽을 타고 성안으로 돌입하면서 무너지고 말았다. 정발은 전사했고, 부산진성은 그날이 가기도 전에 함락됐다.

고니시 유키나가의 일본군은 여세를 몰아 동래성으로 진격했다. 동래부사 송상현은

| 초량왜관

1783년 변박이 그린 초량왜관. 왜관은 상인과 수직, 사신 등 왜인들의 접대 및 교역을 담당하는 목적으로 설치된 재일 외교무역공관. 삼포왜란 후 폐쇄되었다가 임진왜란 뒤에는 부산에만 열었다. 이후 1678년에는 초량으로 이전했다. 전쟁 당시 정발은 고니시의 선발 부대를 왜관으로 통교하러 오는 조공선으로 알았다.

| 부산진순절도 부산진을 공략하는 일본군

부산진성 함락 소식을 듣고 결전을 준비했다. 성 안팎의 방어 태세를 정
비하고, 인근의 양산, 울산 지역의 병력까지 불러들였다.

　일본군은 동래성 정문인 남문을 주 공격로로 삼았다. 동래성을 겹겹이
포위한 일본군은 남문 밖에 목패를 세웠다. 목패에는 "싸우려면 싸우고,
싸우지 않으려면 길을 빌려 달라戰卽戰 不戰卽假我道."라는 글귀가 적혀
있었다. 이에 남문 수비에 나섰던 송상현은 "싸워 죽는 건 쉬워도, 길을
내어주는 것은 어렵다戰死易 假道難."라는 말로 즉각 거부했다.

| 동래부 순절도(왼쪽, 보물 제39호)
기왓장을 던지는 백성의 모습(오른쪽 위), 송상현의 모습(오른쪽 아래)

송상현이 결사 항전을 선언하자 일본군의 공격이 시작됐다. 일본군은 3개 대로 나뉘어 동·서·남 세 방면에서 조총을 쏘며 성벽을 기어올랐다. 동래성 군민들은 사력을 다해 싸웠다. 그러나 싸움이 시작된 지 반나절 만에 동북쪽 성벽이 무너졌다. 성 안에 있던 사람들은 처절하게 저항했다. 화살이 떨어지자 지붕 위로 올라가 기왓장을 던지며 맞섰으나 지원군은 오지 않았다. 최후를 직감한 동래부사 송상현은 갑옷 위에 관복을 입고 임금을 향해 절을 했다. 일찍이 사절단으로 동래성을 드나들었던 일본군 한 명이 송상현을 피신시키려 했지만 거부하고 장렬하게 전사했다. 죽기 직전 송상현은 당시 동래성의 상황을 절명시로 남겼다.

| 동래성 유골 발굴 현장

孤城月暈　고립된 성을 달무리처럼 적이 에워쌌고
列鎭高沈　여러 진들은 단잠에 빠져 구원병은 오지 않는데
君臣義重　군신 간의 의리가 무거워 여기서 죽게 되니
父子恩輕　부모님의 은혜를 소홀히 하는 불효를 용서하소서.

전투는 오래가지 않았다. 신무기 조총과 실전 경험까지 갖춘 일본군 앞에 조선의 민관군은 속수무책이었다. 동래성이 함락된 것은 4월 15일. 성안에서는 아비규환이 벌어졌다. 고니시는 송상현의 충절을 높이 사 그의 시신은 온전히 고향으로 돌려보냈지만, 끝까지 저항한 동래성 백성들은 잔인하게 학살했다. 일본군과 함께 참전한 포르투갈 선교사 프로이스의 기록에 따르면, 당시 동래성 전투에서 전사한 조선인은 5,000여 명에 달한다.

지난 2005년 동래성 해자가 발굴되면서 그날의 참상은 충격적인 실체를 드러냈다. 지하철 공사를 하다 발굴된 동래성 해자였다. 동래성 전투에 사용된 칼과 창, 투구와 갑옷, 화살촉 등 임진왜란 당시 무기류가 쏟아져 나왔다. 함께 모습을 드러낸 것은 전투에서 희생된 조선인들의 유골이었다. 유골은 참혹했다. 조총에 맞아 두개골에 커다란 구멍이 뚫린 유골도 있었고, 손상되어 그 형체를 알아보기 힘든 두개골도 있었다. 분석 결과 그중 많은 사람이 병사가 아닌 무참히 학살당한 백성으로 밝혀졌다. 여자와 아이의 유골에도 조총과 창검으로 찔린 자국이 선명했다. 특히 한 여성 유골은 칼로 몇 차례나 목을 베인 흔적이 또렷하게 남아 있었다. 동래성 전투가 끝난 뒤, 일본군은 동래성 해자를 선택했다. 그리고 그곳에 조선인과 그들의 저항 흔적을 함께 묻어버린 것이었다.

동래성 학살의 피비린내가 채 가시기도 전에 고니시의 일본군 선봉대는 파죽지세로 북상했다. 기장, 양산을 거쳐 4월 19일에는 밀양성을 무혈 점령했다. 이어 청도를 거쳐 21일에는 대구 부근으로 진출했다. 일본군이 몰려온다는 소식이 전해지자 동요한 조선 병사들은 흩어져 버렸다. 고니시 부대는 대구에도 무혈입성했다. 4월 25일에는 상주까지 나아갔다.

가토 기요마사가 지휘하는 제2군이 부산에 상륙한 것은 4월 18일이었다. 이들은 부산에서 동북쪽으로 진출해 19일에는 언양을 점령하고, 21일에는 경주에 무혈입성했다. 다음 날에는 영천을 거쳐 군위로 진격했다.

구로다 나가마사의 제3군은 4월 19일에 낙동강 하구의 죽도로 상륙해 김해로 향했다. 김해부사 서례원과 초계군수 이유검은 일본군이 어둠을 틈타 성벽을 넘자 도주했다. 김해성은 20일 새벽 함락됐다. 일본군도 예상하지 못한 초고속 북진이었다.

[1592년 일본군 조선 침략군 편제]

제1군: 고니시 유키나가, 병력 1만 8,700명

제2군: 가토 기요마사, 병력 2만 800명

제3군: 구로다 나가마사, 병력 1만 1,000명

제4군: 시마즈 요시히로, 병력 1만 5,000명

제5군: 후큐시마 마사노리, 병력 2만 4,700명

제6군: 고바야카와 다카카게, 1만 5,700명

제7군: 모리 테루모도, 병력 3만 명

제8군: 우키다 히데이에, 병력 1만 명

제9군: 하시바 히데카스, 병력 1만 1,500명 등

    일본군이 수도 한양을 점령한 날짜는 5월 3일이다. 부산에서 서울까지 정확히 20일 걸렸다. 부산에서 서울까지의 거리는 지금의 국도 기준으로 약 450km 정도다. 평균 체력을 가진 남성이 하루에 30km를 걷는다면 15일 걸리는 거리다. 지금보다 길이 더 험한 것을 고려하면, 걸어서 한양까지 20일 이내에 주파하기는 힘든 코스다. 그런데도 수만 명의 무장한 병력이 보급 물자를 끌고 하루 평균 20km 이상을 주파한 셈이다. 더구나 부산진, 동래성, 대구, 상주, 충주에서 조선군 방어선을 돌파하면서 진군한 속도를 감안하면 엄청난 진군 속도다. 조선에도 군사가 있었고, 군 체계가 있었지만 조선의 방어선은 일본군이 밀면 밀리는 그런 수준이었던 것이다.

놓쳐 버린 골든타임

경상좌병사 이각은 송상현이 함께 싸우자고
제안했으나 뿌리치고 후퇴했다.
경상좌수사 박홍은 적의 세력에 질려 성을 버리고 도망치고 말았다.
밀양부사 박진은 병기와 창고를 불사른 다음 성을 버리고 달아났다.
경상감사 김수는 진주성에서 일본군의 침략 소식을 듣고
말을 달려 동래성으로 향했으나
적이 가까이 접근했다는 소식을 듣고 서부 지방으로 도망쳤다.
그곳에서 겨우 생각한 것이 온 고을에 격문을 띄우는 것이었는데,
격문은 모두 도망치라는 내용이었다.

　임진왜란 초기, 결코 믿을 수 없는 광경이 벌어졌다. 누구는 싸우자는
제안을 뿌리치고, 누구는 성을 버리고 도망치고, 누구는 병기를 불태우
고, 누구는 도망치면서 도망치라는 격문을 띄우는, 도무지 이해할 수 없
는 장면들. 그러나 류성룡의 《징비록》에 기록된 이 장면들은 소설이 아
니고 일본군의 침략 초기에 일어난 실제 상황이다. 더 놀라운 것은 적을
보고 줄행랑을 친 이들이 모두 영남 지역의 육해군 수뇌부들이라는 사
실이다. 도대체 왜 이런 일이 생긴 것일까?
　임진왜란 때 조선군의 초동 대처는 세월호 참사가 벌어졌을 때의 대한

민국 재난 구조 시스템을 연상케 하는 것이었다. 먼저 전쟁 초기 방어 시스템이 제대로 작동되었다면 바다에서 일본군을 막는 것이 가장 효과적이다. 하지만 어떤가. 일본군이 부산포에 상륙할 때까지 조선 수군은 아무것도 하지 않았다. 조선 수군은 일본군 함대가 까맣게 몰려오는 걸 보면서도 출정하지 않

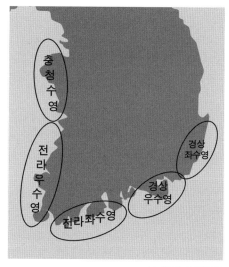

| 남해안 수군군영

았다. 맑은 날이면 육안으로도 쓰시마까지 내다보이는 부산에서 수백 척의 일본 함대가 관측되지 않았을 리가 없다. 그런데도 조선 수군은 대포한 방 쏘지 않고 그들의 상륙을 허락했다. 실로 어처구니없는 일이었다.

당시 남해안에는 4개의 수군 군영이 있었다. 해남의 전라우수군과 여수의 전라좌수군은 호남 지역 방어를 맡았고, 거제도 가배량의 경상우수군과 동래의 경상좌수군은 영남 지역 방어를 맡고 있었다. 여기서 특히 주목해야 할 것이 바로 일본군의 주요 침공 루트에 놓여 있는 경상우수영과 경상좌수영이다. 이들 두 개의 수영은 병력과 전함 면에서도 호남의 두 배에 달하는 전력을 보유하고 있었다.

[당시 조선 수군의 작전 구역과 병력]
전라우수영(해남): 전함 30척, 병력 5,000명
전라좌수영(여수): 전함 25척, 병력 4,000명

경상우수영(거제): 전함 75척, 병력 1만 2,000명

경상좌수영(동래): 전함 75척, 병력 1만 2,000명

일본군의 최초 상륙 지점인 부산 앞바다는 박홍이 이끄는 경상좌수영의 해역이었다. 그러나 경상좌수군은 바다에서 일본군을 막아서지 않았다. 박홍과 휘하 병사들은 해전을 포기하고 육지로 올라와 동래성으로 들어갔다. 수군이 바다를 등지고 육지를 전장으로 선택하는 엽기적인 행각을 벌인 것이다. 박홍의 엽기 행각은 여기서 그치지 않았다. 도망치다시피 동래성으로 들어간 박홍은 몰려드는 적의 세력에 겁먹고 동래성에서도 도망쳤다. 무책임한 사령관 때문에 적이 코앞에 들이닥쳤음에도 경상좌수영은 기본적인 대응조차 못 하고 붕괴되고 말았다.

> 불행히도 경상도 지방의 바다와 육지를 담당한 장수들은 하나같이 겁쟁이였다. 바다를 지키던 좌수사 박홍은 단 한 사람의 병사도 동원하지 않았고, 우수사 원균은 거리는 좀 멀었다 하더라도 많은 전선을 거느리고 있었다. 적 또한 여러 날에 걸쳐 들어왔다. 우리 측에서 한 번이라도 나아가 위협을 했다면 적들은 뒤에서 공격해 올 것을 염려해 그렇게 쉽게 쳐들어오지는 못했을 것이다. 그러나 우리 병사들은 멀리 적이 보이기만 해도 피할 뿐 싸우지 않았다.

거제도 가배량의 경상우수군은 상대적으로 출격할 수 있는 여지가 충분했다. 하지만 경상우수사 원균은 전함과 무기를 바다에 처넣고 1만이넘는 수군을 무장 해제시키는 어처구니없는 일을 저질렀다.

> 처음에 적이 바다를 건너 상륙하자 원균은 적의 규모에 놀라 나가 싸우지도 못하고 오히려 100여 척의 배와 화포, 무기를 바닷속에 던져 버렸

다. 그런 후 비장 이영남, 이운룡 등만 대동하고 배 네 척에 나누어 탄
채 달아나 곤량 바다 어귀에 상륙해 적을 피했다. 이렇게 되자 그 수하
의 수군 1만여 명이 모두 사라지고 말았다.

경상좌수사 박홍과 경상우수사 원균의 초동 대응은 무책임과 무능함
의 극치를 보여준다. 그러나 이보다 더 심각한 문제가 당시 조정이 마련
한 비현실적인 전시 작전 계획이었다.

류성룡의 《징비록》에서 확인되는 것처럼 전쟁의 시그널이 여로 경로
로 감지되면서 조정은 나름대로 전시 매뉴얼을 마련하고 방어 태세 점
검을 실시했다. 1591년 여름에는 경상도 · 전라도 · 충청도 등 하삼도 전
역에 걸쳐 성을 쌓거나 고치고 병력을 점검하며 전쟁 대비가 이루어졌
다. 이순신의 전라좌수사 임명도 그 일환의 하나였다.

이때 비변사1510년 삼포왜란 이후 국방 경비를 담당할 전시 비상기구로 설치.
임진왜란 때 상설기구로 발전에서 본격적으로 논의된 전시 작전 매뉴얼이
있었다. 일본은 섬나라이므로 수전水戰에 강하고 육전陸戰에 약할 것이
라는 전제 아래 육지 방어에 주력한다는 계획이었다. 이에 신립 장군은
한술 더 떠 아예 수군을 폐지하고 육군에 편입시켜 육지에서 싸우는 게
승산이 높다고 주장하기도 했다. 물론 이순신의 극력 반대로 수군 폐지
론은 무산됐지만, 전시 작전 지침은 살아 있었다. 일본군과의 해전은 최
대한 피하라는 것이 전군에 내려진 비변사의 지침이었다.

조선의 수뇌부는 몰라도 너무 몰랐다. 그들의 무지가 대한 해협을 건
너오느라 지친 일본군을 육지로 끌어들여 월등한 전력의 조선 지상군으
로 쳐부수겠다는 비현실적인 전시 지침을 만들었다. 그 결과 부산 앞바
다를 일본군에게 완전히 개방해 주고 말았다.

　경상우수사 원균 역시 스스로 70척 이상의 전선을 바다에 수장시켜버린 엽기적 행각의 근간에는 이런 잘못된 전시 작전 계획이 있었다. 조선의 컨트롤타워였던 수뇌부들의 오판과 바다에서의 초동 대처를 포기한 두 장수 덕분에 경상도의 좌·우수군은 스스로 무장 해제되었다.

　조선과 일본의 전력 차이를 제대로 파악하지 못한 잘못된 현실 인식은 참담한 결과로 이어졌다. 일본군은 아무런 저항 없이 경상도 해역을 장악하게 되자 더 이상 조선 수군을 의식할 필요가 없어졌다. 일본군이 다시 수군에 전력을 증강하기 시작한 것은 이순신이 주축이 된 3도수군 연합부대가 5월 7일 옥포해전에서 승리하고 나서부터다. 이때는 이미 한양이 함락된 지 3일이 지난 시점이었고, 원균의 실책으로 경상우수군에게는 겨우 6척의 배만 남아 있었다.

　육군 지휘부의 대응도 심각했다. 당시 영남 지역 방어 책임자는 경상감사 김수다. 진주성에 있다가 일본군 침략 소식을 들은 김수는 동래성으로 향했다. 하지만 적이 동래성에 접근했다는 첩보에 서부 지방으로 줄행랑을 쳤다. 전쟁 초기 그가 한 일이라곤 이리저리 도망치며 각 고을

| 동래부 순절도(보물 제39호) 중 도망치는 관리들

에 공문을 띄운 것이 전부였다. 감사가 백성들에게 적을 피하라고 공문을 돌리니 마을이 텅텅 비어 적을 방어할 수 없는 상황이 됐다.

이에 의병장 곽재우는 전쟁 직후 도주한 김수의 무책임에 격분하여 그를 직접 처단하려고 통문까지 돌렸다. 나라를 지키기 위해 목숨을 걸고 싸운 의병장이 보기에 김수와 같은 관리들은 '처단해야 할 대상'이었던 것이다.

> 김수는 나라를 망하게 하려는 큰 반역자이다. 옛 법도에 따르면 누구든지 그의 목을 베어야 한다. 왜적을 맞아들이고 서울까지 내줘 임금에게 피난 가게 했으니 그를 어찌 감사라 하겠는가…….
> 그의 목을 베어 바친다면 그 공적은 풍신수길의 목을 바치는 것보다 몇 배나 더 클 것이다.
>
> 〈곽재우가 거병 직후 의병들에게 보낸 통문〉

울산에 있던 경상좌도낙동강 동쪽 지역 병사兵使 이각의 행보도 김수와 별반 다르지 않았다. 일본군이 쳐들어왔다는 소식을 듣고 동래성으로 들어갔다. 그러나 적의 기세를 보자 생각이 달라진 그는 동래부사 송상현에게 '그대는 성을 지키시오. 나는 원병을 모아 보내겠소.'라고 한 뒤 혼자 성을 빠져나갔다. 함께 싸우자는 송상현의 제안을 뿌리치고 도망쳤다. 경상우병사 조대곤은 늙고 병들어 교체 대상이었기 때문에 도움이 안 되기는 마찬가지였다. 이러니 적이 상주까지 북상하는 동안 제대로 싸워 본 장수 한 사람 없었다는 류성룡의 개탄이 나올 수밖에 없는 것이다.

적이 상륙해 왔을 때 경상좌병사 이각과 경상우병사 조대곤은 도망치거나 교체되고 말았으니 적들이 마음대로 활개 치면서 100리 길을 달려온 것이다. 북쪽을 향해 밤낮으로 진군하는 적들을 맞아 제대로 싸워 본 장수는 하나도 없었다. 이러니 상륙한 지 불과 10일 만에 상주까지 닿은 것이 아닌가.

결국, 육·해군 모두 지휘부의 오판과 무지로 개전초기 방어에 완전히 실패해 상황을 통제할 수 있는 골든타임을 날려버렸다. 그러는 동안 방어선은 뚫렸고 지원군은 도착하지 않았다. 전쟁 발발 20일 만에 수도를 적에게 넘겨주고 말았다.

무너지는 방어선

중앙에서 장수를 파견하기 위해 병력을 점검했다.
그런데 병조에서 선발한 병사라는 것이
대부분 집에서 살림하던 사람들이거나 아전 또는 유생들뿐이었다.
불러 모아 점검을 해 보자 관복을 입고 옆에 책을 낀 채로 나온 유생,
평정건을 쓰고 나온 아전 등
모두 병사로 뽑히기를 꺼리는 자들로 뜰이 가득 찼다.

　일본의 침략 사실이 처음 조정에 보고된 것은 4월 17일 이른 아침이었다. 경상좌수사 박홍의 장계로 왜구의 노략질 정도가 아니라 전면전임이 알려진 것이다. 전쟁이 일어난 지 사흘 만에 비로소 조정은 전시 체제로 돌입하고 비상 대책 회의를 소집했다. 이 회의에서 일본군의 북상을 막기 위한 1차 방어선을 결정하고, 이일 장군을 출전시키기로 했다. 성은길은 경상 좌방어사로 삼아 동부 지역을, 경상 우방어사에는 조경을 임명해 서쪽으로 내려보냈다. 유극량과 변기를 조방장으로 삼아 죽령과 조령 방어를 각각 맡겼다. 하지만 임명된 장수들이 거느리고 갈 병력이 없었다. 심각한 상황이었다.
　순변사로 임명된 이일은 한양의 정예병 300명을 선발하여 출발할 예정이었다. 하지만 병조의 군적을 점검하던 중 충격적인 실태가 드러났

| 장양공 정토시전 부호도
1588년 함경북도 병마절도사 이일이 여진족을 정벌하는 장면

다. 군적에 올라 있는 병사들 대부분이 집에서 살림하던 자들이거나 아전 또는 유생들뿐이었다. 어처구니없게도 중앙 정부에 제대로 된 군사가 없다는 것이다.

그렇다면 임진왜란 당시 조선군의 전력은 대체 얼마나 되었던 것일까? 류성룡이 1594년 왕에게 올린 시무차자에 조선군 병력 기록이 남아 있다. 이 기록에 따르면 군적 상에 나타난 당시 조선의 병력은 14만 5,000여 명. 이 중 갑사, 정로위, 별시위 등 정예군은 2만 3,000여 명이었다. 하지만 이들 중에도 전투원은 8,000여 명에 불과했다. 나머지는 전투원을 지망하는 노인, 즉 비전투원이었다. 게다가 8,000여 명의 전투 병력도 일 년에 3개월만 근무하고 교체되었다. 평상시에는 2,000의 정예군만 북방을 맡고 있었다.

이런 국방의 난맥상은 이미 명종 시대부터 시작됐다. 토정 이지함은 자신의 저서 《토정유고》에서 나무, 돌, 닭, 개 등도 군적에 올려 숫자만 채우고 있다고 한탄하고 있다. 그것은 빈말이 아니었다. 군역의 문란과 오랫동안 지속된 평화로 조선의 상비군 체제는 거의 와해된 상태였다. 군역을 회피하기 위한 갖가지 꼼수가 동원됐다. 인원을 채우기 위해 나무, 돌, 개, 죽은 사람까지 집어넣어 군적을 채울 정도로 문제가 많았다.

결국, 이일은 군사를 모으지 못해 명령을 받은 지 사흘 후에야 겨우 60여 명을 이끌고 서울을 떠났다. 그에게 내려진 특명은 대구에서 병력을 모아 1차 방어선을 펼쳐 적의 북상을 막는 것이었다. 하지만 그가 대구에 도착하기도 전에 1차 방어선이 무너졌다. 이일은 상주에 2차 방어선을 칠 계획이었지만 상주의 상황도 마찬가지, 군사는 없었다.

조선의 군사는 대체 어디에 있었을까? 전쟁 발발 직후 도망치기 급급했던 경상감사 김수가 취한 유일한 조치에 그 단서가 있다.

> 경상감사 김수는 적의 침략 소식이 전해지자 제승방략制勝方略의 군사 분류법에 따라 각 고을에 공문을 띄웠다. 각각 소속 병사들을 거느리고 약속한 곳에 주둔하면서 한양에서 내려올 장수를 기다리라는 내용이었다.

당시 조선의 방어 체계는 '제승방략制勝方略'이었다. 이는 유사시에 각 고을의 수령이 군사를 이끌고 자신의 고을을 떠나 약속된 방어 지역으로 집결하고, 중앙에서 임명된 순변사, 방어사, 도원수 등이 도착하면 그

휘하에 배속되어 지휘를 받는 체제였다. 그런데 제승방략은 치명적인 결함이 있었다. 지휘관이 적군보다 늦게 도착하는 사태가 벌어지면 적과 싸우기도 전에 붕괴될 우려가 높았다. 게다가 중앙에서 내려온 지휘관이 한 번 패배하면 더 심각한 상황으로 악화될 가능성이 많았다.

　류성룡은 이런 점을 우려해 제승방략을 진관 체제로 바꾸어야 한다고 주장했다. 그때가 전쟁 발발 6개월 전이었다.

　　나는 비변사 및 여러 대신들과 의논해 진관의 법을 준수하도록 글을 올렸다. 그 내용을 간략히 살펴보면 다음과 같다.
　　'건국 초기에 각 도의 병력은 모두 진관에 각각 소속되어 있어 일이 일어나면 진관이 소속된 고을을 통솔하도록 했습니다. 이러한 체제가 마치 물고기 비늘처럼 잘 정비되어 주장主將의 호령을 명령을 기다리도록 되어 있습니다. 경상도의 경우 김해·대구·상주·경주·안동·진주의 여섯 진으로 되어 있어, 설사 적의 공격을 받아 한 진이 패한다 하더라도 다른 진이 굳게 지킴으로 지역이 한꺼번에 무너지는 폐단을 방지했던 것입니다. 그런데 지난 을묘왜변 후 김수문이 전라도에서 군의 편제를 제승방략으로 고쳤습니다. 이후 여러 도에서 모두 이를 본받아 따라 함으로써, 진관의 명칭은 있으나 실상은 서로 연락조차 이루어지지 않고 있습니다. 그래서 일이 벌어지면 모든 군사가 한꺼번에 움직이게 되고, 장수 없는 군사들만이 모여 지휘관을 기다리는 형편입니다. 천리 밖에서 장수가 오기를 기다리다가 장수는 제때 오지 않고 적군의 선봉이 들이닥친다면 군사들이 놀라고 두려워할 것이니 이것은 반드시 패전하는 법입니다. 뒤늦게 장수가 나타난다 해도 때는 이미 늦은 상태입니다. 바라건대 진관 제도를 다시 정비해 평시에는 훈련에 전념하고 전시에는 한 곳에 집결할 수 있도록 하며, 또 서로 협조가 잘 이루어져 한꺼번에 무너지는 폐단을 막아주옵소서.'

1510년 을묘왜변 이전의 방어 체계는 적이 나타나면 각 진이나 읍에서 자체 방어를 하는 진관법이 시행됐다. 진관 체제의 장점은 한 진관이 무너져도 다른 진관이 방어에 나설 수 있다는 점이다. 곧 부산 진관이 무너져도 경주 진관과 안동 진관, 대구 진관이 방어에 나설 수 있는 것이다. 하지만 왜구의 규모가 커지자 또 다른 문제가 생겼고, 이에 효과적으로 대응하기 위해 제승방략 체제로 바뀐 것이다. 선조는 일본군의 침략에 대비해 제승방략을 진관 체제로 바꾸자는 류성룡의 건의를 각 도에 내려 상의하게 했다. 그러나 경상감사 김수의 반대로 진관 체제 개편은 무산됐다.

경상감사 김수가 '제승방략이 시행된 지 이미 오래되었으므로 갑자기 변경시킬 수 없습니다.'라고 아뢰어 이 의논은 끝내 폐기되었다.

《난중일기》 1591년 10월

적이 침략하자 제승방략 체제는 그 즉시 한계를 드러냈다. 전쟁 발발 직후 경상감사 김수는 실제로 제승방략에 의거해 각 고을 수령들에게 병력을 거느리고 대구로 집결하여 순변사를 기다리라고 지시했다.

그러나 훈련 부족과 기강 해이로 병사들은 도망치기 바빴고 각 고을 수령들 역시 마찬가지였다. 조정에서 내려보낸 순변사 이일을 기다리다 일본군의 북상 소식이 알려지자 대구에 집결했던 조선군 각 고을의 수령과 병사들은 스스로 와해되고 말았다. 이일이 대구에 도착하기도 전에 그가 지휘할 부대는 궤멸당하고 말았다. 조령을 넘어 문경에 도착했을 때는 이미 고을은 텅 비어 있었다.

경상감사 김수의 지시에 따라 문경새재 남부의 수령들은 병사를 거느리고 대구에 모여 조정이 파견한 순변사가 도착하기만을 기다리고 있었다. 그때 갑자기 적의 군대가 들이닥치자 많은 군사가 놀라서 진영을 이탈했고 조선군은 와해되고 말았다. 각 고을의 수령들 역시 서로 살겠다고 혼자 도망치고 말았다.

《선조수정실록》 1592년 4월 14일

상주의 상황도 마찬가지였다. 이일의 지휘를 받아야 할 상주목사 김해는 도주하고 없었다. 이일은 자신의 병사도 갖지 못한 손님에 불과했다. 마을과 골짜기를 뒤져 장정들을 끌어모아야 하는 형편이었다. 이일은 상주에 머물면서 관아의 곡식을 꺼내 백성들에게 나누어주는 방법을 선택했다. 그러자 이곳저곳에 숨어 있던 사람들이 모여들어 수백 명으로 불어났다. 식량을 미끼로 조직한 임시 부대였으니 오합지졸이었다.

전투 경험이 없는 이들을 데리고 훈련시키는 것도 버거운 상황이었다. 제대로 된 대책이 있을 리 만무했다. 고니시의 제1군 선봉대가 선산을 지나 상주의 턱밑까지 북상했지만 이일은 척후에 신경을 쓰지 않았다.

이때 적군은 이미 선산에 이르렀다. 저녁 무렵 개령 사람이 와서 적들이 코앞에 왔음을 알렸다. 그러나 그의 말을 믿지 못한 이일이 그를 목 베려 했다. 민심을 현혹시킨다는 이유에서였다. 그러자 그 사람이 이렇게 말했다.
"내 말을 믿지 못하겠거든 잠시 동안만 나를 가둬 두고 기다려 보십시오. 내일 아침에도 적이 이곳에 오지 않으면 그때 죽이십시오."
당시 적들은 장천에 머무르고 있었는데, 그곳은 상주에서 겨우 20리 떨어진 곳이었다. 그러나 이일의 진영에서는 이 사실을 알지 못했다. 척후병이 없었기 때문이다. 다음 날, 날이 밝자마자 이일이 개령 사람을 옥에서 끌어내 목을 베고 말았다.

조선 최고의 장수란 자가 가장 기본적인 척후조차 배치하지 않은 실책을 저질렀다. 이기는 싸움을 하려면 적군의 일거수일투족을 파악하고, 적군의 움직임을 한눈에 꿰뚫고 있어야 한다. 이순신은 그래서 전선 수보다 더 많은 정찰선을 운용한 것으로 유명한데, 이일이 상주에서 보여준 모습은 정반대였다. 그것도 모자라 적이 접근했다는 정보를 알린 백성의 목을 베어 내부 동요를 막으려고 했다. 내부 단속을 위한 조치로 백번 이해하려고 해도 전쟁터의 장수가 기본적인 적의 동태 파악도 하지 않은 채 전투를 기다리고 있었다니 장수의 자질마저 의심하지 않을 수가 없다. 백성들은 목이 잘릴까 봐 두려워서 적을 목격하고도 알리지 않았다.

> 적이 마침내 크게 집결하여 포환을 일제히 쏘아대며 좌우에서 에워싸니 조선군이 겁에 질려 활도 제대로 쏘지 못했다. 진영이 무너지자 이일 장군은 바로 말을 달려 도망쳤고 병사들은 전멸당했다. 종사관인 박호, 윤섬, 방어사 종사관 이경류, 판관 권길 등이 모두 죽었다. 이일은 군관과 노비 한 명씩을 거느리고 조령을 넘어 신립의 군대를 찾아갔다.
>
> 《선조수정실록》 1592년 4월 14일

결국, 이일은 상주 북천 근처에서 일본군의 기습을 받았다. 일본군의 조총 사격이 시작되자 이일의 조선군은 겁에 질려 활시위조차 힘껏 당기지 못하고 무너졌다. 중앙에서 파견된 장수가 치른 첫 전투는 참패로 끝이 났다. 900여 명의 조선군은 대부분 전사하거나 뿔뿔이 흩어졌다. 넋이 나간 이일은 홀로 조령을 넘어 충주로 퇴각했다.

상주를 접수한 고니시의 제1군 선봉대는 곧장 조령문경새재으로 향했다. 고니시의 제1군이 조령 부근까지 진출해 진을 치자, 가토 기요마사의 제2군도 문경으로 방향을 바꾸었다. 원래 계획대로라면 가토의 제2군은 죽령을 넘어 단양을 거쳐 충주로 진입하는 길을 가야 했다. 하지만 가토는 경쟁자인 고니시가 먼저 한양을 점령하는 것을 두고 볼 수 없었다. 그래서 한양으로 가는 가장 빠른 길인 조령을 선택한 것이다. 일본군 제1, 2군이 모두 좁은 조령으로 몰려들면서 문경새재는 승부를 결정짓는 분수령이 되어가고 있었다.

| 상주 북천 전적지 조선 중앙군과 일본군의 선봉대가 싸운 곳으로 조선군 900여 명이 전사했다.

신립의 선택
최후의 결전장

신립을 삼도순변사로 임명했다.
이일 혼자서는 어려울 것이라 판단해
신립으로 하여금 주력 부대를 이끌고 뒤따르도록 하면 두 장수가 힘
을 합해 실수 없이 적을 막아낼 것이라고 생각했다.
"적들은 수가 많고 우리는 적으니 그 예봉을 직접 맞부딪칠 수는 없습
니다. 이곳 조령의 험준한 요새를 지켜서 방어하는 것이 적합합니다."
종사관 김여물 등 휘하 장수들 모두
조령의 험준함을 이용해 적의 진격을 막자고 하였으나
신립은 따르지 않았다.
임진왜란 최대의 수수께끼로 남아 있는 신립의 선택,
그는 왜 조령을 포기하고 탄금대를 선택한 것인가.

 전세는 급박하게 돌아갔다. 더 이상의 대안은 없었다. 조정은 비장의
카드를 꺼내들었다. 신립을 삼도순변사에 임명하고 적의 북진을 막으라
는 특명을 내렸다. 북방에서 용맹을 떨친 조선 최고의 무장답게 신립은
자신감에 차 있었다. 조정은 그런 신립이 승전보를 전해줄 것이라 믿었
다. 신립이 출전하던 날, 선조는 직접 상방검尙方劍을 하사했다. 군무에
관한 전권을 신립에게 위임한다는 징표였다. 이제 그의 두 어깨에 조선
의 운명이 걸려 있었다.

삼도순변사 신립은 종사관 김여물과 함께 남하하면서 군사를 모았다. 그렇게 모은 8,000여 명의 병력이 신립이 지휘할 조선군의 전부였다. 한 양을 출발한 지 6일째 되던 4월 26일, 신립은 충주 남쪽의 단월역에 진영 을 설치했다. 부하 몇을 데리고 조령을 살펴보고 있을 때 상주에서 패전 한 이일이 달려왔다.

> 신립이 군사를 단월역에 주둔시키고 몇 사람만 데리고 조령에 달려가 서 형세를 살펴보았다. 얼마 있다가 이일이 달려와 부르짖으며 죽기를 청하자 신립이 손을 잡고 물었다.
> "적의 형세가 어떠하였는가?"
> "훈련도 받지 못한 백성으로 대항할 수 없는 적을 감당하려니 어떻게 할 수 없었습니다."
> 신립이 쓸쓸한 표정으로 의기가 꺾이자 김여물이 말했다.
> "저들은 수가 많고 우리는 적으니 그 예봉과 직접 맞부딪칠 수는 없습 니다. 이곳의 험준한 요새를 지키면서 방어하는 것이 적합합니다."
> 또 높은 언덕을 점거하여 역습으로 공격하자고 하였으나 신립이 모두 따르지 않았다.
> 《선조실록》 25년 4월 14일

《징비록》뿐만 아니라 《선조실록》에도 신립이 조령 방어를 포기한 것 으로 나온다. 충주목사 이종장도 종사관 김여물의 작전 계획에 뜻을 같 이 했다. 조령의 험준한 지형을 이용해 적의 진출을 저지하자는 것이었 다. 그러나 신립은 이들과 생각이 달랐다. 참모들이 주장하는 조령 방어 를 포기하고 충주의 탄금대로 말머리를 돌렸다. 왜 신립은 매복 작전이 용이한 조령을 버리고 평지인 탄금대를 선택한 것일까?

| 문경 제3관문 조령관
조령(鳥嶺), 경상북도 문경시 문경읍과 충청북도 괴산군 사이 소백산맥에 있는 고개로, 문경새재
라고도 한다. 예로부터 한양으로 올라가는 관문이자 군사적 요충지였다.

조령鳥嶺은 영남에서 소백산맥을 넘어 한양으로 가는 가장 가까운 지
름길이었다. 과거를 보러 가는 선비들도 조령을 넘어갔고, 일본의 사신
단도 조령을 넘어 한양으로 갔다. 하지만 나는 새도 넘기 힘든 고개라고
하여 조령이라는 이름이 붙었을 정도로 주변의 산세가 가파르고 험한 곳
이다. 그래서 조선 초기부터 왜구의 침략에 대비해 수도 한성을 방어하
는 전략적 요새로 꼽혔다. 오른쪽에는 조령산이 있고, 왼쪽에는 주흘산
이 있어, 여기만 지키면 충주가 보전되고, 충주가 보전되면 수도 한양이
유지될 수 있다고 할 정도로 중요한 수도 방어의 관문이었다.

일본군이 남해안을 통해 북상하면 소백산맥이 가로막는다. 유일한 통
로는 조령, 이 조령을 넘어서면 남한강 수계를 따라 아무런 자연적 장애
물이 없어 수도 한양에 이를 수 있게 된다. 그런데 조선의 마지막 희망이
었던 신립은 조령을 버리고 탄금대를 결전의 장으로 삼았다. 그 때문에

임진왜란 최대의 수수께끼 중 하나가 신립이 왜 조령을 버리고 탄금대를 결전의 장소로 삼았는가 하는 것이다.

《징비록》에는 신립이 원래 조령을 결전장으로 선택한 것으로 되어 있다. 그런데 이일의 패전 소식을 듣고 겁이 나 조령을 포기했다는 것이다. 이 기록만 보면 조선 최고의 장수란 자가 적의 위세에 겁을 먹고 요새를 버린 것처럼 된다. 과연 그것이 이유의 전부일까?

여기서 상촌 신흠의 기록에 주목할 필요가 있다. 상촌은 신립과 함께 탄금대 전투에 직접 참여했다가 생존한 사람이다. 그렇기 때문에 그의 기록은 탄금대 전투의 진상을 밝혀줄 아주 중요한 사료다.

> 신립이 말하기를,
> '그들은 보병이고 우리는 기병이니 넓은 들판으로 끌어들여 철기鐵騎
> 로 짓밟아 버리면 성공하지 못할 리가 없다.'라고 하였다.
>
> 신흠의 《상촌집》

신립은 일찍이 북방에서 기마병을 활용하여 여진족을 물리친 경험이 있는 장수였다. 조선에서 가장 기병 전투에 능하고 실전 경험이 풍부한 장수였다. 그래서 조령을 사수하자는 참모들의 제안을 거부하고 넓은 들판을 선택했다. 높고 험한 곳에서는 기마병을 제대로 활용할 수 없다는 것이 그 이유였다.

신립은 4월 28일 아침 병력을 탄금대로 이동시켰다. 남한강과 달천이 합류하는 지점인 탄금대에 배수의 진을 친 것이다. 휘하의 병력 대부분이 오합지졸인 상황에서 그들의 결전 의지를 끌어올릴 방법이 배수진 말고는 없다고 생각했을지도 모른다. 하지만 탄금대는 섬처럼 해자로 둘러싸여 있어 요새이긴 했으나, 앞들이 논이기 때문에 기병이 싸우기에는 적절하지 않았다. 결과적으로 신립의 선택은 대실패였다. 전투에 이기지 못하더라도 최대한 한양에서 적을 대비할 수 있는 시간을 벌어주는 역할도 하지 못했다.

어떤 상황이던 뛰어난 장수는 그 상황에 가장 적합하고 효과적인 전략을 펴야 한다. 이순신 장군이 23전 23승을 거둘 수 있었던 것도 이길 수 있는 상황을 만들어서 항상 전투에 임했기에 가능한 것이었다. 그러나 신립은 척후를 소홀히 하는 실수까지 저질렀다. 상주에서 패전한 이일처럼 조령에 복병이나 척후병을 제대로 배치하지 않았다. 고니시의 일본군은 4월 26일 문경에 도착했다. 하지만 선뜻 조령을 통과하지 못하고 망설였다. 험준한 산세와 복병에 대한 우려 때문에 정찰에 만전을 기했다. 반면 신립은 4월 27일 저녁 일본군이 고개를 넘었다고 보고한 군관의 목을 베었다.

4월 28일 이른 아침, 고니시의 일본군은 단월역으로 이동했다. 아무런 저항 없이 조령을 손쉽게 넘어 신립의 조선군과 만났다. 일본군은 세 갈래로 나뉘어 공격했다. 중앙은 고니시가 맡고, 좌익은 마츠우라 시즈노부가, 우익은 소 요시토모가 맡아 삼면에서 조선군을 포위했다.

| 탄금대
충청북도 충주시 칠금동 대둔산 주변 지역으로 남한강 상류와 달천이 합류하는 지점에 있다. 신라 진흥왕 때 우륵이 이곳에서 제자들을 가르치며 가야금을 탔다고 하여 탄금대라는 이름이 붙었다. 신립이 일본군을 맞아 싸우다 전사한 곳이다.

신립의 기마대는 이에 맞서 돌격을 시도했다. 제1진 1,000여 명의 돌격에 이어, 제2진 2,000여 명을 투입해 적을 공격했다. 그러나 신립의 조선군은 병력과 무기에서 열세인데다 탄금대 주변은 논과 습지가 널려 있어 기마대가 돌격전을 계속 펼치기에는 곤란한 상황이었다.

> 신립이 탄금대 앞에 초승달 형태의 진을 치고 일본군의 중앙부를 향해 돌격을 시도하는 등 용감하게 싸웠다.
> 〈포르투갈 선교사 루이스 프로이스의 일본사〉

신립의 기마대는 수차례 돌격을 시도했지만 일본군의 조총 사격 앞에 번번이 가로막혔다. 북방 여진족을 상대로 숱한 전공을 세웠던 신립의 기마전술도 그의 최후의 보루였던 배수진도 일본군의 조총 앞에서는 속수무책이었다. 신립은 조총의 위력에 대비하지 못한 것이다.

물론 신립도 신무기 조총의 존재는 알고 있었다. 1589년 통신사 파견을 요청하러 온 소 요시토시가 공작과 조총을 조선에 바쳤다. 그러나 공작새는 날려 보내고 조총은 군기고에 방치하고 말았다. 임진왜란 발발 열이틀 전 류성룡과 신립이 나눈 대화가 《징비록》에 나온다. 그 대화를 보면 신립 장군의 조총에 대한 인식을 알 수 있다.

류성룡 : 가까운 시일 내에 큰 변이 날 것 같소. 그리되면 그대가 군대를 맡아야 할 텐데 왜적을 막아낼 자신이 있소?
신　립 : 그까짓 거 걱정할 것 없소이다.
류성룡 : 그렇게 쉽게 말할 것이 아닌 듯하오. 과거 그들은 칼과 창을 가지고 있었지만 지금은 조총이라는 신무기로 무장한다지 않소. 가벼이 볼 수는 없을 것이오.
신　립 : 조총이라고 하였소이까? 그것도 걱정할 것이 못 되오이다.

3
장
싸
우
는
자
도
망
가
는
자

류성룡 : 그럼 조총을 이길 묘책이라도 있단 말씀이오?

신　립 : 대감도 참 답답하오이다. 조총이라고 하는 것이 어디 쏜다고
　　　　해서 다 맞는답니까?

그러니까 신무기 조총은 알지만, 그 조총의 위력은 제대로 모른 채 탄
금대 전투를 벌인 것이었다. 신립의 기마대는 바로 그 조총 앞에 맥없이
무너졌다. 신립은 그래도 굴하지 않았다. 최후의 공격을 시도했다. 그러
나 전세는 기울었고, 신립은 남한강에 몸을 던졌다. 종사관 김여물도 적
진으로 돌격하여 장렬한 최후를 맞았다. 충주 목사 이종장도 끝까지 분
투하다 전사했다. 여기서도 이일은 살아남아 도망쳤다.

탄금대 전투의 패배는 임진왜란 초기 조선의 방비 태세의 정점을 보
여준다. 조선의 최고 지휘관은 적에 대해서도, 적의 무기에 대해서도 정
확히 몰랐다. 제대로 된 전
략·전술이 나올 리가 없었
다. 결국, 탄금대 전투는 정
비되지 않은 국방 체계와
잘못된 전략·전술이 부른
예고된 패배였고 재앙이었

I 북관유적도첩 중 일전해위도
　두만강 북쪽 변경에서 공을 세운
　영웅의 행적 및 일화를 그린 북관
　유적도첩 가운데 '일전해위도'는
　화살 한 발로 오랑캐를 소탕했다는
　신립의 고사를 그린 것이다. 신립
　은 활로 무장한 조선군 기병의 우
　월성을 믿고 조총을 과소평가했다.

다. 류성룡은 그 안타까움이 컸던 나머지 《징비록》에서 지나칠 정도로
신립을 비판했다.

> 원래 신립은 날쌔고 용감한 것으로 이름이 높았으나 전투의 계책에는
> 부족한 인물이었다. 옛사람이 이르기를, '장수가 군사를 쓸 줄 모르면
> 나라를 적에게 넘겨준 것과 같다.'라고 하였는데 이제 와서 후회한들
> 무슨 소용이 있겠는가. 그러나 후손들에게 경계가 될 것이라 생각해
> 상세히 적어둔다.

그날 저녁 고니시의 일본군은 충주성에 무혈입성했다. 다음 날(29일)에
는 가토 기요마사의 제2군도 충주에 도착해 합류했다. 두 장수는 충주에
서 한양 진공 작전을 짰다. 고니시의 제1군은 여주와 양평을 거쳐 동대문
으로 진격하고, 가토의 제2군은 죽산과 용인을 거쳐 남대문으로 진입하
기로 역할을 나눴다. 추풍령을 넘어 청주 쪽으로 진출한 제3군은 곧장 죽
산으로 북상하여 제2군의 뒤를 따라 한양으로 향했다.

백성을 버리고
도망가는 왕

이미 조정에서는 천도하자는 이야기가 나왔다.
임금이 즉시 피난을 떠나야 한다는 의견과 남아서 한양을 지키자는
의견이 이일의 상주 패전 소식이 전해진 직후부터 나오기 시작했다.
백성들은 이런 사실들을 알지 못했다.
그러나 도성의 분위기는 흉흉했다.
조정은 민심의 동요를 막으려고 도성 주민들의 피난을 금지했다.
밤이면 사대문을 닫아걸고, 나루터의 배를 없앴다.
피난 간 백성들도 찾아내 다시 도성으로 불러들였다.
임금은 교지를 내려 도성 사수를 약속했다.
항전과 피난의 갈림길에서 임금은 거짓말을 했다.

　신립의 패전 소식이 전해지자 위기감은 절정에 달했다. 공포에 질린 선
조는 도망칠 계획부터 세웠다. 대신들을 불러 모아 파천播遷하자는 말을
꺼냈다. 대신들은 눈물을 흘리면서 파천은 부당하다고 말렸다.
　"종묘와 원릉園陵이 모두 이곳에 계시는데 어디로 가시겠다는 것입니
까? 한성을 고수해 외부의 원군을 기다리는 것이 마땅합니다."
　영중추부사 김귀영이 아뢰자, 우승지 신잡도 반대했다.
　"전하께서 만일 신의 말을 따르지 않으시고 끝내 파천하신다면 신의

집엔 여든 노모가 계시니 신은 종묘의 대문 밖에서 스스로 자결할지언정
감히 전하의 뒤를 따르지 못하겠습니다."

수찬 박동현의 반대도 강경했다.

"전하께서 일단 도성을 나가신다면 인심은 보장할 수 없습니다. 전하
의 연輦을 멘 인부도 길모퉁이에 연을 버려둔 채 달아날 것입니다."

박동현이 목 놓아 통곡하자 선조는 얼굴빛이 변한 채 내전으로 들어갔
다. 다른 사람도 아닌 임금이 먼저 도망칠 궁리부터 한다는 사실이 알려
지자 큰 소동이 일어났다.

> 종친들이 문밖에 엎드려 통곡하면서 말했다.
> "도성을 버리지 마십시오."
> 영중추부사 김귀영은 분을 참지 못하고 대신들과 함께 임금을 뵈러 들
> 어갔다. 그는 한양을 지킬 것을 청하곤 이렇게 말했다.
> "도성을 버리자고 주장하는 자가 있다면 그는 곧 소인배입니다."
> 그러자 임금께서도 교지를 내리셨다.
> "종묘사직이 이곳에 있는데 내 어디로 갈 수 있겠는가."
> 그제야 모든 사람이 안심하고 물러났다.
> 그러나 상황은 더욱 급해져 어찌할 수가 없게 되었다.

《선조실록》에도 같은 내용이 실려 있다. 하지만 선조는 도성을 버리
지 않겠다는 교지를 내려 안심시킨 뒤 몰래 도망갈 준비를 하고 있었다.
당시 사관이었던 박동량의 《기재사초寄齋史草》에 따르면, 궁중에서는
몰래 짐을 꾸리면서 외부 사람은 알지 못하게 하였다고 한다. 선조의 피
난 결심은 그만큼 굳건했다. 왕이라면 마땅히 도성 수호와 항전을 독려
해야 했지만 선조는 도망갈 생각뿐이었다. 이제 도성을 버리는 것은 시

간 문제였다.

선조는 대신들의 요청을 받아들여 광해군을 왕세자로 지명했다. 피난을 앞두고 만일의 사태에 대비하기 위한 조처였다. 이어 일본군의 한강 도하를 저지할 한양 방어팀을 꾸렸다. 선조는 류성룡을 유도대장에 임명해 한양 사수를 지시했다. 왜 선조는 류성룡에게 그런 지시를 내렸을까?

그것은 류성룡에 대한 선조의 소심한 복수였다. 류성룡이 선조의 파천 계획에 반대한 것 때문에 눈 밖에 난 것이었다. 실록에 따르면 실제로 선조의 파천에 찬성한 사람은 영의정 이산해밖에 없었다. 그것도 '이런 경우 피난한 사례가 있다'고 말한 것을 선조가 얼른 받아들였다. 그런데 좌의정과 도체찰사직을 겸하고 있던 류성룡이 반대하자 선조는 울화통이 터졌던 것이다. 하지만 이항복을 비롯한 대신들이 이런 시기에 류성룡이 없으면 안 된다고 말리는 바람에 선조의 계획은 바뀌었다. 한양 방어를 총괄할 유도대장에 우의정 이양원을 임명하고, 김명원을 도원수로, 신각을 부원수로 임명해 한양 방어 임무를 맡겼다.

선조가 피난길에 오른 것은 4월 30일 새벽, 임금이 창덕궁을 나서자 민심도 곧 흩어졌다. 나인들이 사라지고 왕을 경호해야 할 경호원들도 달아났다. 선조를 수행하는 종친과 조정 대신은 100명도 채 되지 않았다.

임금이 도성을 버렸다는 사실이 알려지자 길가엔 통곡소리가 가득했다. 백성들의 통곡은 분노로 바뀌었다. 도성을 방어한다는 구실로 백성들은 피난도 못 가게 해놓고 임금과 조정이 도망친 것이다. 임금이 버린 것은 도성뿐만이 아니다. 백성들도 버린 것이다. 버림받은 백성들의 분노는 극에 달했다. 선조 일행이 도성을 나온 직후 궁궐은 불탔다. 분노의 불길은 장예원과 형조에서도 치솟았다. 두 곳 모두 노비 문서가 보관되어 있던 곳이었다. 일본군이 나타나기도 전에 도성은 아비규환으로 바뀌었다.

| 창덕궁 인정전 일본군이 침략한 지 17일 만에 선조는 창덕궁 인정전을 나서 피난길에 올랐다.

돈의문을 지나 사현沙峴(지금의 —서울시 서대문구 홍제동 부근) 고개에 닿을 무렵 동이 트기 시작했다. 머리를 돌려 성안을 바라보았더니 남대문 안의 커다란 창고에 불이 나 연기가 하늘로 치솟고 있었다. 고개를 넘어 석교에 도착할 무렵 비가 내리기 시작했다. 그때 경기감사 권징이 뒤쫓아 와서 나를 따랐다. 벽제역에 도착할 무렵에는 비가 더욱 거세져 일행 모두 옷이 젖었다. 임금께서는 잠시 비를 피해 벽제역에 들어갔다가 다시 출발하셨는데, 이때부터 도성으로 되돌아가는 관원들이 늘었다. 시종, 대간들 가운데 뒤떨어져 따르지 못하는 사람들이 있었다. 혜음령을 넘을 무렵에는 비가 퍼붓듯이 쏟아졌다. 허약한 말을 탄 궁인들은 수건으로 얼굴을 가친 채 울면서 따라왔다. 마산역을 지날 무렵, 밭에서 일하던 사람이 일행을 바라보더니 통곡하며 말했다.

"나라님이 우리를 버리시면 우린 누굴 믿고 살아간단 말입니까?"

류성룡은 전쟁 초기 도망치기 급급했던 조정의 모습을 숨김없이 기록했다. 그 과정에서 겪은 백성들의 원망과 질책도 빼놓지 않았다. 적이 침략한 지 17일 만에 백성들의 통곡과 원망을 뒤로 한 채 달아나기 급급한 무능한 조정이었다. 바로 그 대열 속에 류성룡도 함께 있었다.

선조 일행은 초경 무렵 임진강을 건넜다. 동파역에 도착하자 파주목사 허진과 장단부사 구효현이 음식을 준비해 놓았다. 하지만 선조를 수행하던 하인들이 모두 먹어 버렸다. 임금에게 바칠 음식이 없어지자 허진과 구효연 처벌이 두려워 달아났다.

5월 1일 아침 선조는 대신들을 불러 모았다. 선조는 답답하다는 듯 가슴을 치며 대신들에게 행선지를 물었다.

"이모李某, 이산해야 유모柳某, 류성룡야! 일이 이 지경이 이르렀으니 내가 어디로 가야 하겠는가? 꺼리거나 숨기지 말고 속에 있는 생각을 다 털어놓아라."

임금이 괴로운 표정으로 호소하자 대신들은 엎드려 눈물만 흘릴 뿐이

ㅣ임진강 나루의 화석정 선조가 피난을 가던 중 임진강을 건널 때 이 정자를 태워 불을 밝혔다고 전함

었다. 누군들 뾰족한 대책을 내놓을 수 있는 상황이 아니었다. 선조의 지명을 받은 도승지가 의주로 갔다가 여의치 않으면 명나라로 가서 호소하자고 건의했다. 다른 대신들의 생각은 달랐다. 지세가 험하여 적이 들어오기 힘든 황해도로 가자고 촉구했다. 서쪽 평안도로 가서 여차하면 명나라로 넘어갈 것인가, 북쪽 함경도로 가서 천혜의 요새를 이용해 항전할 것인가. 선택의 갈림길에 섰다. 류성룡은 명나라로 들어가는 것에 반대했다.

"아니됩니다. 대가大駕가 압록강 너머로 한 걸음만 나가도 조선은 더 이상 우리 땅이 될 수 없습니다."

그러자 선조는 여차하면 명나라로 망명하는 뜻임을 밝혔다.

"내부內附, 명나라로 피신하는 것이 본래 나의 뜻이다."

류성룡도 물러서지 않았다. 평안도와 함경도가 아직 건재하고 호남에서는 의병들이 일어나고 있는데 명나라로 피신하려는 것은 어불성설이라고 반박했다.

"곧 뜻이 있는 선비와 백성들이 대항하여 일어날 것인데 임금이 나라를 떠나면 백성들은 누구를 위하여 목숨을 바쳐 싸우겠습니까?"

신하들의 반대에도 선조는 강경했다. 선조는 실제로 대신에게 요동으로 도주할 테니 명나라에 자신을 받아달라고 요청하는 국서를 보내라고 지시했다. 류성룡은 이 사실이 백성들의 귀에 들어가면 곧 민심이 무너질 것이라고 경고했다.

그날 개성을 향해 출발했다. 경기도의 아전과 병사들이 모두 도망쳐 호위할 사람마저 없었다. 적과 싸워 보지도 않고 도망치는 행렬에 기강이 서 있을 리 없었다. 갈수록 초라해지던 선조의 행렬은 개성 부근에 이르러 약간의 모양새를 갖추었다. 황해감사와 서흥부사가 군사들을 이끌고 와서 호위하며 행렬을 따른 것이다.

5월 1일 저녁 개성에 도착했다. 대신들 사이에서 한양을 버린 것이 실책이라는 말이 나돌았다. 백성들에게 조롱을 당하며 도주할 게 아니라 도성을 지키며 결사 항전했어야 한다는 생각이었다. 그러나 파천을 주도한 선조를 직접 공격할 수는 없었다.

> 양사가 먼저 파천을 주장한 영의정 이산해를 논핵하며 멀리 찬출시키기를 청했다. 여섯 명의 승지와 어가를 호종한 신하들을 개성부 청사에서 인견하였는데 모두가 의논하여 파천의 실수를 공격하고 그 계획이 이산해로부터 나왔다고 분한 감정에 복받쳐 그를 박살撲殺, 때려죽임하자는 의견까지 나왔다.
>
> 《선조실록》25년 5월 2일

선조의 파천을 지지한 영의정 이산해가 비판의 표적이 되었다. 심지어 때려죽이자는 말까지 나왔다. 심상치 않은 분위기를 눈치챈 선조는 이산해를 파직하고 류성룡을 영의정에 임명했다. 그러나 신하들의 분노는 이산해의 파직으로 가라앉지 않았다. 류성룡도 그 책임을 피해갈 수 없었다. 류성룡에 대한 동시 처벌론이 제기됐다. 선조는 기다렸다는 듯이 류성룡을 파직하라고 지시했다. 영

| 류성룡을 영의정에 임명한 교지
1592년 5월 2일 하루 만에 파직된 영의정 임명장. 보물 제460호.

의정에 임명된 지 하루 만의 파직이었다. 선조는 귀양 보낸 정철을 불러 영의정에 앉혔다.

선조는 개성에서 한숨을 돌린 뒤 지역 유지들을 만났다. 개성의 유지들은 함께 싸우자며 더 이상 북쪽으로 가지 말라고 호소했다. 그러나 선조 일행은 계속 북상했다. 일본군이 선조 일행을 추격해오고 있다는 소식 때문이었다. 그에 못지않게 선조 일행을 곤혹스럽게 한 것은 민심의 동향이었다.

"적병의 숫자가 얼마나 되는가? 절반은 우리나라 사람이라는데 사실인가?"

《선조실록》 25년 5월 4일

적병 가운데 절반이 조선 사람이라는 소문이 떠돌았다. 조정 대신들의 위기의식은 절박했다. 5월 7일 평양에 도착한 뒤 민심 수습을 위한 대책들을 쏟아냈다. 권세를 부려 민심을 잃게 한 김공량선조의 후궁 김빈金嬪의 오빠의 처벌을 촉구했지만 선조는 거부했다. 평양에 도착한 선조가 가장 먼저 한 일은 사간원 사간 윤승훈, 사간원 정언 정사신, 사헌부 지평 남근을 파직시킨 것이었다. 임금의 어가를 빨리 따라오지 못했다는 것이 이유였다.

평양 민심도 심상치 않았다. 임금이 평양을 떠난다는 소문이 퍼지자 온 마을이 텅 비게 됐다. 백성들이 그 소문을 듣고 도망간 것이다. 그러자 선조는 세자를 대동관 문 앞에 내보내 평양은 반드시 지킬 것이라는 뜻을 전했다. 하지만 사람들은 믿지 않았다.

"동궁마마의 말씀만 가지고서는 민심을 수습할 수 없습니다. 성상께서 친히 말씀해 주시길 바랍니다."

| 평양성 고구려 때 수도 평양을 방어하기 위해 쌓았다.

다음 날6월 2일 할 수 없이 선조는 대동관 문으로 나가 평양 유지들을
만났다. 선조의 약속을 받은 사람들은 엎드려 절하고 물러갔다. 피난 간
백성들이 다시 돌아와 성은 예전의 모습을 되찾았다. 그러나 죽음으로써
평양성을 지키겠다는 선조의 다짐은 헛된 공약空約이 되고 말았다. 일본
군이 대동강까지 북상했다는 소식에 다시 피난길에 오른 것은 6월 10일.
평양 사수를 외치던 선조가 평양성마저 버리고 피난길에 오르자 백성의
분노는 폭발했다. 《징비록》은 그날의 일을 이렇게 전한다.

　　먼저 조정 대신 몇몇이 종묘사직의 신주를 받들고 평양성을 나섰다.
　　이를 본 성 안의 아전들과 백성이 칼을 빼들고 달려와 가로막았다. 분
　　노한 백성이 관원이 모시고 가던 신주를 빼앗아 땅바닥에 내팽개치고
　　외쳤다.

"너희들이 평소에는 편히 앉아 국록만 축내더니 이제 와서는 나라를 망치고 백성마저 속이는구나!"

길가에 모인 장정들은 물론 아녀자와 어린아이도 분노를 감추지 않고 소리 질렀다.

"성을 버리고 갈 가면 왜 우리는 성 안으로 들어오게 했소? 우리를 속여 적의 손에 넘겨주려는 속셈이 아니고 무엇이란 말이오?"

선조는 병력을 동원해 주민들의 소요를 진압했다. 선조가 평양을 떠나면서 지역 민심은 싸늘하게 돌아섰다. 선조 일행이 향하는 고을의 아전과 백성들은 소식을 듣고 전부 달아나 버렸다. 숙천에서는 믿어지지 않는 일까지 벌어졌다. 누군가 관아의 벽에 '국왕 일행이 강계로 가지 않고 의주로 간다.'라고 적어 놓은 것이다. 선조의 행방을 일본군에게 알려주기 위해 그렇게 한 것이다.

임금이 백성을 버리자 백성들도 임금을 버렸다. 선조는 이처럼 전란 극복 과정에서 국왕으로서 모범을 전혀 보이지 않았다. 이것이 임진왜란의 또 다른 비극이었다.

일본군의 한양 점령

적들은 이때다 싶어 민가와 관사를 헐고
그 재목을 이용해 뗏목을 만들어 강을 건너기 시작했다.
강 가운데에서 물에 빠져 죽은 자가 꽤나 많았지만
강을 지키는 사람이 없었으므로 여러 날에 걸쳐 천천히 다 건너왔다.
결국, 세 갈래로 나눠 진격한 적이 모두 한양에 입성하게 되었다.
그러나 한양은 이미 텅 빈 상태였다.

  1592년 5월 3일 일본군에게 수도 한양이 점령됐다. 한강 방어의 책임
을 맡은 김명원은 적이 밀어닥치자 총소리 몇 번에 도주했다. 한양에 있
던 이양원도 한강을 지키던 병사들이 흩어졌다는 소식을 듣고 양주로
도망쳤다. 일본군도 한양을 그리 쉽게 점령할 것이라고 예상하지 못했
다. 홍인문이 활짝 열려 있는 것을 보고도 선뜻 들어오지 못했을 정도
다. 조선군의 유인 작전으로 생각한 것이다. 정찰병을 보내 샅샅이 살펴
본 뒤 무혈입성했다. 고니시의 제1군이 남대문으로 먼저 입성한 뒤, 가
토의 제2군이 동대문으로 입성했다. 이후 구로다 나카마사의 제3군을
비롯한 총대장 우키다 히데이에 등 지휘부까지 속속 한양에 들어왔다.
일본군 선봉대가 부산에 상륙한 지 20일 만에 조선의 수도가 적의 수중

에 넘어간 것이다.

일본군은 전쟁이 끝났다고 확신했다. 전국 시대를 거쳐 온 그들에게 적의 수도를 함락시키는 것은 곧 승전을 의미했다. 성이 함락당하면 영주는 할복으로 최후를 마쳤다.

하지만 어찌 된 일인지 조선의 왕은 할복은커녕 나라와 백성을 버리고 도주한 것이다. 예상치 못한 선조의 도주에 일본군은 당황했다. 원래의 전략을 수정해야 할 상황이었다. 한양을 점령한 후 일본군은 한동안 북진을 멈추고 전열을 가다듬었다.

일본군 지휘부에게 도요토미 히데요시의 지시 사항이 하달됐다. 한양에 자신의 거처를 마련하고, 북으로 도망간 조선 국왕을 찾아내라는 지시였다. 일본군이 움직이기 시작했다. 선조를 잡기 위해 북진을 시작하면서 임진강에 전운이 감돌았다.

김명원은 임진강 북쪽에서 군사들을 벌여 강을 지키도록 하고, 배는 모두 거둬 북쪽 기슭에 매어 두었다. 이렇게 되자 남쪽에 진을 친 왜적은 강을 건널 수가 없었다. 10일이 지났으나 적의 선발대 몇 명만이 강을 사이에 두고 공격할 뿐이었다. 그러던 어느 날, 왜적들이 막사를 불태우고 군기도 모두 거둬들이며 물러가는 시늉을 해 우리 군사를 유인했다. 본래 신할이 날쌔기는 하나 지략이 없었는데 적이 정말로 물러가는 것이라 생각하고서 적을 쫓으려 강을 건넜다. 경기감사 권징도 이에 합세했다. 김명원은 이를 말리지 않았다.

이때 임진강에 도착한 한응인이 적을 쫓으려 했다. 당시 한응인의 군사는 강가에서 활동한 전투력 있는 병사들로 오랑캐와의 전투를 통해 싸우고 진 치는 법에 꽤 능통했다. 그들이 한응인에게 청했다.

"우리 군사들이 먼 곳에서 오느라 피로하고 아직 밥도 먹지 못했습니다. 게다가 무기도 채 정비하지 않았고 지원군도 도착하지 않은 상태입니다. 또 적이 정말 후퇴하는지도 확인할 수 없습니다. 오늘은 일단 쉬고 내일 상황을 봐서 싸우는 게 어떻겠습니까."

그러자 한응인이 군사들이 머뭇거리고 나아가지 않는다고 여겨 몇 명의 목을 베었다.

이번에도 지휘관이 문제였다. 임진강 방어선은 그렇게 금이 갔다. 일본군이 퇴각하는 것처럼 유인하자 신할과 한응인이 그 미끼를 문 것이다. 전투 경험이 많고 노련한 평양 출신의 정예병들과 별장 유극량은 적의 계략임을 간파하고 신중하게 행동할 것을 주장했다. 그러나 상관인 신할이 유극량의 목을 베려고 하자 모든 것이 끝났다.

유극량은 신할의 지시대로 군사를 이끌고 앞장서 강을 건넜다. 강을 건넌 우리 군사들이 적을 뒤쫓다가 험한 곳으로 접어들었을 때였다. 양쪽에 숨어 있던 적병들이 갑자기 기습해 왔다. 당황한 조선군은 힘 한번 써 보지 못하고 달아나기 시작했다. 말에서 내린 유극량이 탄식했다.

"바로 이곳이 내 무덤이로구나."

활을 빼 든 유극량은 달려오는 적군 몇을 죽인 뒤 또 다른 적의 손에 전사했다. 신할 또한 죽고 말았다. 강을 건넜다가 매복에 걸려든 군사들이 떼죽음을 당했다. 강 건너에서 이 모습을 지켜보던 김명원과 한응인은 선조가 있는 곳으로 후퇴했다. 그러나 조정은 패배한 원인을 제공하고도 앞장서서 도주한 김명원과 한응인을 문책도 하지 않았다.

유극량劉克良

자는 중무仲武, 연안 유씨延安劉氏의 시조이다. 어머니는 재상 홍섬洪暹
의 노비였다. 어려서부터 고학을 해 무과에 급제하였다. 당시의 신분
제도에서는 과거에 응시할 수 없는 노비 출신이었으나, 홍섬의 깊은 배
려로 노비 신분을 면제받았다. 여러 무관직을 거친 뒤 1591년선조 24 전
라좌수사가 되었고, 곧 조방장助防將으로 전임하였다. 이순신의 전임
전라좌수사가 바로 유극량이었다.

1592년 임진왜란이 일어나 죽령竹嶺을 방어하다가 패배하자, 군사를
영솔해 방어사 신할申硈의 밑에 들어가 그 부장이 되었다. 대장 신할과
마침 1,000명의 군졸을 이끌고 그곳에 달려온 도순찰사 한응인韓應寅
등과 함께 임진강을 방어하였다.

이때 임진강 남안에 이른 적병이 감히 강을 건너지 못하자, 대장 신할
이 강을 건너 적을 공격하자고 하였다. 그러자 그는 "적이 우리 군사를
유인하고 있으니 함부로 움직이지 말고 5, 6일간 우리 군사의 힘을 길
러 사기가 올라간 다음에 적을 치자."라고 하였다.

그러나 마침내 신할과 뜻이 같지 않더라도 어찌 뒤떨어질 수 있으랴 하
고, 그의 군사를 수습해 거느리고 선봉에 서서 곧 강을 건넜다. 미처 강
을 다 건너기도 전에 적의 복병이 수없이 나타나 공격해와 좌위장左衛
將 이천李薦이 강 상류에서 패하고, 신할도 전사하였다. 이때 그는 강을
건너 수명의 적을 죽였으나 역시 이 전투에서 전사하였다. 지용智勇을
겸비한 그의 전략을 무시한 결과 임진강 전투는 참패로 끝났다. 백발을
흩날리며 싸우러 나가는 모습을 바라본 군사들은 그의 충절에 모두 눈
물을 흘렸다고 한다. 개성 숭절사崇節祠에 제향 되었고, 병조참판에 추
증되었다.

《한국민족문화대백과사전》

조정은 무능했다. 신각申恪의 억울한 죽음은 그 무능함의 결정판이었다. 한강 전투에서 패한 뒤 신각은 김명원을 따라가지 않고 이양원과 함께 양주로 퇴각했다. 그곳에서 신각은 함경도에서 달려온 병사兵使 이혼李渾의 군대를 만나 부대를 합쳤다. 이들에게 양주에서 약탈을 자행하며 군량을 모으던 일본군이 포착됐다. 신각은 군사들을 거느리고 해유령에 매복해 있다가 약탈을 하고 돌아가던 적을 기습 공격했다. 일본군의 침략 이후 육전에서 관군이 거둔 최초의 승리였다. 인근 백성들이 감격해 환호했다. 그런데 신각이 받은 것은 포상이 아니라 사형이었다.

| 해유령 전첩비
임진왜란 때 육지 싸움에서 최초로 승리를 거둔 전승지임을 기념하고 억울하게 죽은 신각 장군의 공을 가리기 위해 1977년에 세운 기념비. 경기도 양주군 백석면 연곡리 소재

한강 방어선이 무너진 후 도망친 도원수 김명원이 올린 장계가 문제였다. 신각이 마음대로 다른 곳으로 가서 군령을 따르지 않는다고 보고한 것이다. 조정은 신각을 처형하기 위해 선전관을 파견했다. 뒤이어 신각의 승리 소식이 전해졌다. 조정은 부랴부랴 선전관을 뒤쫓아가 이 사실을 알리도록 하였으나 이미 신각이 처형된 후였다.

훗날 한강 방어선이 무너진 이유가 밝혀졌지만, 김명원에게는 그 죄를 추궁조차 하지 않았다. 억울한 죽음은 만들고, 그 책임은 묻지 않는 그런 조정이었다.

신각申恪

본관은 평산平山, 아버지는 신경안申景顏이다. 작은아버지 신경민申景閔
에게 입양되었다. 무과에 급제하고 선조 초에 연안·영흥의 부사를 거
쳐, 1574년선조 7 경상좌수사, 1576년에 경상우병사를 역임하였다.
1586년 강화부사를 거쳐 이듬해 경상도방어사가 되었으나, 영흥부사
재직 시에 신창현감新昌縣監 조희맹趙希孟이 그의 첩에서 난 아들을 납
속納粟 시켜서라도 벼슬길에 나갈 수 있게 해달라는 요청을 받고 관의
곡식을 꺼내 그 납속을 충당해 주었다가 파직되었다.
1592년 임진왜란이 일어나자 다시 기용되었으며 서울 수비를 위하여
수성대장守城大將 이양원李陽元 휘하의 중위대장中衛大將에 임명되었고,
다시 도원수 김명원金命元 휘하의 부원수로서 한강을 지켰다. 이때 김
명원은 임진에 가 있었으므로 유도대장留都大將 이양원을 따라 양주에
가서 흩어진 군졸들을 수습하고 함경도병마사 이혼李渾의 원군과 합세
하여, 양주 해유령蟹蹦嶺에서 일본군을 크게 무찔렀다. 적의 머리 70급
級을 벤 승리였다. 임진왜란 발발 이후 관군이 육지 전투에서 거둔 최
초의 승리였다. 그런데 한강 방어 책임을 맡았던 김명원이 그가 명령
을 따르지 않고 이양원을 따라 도망쳤다는 내용의 장계狀啓를 올려 참
형을 당하였다. 이날 오후 양주에서 다시 첩보가 도착하여 왕이 그를
죽이지 말라고 선전관을 뒤따라 보냈으나, 이미 처형된 뒤였다.

임진강 방어선이 무너지자 평양의 선조는 초조했다. 평양은 조선의 중
요한 전략적 요충지였다. 일본군을 저지할 수 있는 최후의 방어선으로
여겨질 정도였다. 그러나 선조의 귀에는 평양성을 사수해야 한다는 주
장은 들리지 않았다. 서둘러 평양을 벗어났다. 선조의 피난길은 압록강

변의 국경 도시 의주까지 이어졌다. 요동을 마주하고 있는 의주는 압록
강을 사이에 두고 명나라로 들어가는 관문이었다.

> 임금께서 평양을 떠나온 뒤로는 인심이 험악해져 지나는 곳마다 난민
> 들이 창고의 곡식을 약탈하는 일을 목격하게 되었다. 순안 · 숙천 · 안
> 주 · 영변 · 박천의 창고가 다 털렸다.

선조는 의지할 곳은 명나라뿐이라고 생각했다. 선조는 잇달아 사신을
보내 망명을 애걸했다. 그러나 명나라의 반응은 싸늘했다. 명나라는 선
조가 압록강을 건너면 관전보寬奠堡의 빈 관아에 유폐시킬 계획이었다.
관전보는 여진족을 방어하기 위해 설치한 곳으로 극도로 위험한 지역이
었다. 그제야 선조는 명나라 망명을 단념했다.

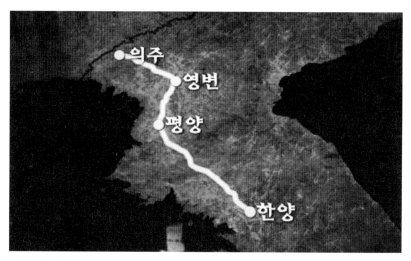

| 선조의 피난길

진짜 왕인지
의심받는 선조

명나라의 요동도사요동 지방을 방어하는 사령부가
진무 임세록을 우리나라에 보내 왜적의 정세를 탐지하도록 했다.
이 소식을 들은 임금께서 임세록을 대동관에서 접견하셨다.
나는 6월 초하루에 복직되었는데,
바로 임금의 명에 따라 임세록을 접대하게 되었다.

선조는 평양을 떠나기에 앞서 류성룡에게 풍원부원군府院君에 임명했다. 5월에 관직에서 파면되었다가 한 달 만에 복직된 류성룡은 중책을 맡았다. 명나라에서 온 임세록을 접대하는 일이었다. 말이 접대지 그리 간단한 문제가 아니었다. 명나라가 임세록을 파견한 것은 조선이 일본과 손을 잡았다고 의심하고 있었기 때문이다.

이때 요동에서는 왜적이 우리나라를 침략했다는 말을 들은 지 얼마 되지도 않았는데, 도성이 함락되고 임금이 서쪽으로 피난했다는 소문이 들리더니, 또 왜적이 이미 평양까지 이르렀다는 소식을 접하자 의심을 품었다. 아무리 왜적이 강하다 하더라도 이렇게 빨리 올라올 수는 없다고 여겼기 때문이다. 어떤 사람은 조선이 왜구의 앞잡이가 되었다고도 하였다.

당시 명나라에선 조선이 일본군을 끌어들여 요동을 넘보려 한다는 소문이 나돌았다. 조선의 전황도 이해되지 않았다. 한 달이 채 안 돼 도성이 함락되었다는 사실도 의심을 부추겼다. 조선이 일본의 앞잡이가 된 것이 아니고서는 일본군이 이렇게 빨리 북상할 수 없다고 본 것이다. 급기야 명나라 조정은 화공을 보내 선조의 얼굴을 직접 확인하는 소동까지 벌였다. 도성을 버린 선조를 가짜 임금이라고 의심한 것이었다. 선조가 가짜가 아니라는 것은 확인되었지만, 명나라는 여기서 그치지 않았다. 조선에 정탐꾼도 들여보냈다. 바로 그 정탐꾼이 임세록이었다.

류성룡의 임무는 그런 임세록을 상대로 명나라의 오해를 풀어야 하는 것이었다. 주도면밀한 대응이 요구됐다. 류성룡은 우회하지 않고 정면 돌파를 선택했다. 임세록이 알고자 하는 것을 직접 보여주기 위해 대동강이 보이는 연광정으로 안내했다.

때마침 일본군 한 명이 대동강 동쪽 숲에서 나타나 이리저리 살피더니 잠시 후 두세 명이 나와 주위를 살폈다.

"저들이 바로 왜적의 척후병입니다."

임세록은 믿기지 않는다는 표정이었다.

"왜적의 척후가 저렇게 적을 수 있단 말이오?"

"왜적은 본래 교활하고 간사합니다. 많은 군사는 뒤에 있고 몇 명만 먼저 와 정탐하는 것입니다. 척후병만 보고 소홀히 여겼다가는 반드시 적의 꾀에 넘어가고 맙니다."

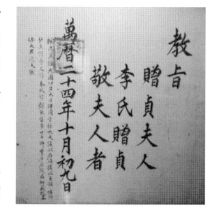

| 풍원부원군 도체찰사 교지
　1592년 6월 1일 선조는 류성룡에게 풍원부원군을 제수해 명나라 사신과 장수들을 전담하도록 했다.

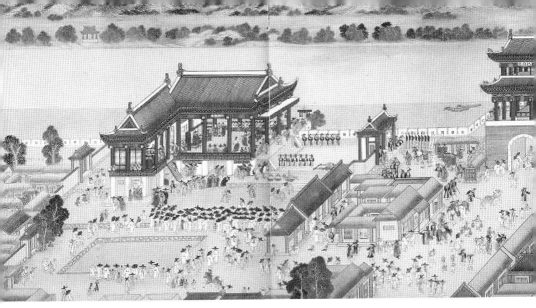

| 평양 연광정

　류성룡의 말대로 대동강에 도착한 일본군은 쉽사리 강을 건너지 못하고 있었다. 대동강의 수심이 깊을 것으로 예상했던 일본군은 무리하게 도강을 시도하다 조선군의 공격을 받을 수 있다고 생각한 것이다. 그저 평양성의 조선군 동태를 살필 뿐이었다. 류성룡의 안내와 설명으로 그러한 현장을 직접 목격한 임세록은 사실을 본국에 보고했다. 조선이 일본의 앞잡이가 아니라는 오해는 이렇게 해서 풀린 셈이었다. 하지만 도성과 백성을 버리고 도망가기 급급했던 선조는 전쟁 극복 과정 내내 가장 큰 걸림돌이었다. 여차하면 나라를 버리고 망명할 생각뿐인 왕은 짐이 될 뿐이었다.

　일본군은 그런 점을 이용해 점령지 정책을 폈다. 조정과 민심을 갈라놓으려는 일본의 의도는 실록에도 남아 있다.

　　우리는 너희를 죽이러 온 것이 아니다.
　　너희 임금이 백성을 학대하므로 우리가 여기에 온 것이다.

《선조실록》

얼핏 보면 조선 백성들에게 우호적인 것 같지만 그것은 일본군의 초기 전략에 따른 것이었다. 단기간에 조선 전역을 장악하고 이곳에서 군수 물자를 공급받아 명나라로 진격하는 것이 그들의 초기 전략이었다. 그 래서 히데요시는 점령지의 백성들을 잘 대할 것을 엄명했다. 흩어졌던 백성들을 원래의 거주지로 돌아오게 하여 생업을 권유하는 등의 정책을 시행한 것도 이러한 전략의 일환이었다.

· 주민에게 난폭하게 구는 행위 금지
· 불을 지르는 방화 행위 금지
· 백성들에게 무리하고 부당한 요구를 하는 행위 금지
고려국금제高麗國禁制 세 가지 행동 지침

전쟁 초기 이 같은 일본군의 점령지 행동 지침은 일정한 효과를 거두 었다. 일본의 앞잡이가 된 백성들이 속출했다. 함경도 회령에서는 아전 이 왕자 임해군과 순화군을 붙잡아 가토 기요마사에게 넘겨주는 충격적

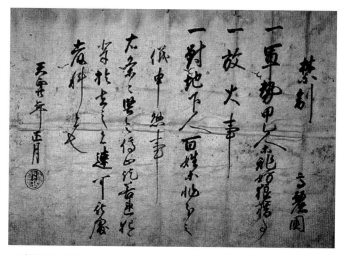

| 고려국금제高麗國禁制
　　도요토미 히데요시가 내린 주인장(朱印狀 : 붉은 도장이 찍힌 명령서)으로, 조선에
　　서 그 부하들이 하지 않아야 할 사항 세 가지를 규정하고 있다.

인 사건까지 일어났다. 그뿐만 아니라 이들을 수행하던 김귀영, 황정욱, 황혁과 함경감사 유영립, 북병사 한극함 등이 모두 적에게 사로잡혔다. 남병사 이혼은 갑산으로 도망쳤다가 백성들 손에 죽었다. 조정의 고민은 깊어만 갔다. 일본군을 막아내는 것 못지않게 민심을 수습하는 것이 전

......

왜를 잡아서 나오거나, 왜가 하는 일을 자세히 알아

오거나, 잡힌 사람을 많이 더불어 나오거나 이러한

공이 있으면 양천을 막론하고 벼슬도 줄 것이다.

......

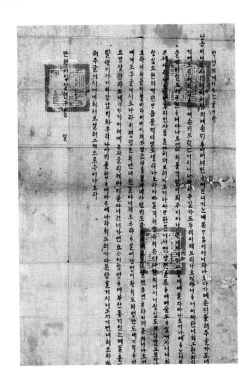

| 선조의 국문 교서
1592년 4월 30일 피난길에 오른 선조는 이듬해 1월1일에야 한양으로 돌아왔다. 선조는 한양으로 돌아오기 전 9월에 교서를 내려 백성들에게 당부했다. 백성들을 회유하는 내용의 교서로 백성들이 쉽게 알 수 있도록 한글로 되어 있다. 보물 제951호

란 극복의 중요한 과제로 떠올랐다.

선조가 떠난 뒤 평양성의 대치는 오래가지 않았다. 6월 14일 김명원은 밤을 틈타 대동강에 주둔하고 있던 일본군을 공격하기로 결정했다. 정예 군사를 선발하고 고언백 등을 지휘관으로 삼아 능라도綾羅島나루로 강을 건너도록 지시했다. 원래는 자정 무렵에 공격하려 했으나 공격 시간에 차질이 생겼다. 강을 건널 무렵 이미 먼동이 트고 있었다. 하지만 작전을 강행했다. 적들이 아직 자고 있는 것을 보고는 급습했다. 많은 적병을 죽이고 300여 필의 말도 빼앗았다. 기습 공격은 성공한 것처럼 보였다.

그러나 소란에 잠이 깬 일본군이 반격에 나섰다. 조선군은 강 쪽으로

퇴각했다. 후송을 맡은 뱃사람들이 적군이 쫓아오는 것을 보고 배를 대지 않았다. 많은 군사가 강물에 빠져 죽었고, 이 지역을 잘 아는 병사들은 물이 얕은 곳으로 건넜다.

그순간 일본군은 걸어서 건널 수 있는 깊이라는 사실을 알게 됐다. 그 동안 대동강을 건너지 못하고 있던 일본군은 그날 저녁 조선군이 건넜던 여울로 강을 건넜다.

| 고니시 유키나가

일본군 본대의 대동강 도하를 목격한 장수들은 평양성 사수를 포기했다. 윤두수와 김명원은 성 안 사람들을 모두 내보내고 병기와 화포를 연못에 가라앉혔다. 6월 15일 일본군은 모란봉에 올라 성이 텅 빈 것을 확인하고 무혈입성했다. 평양성을 점령한 고니시 유키나가의 일본군은 10만 석의 곡식까지 손에 넣었다. 평양성 결전에 대비해 여러 고을에서 모아다 놓은 피 같은 곡식이 적의 군량이 된 것이다.

일본 수군 10만이 또 서쪽 바다로부터 몰려올 것인데
이제 대왕의 행차는 어디로 가시렵니까?

고니시는 선조에게 편지를 보내 조롱했다. 곧 일본 수군이 서해로 전격해 올 것이니 더 이상 도망 다니지 말고 항복하라는 위협이었다. 그것은 일본군의 전략, 수륙병진책水陸竝進策의 성공을 전제로 한 협박이었다. 압도적인 전력을 가진 일본 육군이 세 길로 나눠 북상하면 일본 수군이 서해를 따라서 군수물자를 보급해 단기간에 조선 전역을 장악한다는 구상이었다. 일본 수군이 서해로 진출하면 한강은 물론, 대동강을 통해 평양으로, 압록강을 통해 의주를 공략할 수 있게 된다. 그럴 경우 조선은 물론 명나라의 안전도 보장할 수 없는 위험한 상황이었다.

도성과 백성을 버리고 도망 다니기 바빴던 선조는 가짜 왕으로 의심받는 신세가 되었고, 일본군의 조롱과 협박의 대상으로 전락해 있었다.

명나라 조승훈의 참전

명나라 조정에서는 의견이 분분했다.
심지어는 왜적의 길잡이 노릇을 하고 있다는 말까지 나올 정도였다.
유독 병부상서 석성石星만이 우리나라에 대한 지원을 강하게 주장했다.
당시 우리나라 사신 신점申點이 옥하관에 머물고 있었는데,
어느 날 석성이 그를 불렀다.
신점이 가자 그가 요동에서 보내온 왜적에 대한 보고서를 보여 주었다.
이를 읽고 난 신점은 소리 내어 울기 시작했다.
그러곤 아침저녁으로 일행과 함께 통곡하면서 구원병 파견을 요청했다.
석성은 이를 명나라 임금에게 보고했다.

전쟁의 최대 고비였다. 선조의 피난길은 북쪽
땅끝 의주까지 이어졌다. 선조는 여전히 조선을
벗어날 궁리만 했다. 그러나 명나라는 선조의
망명을 달가워하지 않았다. 선조가 망명하면 추
격하는 일본군도 따라붙을 것이기 때문에 조선
왕이 압록강을 건너지 않기만 바랐다.

| 명나라 병부상서 석성石星

명나라 조정에서 조선의 지원군 파병 논란이 벌어졌을 때 조선에 군대를 보내는 데 결정적인 역할
을 했다. 그의 애첩이 조선인 역관 홍순언에게 입었던 은혜를 갚기 위해 석성의 마음을 움직였다는
설도 있다. 1593년 벽제관 전투 이후 전쟁이 교착 상태에 빠지자 일본과의 강화 협상에 매달렸다.
협상이 성과 없이 결렬되자 탄핵을 받아 비극적인 최후를 맞았다.

명나라 조정은 지원군 파병 논의로 시끄러웠다. 임진강 방어선이 무너진 직후 조선이 지원군을 요청했지만 명나라는 쉽게 움직이지 않았다. 파병을 주장하는 쪽은 입술조선이 없으면 이명나라가 시리다는 뜻의 순망치한脣亡齒寒의 논리를 내세웠다. 즉 조선이 있어야 일본의 대륙 침략을 막을 수 있다는 것이다.

예나 지금이나 똑같다. 다른 나라에 군대를 파병할 때는 반드시 그럴만한 이유가 있다. 바로 자국의 이익이다. 명나라 사신 설번은 명 황제에게 조선 출병의 불가피성을 이렇게 역설했다.

'요동은 북경의 팔이며, 조선은 요동의 울타리입니다. 복건, 절강은 항상 왜구의 침략 때문에 곤욕을 치렀지만, 요양, 천진은 무사했습니다. 모두 조선이 병풍이 되어 막아주었기 때문입니다.'

일본군의 대륙 진출을 막기 위한 조선 지키기, 이것이 명나라의 파병 목적이었다.

> 구원병이 명나라에서 온다는 소식이 먼저 조선에 전해졌는데, 이때 나는 치질이 너무 심해 일어나지도 못할 정도였다. 임금께서 좌상 윤두수에게 명군의 군량을 준비하게 하셨다. 나는 종사관 신경진을 통해 임금께 계문啓文을 올리기를 "임금께서 계신 이곳에 현직 대신으로서는 다만 윤두수 한 사람만 있으니, 군량을 준비하러 내보낼 수는 없습니다. 신이 이미 명나라 장수를 대접하라는 명을 받았사오니 비록 병을 앓고 있으나 힘써 군량을 마련해 보겠습니다."라고 하였더니 그리하라 하셨다.

류성룡은 마음이 급했다. 비축해둔 군량은 평양성이 함락되면서 일본군의 수중에 들어가 버렸다. 명나라 지원군이 오면 당장 군량 보급이 문제였다. 명나라 참전군에게 제때 군량을 지급하지 못하면 일본군과의 전투는커녕, 도리어 약탈자로 바뀌어 백성을 유린할지도 모르는 일이었다. 심한 열병을 앓은 데다 치질까지 도진 몸으로 전쟁터를 누비고 다니는 일은 여간 고역이 아니었다. 그러나 쉴 수 있는 처지도 아니었다. 류성룡은 아픈 몸을 이끌고 군량을 충당하러 다녔다.

> 정주에 도착해 보니 홍종록이 귀성 사람들을 모두 동원해 말먹이로 쓸 콩과 좁쌀을 운반하고 있었다. 정주, 가산에 옮겨 놓은 양이 2,000 석이나 되었다. 나는 여전히 구원병이 도착한 이후에 먹일 양식을 걱정하고 있었는데, 때마침 충청도 아산의 세미稅米 창고에 있던 쌀 1,200석을 실은 배가 임금이 계신 행재소로 가려고 정주 입암에 정박하고 있었다.
> 나는 매우 기뻐서 곧바로 임금께 장계를 보냈다.
> "먼 곳에 있는 곡식이 때마침 약속한 듯이 도착하였으니 이것은 하늘이 나라의 중흥할 운수를 도와주신 듯합니다. 청컨대 이 곡식을 군량미로 보충하게 해주시옵소서."라고 보고했다.
> 수문장 강사웅에게 입암으로 달려가서 쌀 200석은 정주로, 200석은 가산으로, 800석은 안주로 나눠 운반하게 하였다. 다만 안주는 일본군과 가까운 곳에 있어서 우선 배를 바다에 정박시켜 기다리게 했다.

여름이 되었다. 선조가 그토록 기다리던 명나라 지원군이 왔다. 요동 부총병副總兵 조승훈組承訓과 유격장 사유史儒가 명군 3,500여 명을 거느리고 압록강을 건너왔다. 순망치한의 논리에 따라 전쟁이 명나라 본토로 확대되는 것을 막기 위해 요동에 주둔하고 있던 병력이 급파된 것이다. 평양의 대동강에서 일본군의 북상을 저지하는 것이 그들의 임무였다.

하지만 명나라군의 전력은 일본군을 제압하기엔 역부족이었다. 대부분 기병으로 구성되어 조총에 맞설 만한 무기도 제대로 갖고 있지 않았다. 그럼에도 불구하고 조승훈은 전공을 세울 수 있는 기회라고 확신했다.

북방 유목민과의 전투에서 용맹을 떨쳤던 그가 보기에 일본군은 한낱 섬나라 오랑캐에 불과했다. 일본군의 전투력을 과소평가한 나머지 '적이 물러가지 않은 것은 하늘이 나의 성공을 도우려 하신 것'이라고 큰소리 쳤다.

7월 17일 새벽, 조승훈은 서둘러 평양으로 출격했다. 큰비가 내렸다. 평양성을 지키는 일본군은 보이지 않았다. 비가 내려 일본군의 경비가 소홀했다. 조승훈은 그 틈을 노려 평양의 칠성문七星門으로 돌격했다.

그러나 고니시의 일본군은 수많은 전투로 단련된 최정예병들이었다. 일본군은 좌우 양옆에 숨어 있다가 일제히 조총 사격을 시작했다. 순간 조승훈의 명나라군은 당황하기 시작했다. 새벽부터 비를 맞으며 달려온 명나라군은 대부분 기마병騎馬兵이었다. 길도 좁고 꼬불꼬불해 말이 달리기 힘들었다. 진흙탕에 말이 빠지거나 미끄러져 병사들이 줄줄이 낙마했다. 선봉에 섰던 유격장 사유가 일본군의 조총에 맞아 전사했다. 조승훈은 겨우 살아남아 퇴각 명령을 내렸다. 큰 비로 생긴 진흙에 빠져 질척대던 군사들은 뒤쫓아 온 일본군에게 목이 잘려나갔다. 첫 전투에서 명나라군은 참패했다.

> 명나라 군사가 공강정에 머물고 있는 이틀 동안은 계속 큰 비가 내려 노숙하고 있는 병사들의 옷이 다 젖었다. 병사들 사이에 조승훈을 원망하는 소리가 커졌는데, 얼마 지나지 않아 그는 요동으로 돌아갔다. 이로 인하여 또다시 민심이 동요될까 봐 나는 안주에 머물면서 새로운 지원병이 오기를 기다리기로 했다.

선조가 그토록 믿었던 명나라군은 제대로 싸워보지도 못하고 일본군에게 궤멸됐다. 유격대장 사유를 비롯한 장수들이 전사하자 조승훈은 남은 병력을 이끌고 도주했다.

단 한 번의 싸움으로 명나라군을 쓰러뜨린 고니시는 의기양양했다. 이번에도 '염소 떼가 호랑이를 치는구나' 하는 글을 보내왔다. 명나라 군대를 염소에 비유한 것이다. 고니시의 일본군은 기세등등했다. 곧 서쪽을 공격하겠다고 떠들고 다녔다. 불안한 의주의 백성들은 피난 보따리를 싸놓고 기다릴 판이었다.

조승훈의 패전 소식이 알려지자 명나라 조정 역시 경악했다. 일본군이 명나라가 생각했던 것보다 훨씬 강했다. 명나라에서는 일본군이 의주를 지나 압록강을 건너 명나라 본토로 진입할 것이라는 우려가 확산됐다. 일본군의 북진을 막기 위해 다시 대규모 병력을 조선으로 파병해야 하는 상황이었다. 임진왜란은 조선과 일본의 전쟁을 넘어 동아시아 삼국의 전면전으로 치달았다.

4장
바다로부터의 반격

이순신이 없었다면
나라를 보존하지 못했을 것이다.
의병이 일어나지 않았다면 적을 끊어내지 못했을 것이다.
이순신은 바다에서 적을 막았다.
의병은 육지에서 적의 보급로를 끊었다.
마침내 반격이 시작됐다.

이순신의 반격
희망을 쏘아 올리다

한때 수군을 폐지하려고 했던 조정을 구한 것은 이순신의 수군이었다.
선조와 조정이 이리저리 쫓겨 다니던 절체절명의 순간에 날아든
이순신 함대의 승전보
그것은 마침내 조선의 반격이 시작되었음을 알리는 신호탄이었다.

'삼가 적을 무찌른 일로 아뢰옵니다.
양쪽으로 적을 에워싸고 대포를 놓고 화살을 쏘아대기를
마치 바람처럼 천둥처럼 하였습니다.
적들도 조총과 화살을 쏘아대다가 기운이 다 떨어지자
배에 싣고 있던 물건들은 바다에 내던지기에 정신이 없었는데
화살에 맞은 놈은 부지기수였고, 바닷속으로 뛰어들어 달아나는 놈도
얼마나 되는지 알 수 없었습니다…….
온 바다에서 불꽃과 연기가 하늘을 뒤덮었습니다…….'

　전라좌수영의 이순신이 일본군의 침략을 안 것은 4월 15일이다. 그날
해질 무렵 원균이 보낸 공문이 도착해 전쟁이 일어난 것을 알게 됐다. 이
순신이 출전하기 전 경상도 일원의 바다는 일본 수군의 독무대였다. 경
상좌수사 박홍은 도망가고, 경상우수사 원균마저 패하면서 경상도는 수
군 전력을 거의 상실했다. 개전 직후 전력을 거의 잃어버린 원균이 이순

신에게 부하를 보내 출동을 요청했다. 하지만 이순신은 원균의 요청에도 곧바로 군사를 움직이지 않았다. 그는 왜 즉시 출동하지 않은 것일까?

이순신의 행적을 따라가면 그 이유를 알 수 있다. 먼저 조정에 장계를 올려 일본군의 침략 사실을 보고했다. 조정의 출동 명령이 있어야 관할 해역을 벗어나 군사를 움직일 수 있었기 때문이다. 그래서 이순신은 조정에 출동 요청을 하고 동시에 전투 준비를 시작한 것이다. 휘하의 전라좌수영은 물론, 해남의 전라우수영의 이억기 함대도 전투 태세를 갖출 수 있도록 공문을 띄웠다. 이순신의 출동 준비는 공식 절차에 따라 신중하게 진행됐다.

> 삼가 사변에 대비하는 일로 아뢰옵니다.
> ……신도 군사와 전선을 정비하여 바다 어귀에서 사변에 대비하면서 관찰사, 병마절도사, 우도 수군절도사 등에게 급히 공문을 띄우고 각 고을과 포구에도 동시에 공문을 돌렸나이다.

4월 26일 드디어 조정의 출정 명령이 떨어졌다. 물길을 따라 출동하여 적을 습격하고 경상도의 원균 부대와 합세하여 왜군을 공격하라는 지시였다. 이순신은 즉시 전라좌수영 관내 오관오포의 군선들을 집결하라는 군령을 내리고 휘하 장수들을 진해루에 집결시켰다. 팽팽한 긴장감이 감도는 가운데 방답첨사 이순신, 발포가장 나대용, 낙안군수 신호, 녹도만호 정운 등 13명의 군관이 속속 도착했다. 진해루에 둘러앉은 장수들은 하나같이 몸을 사리지 않았다. 이날 진해루 회의에서 이순신 함대의 출동 일이 4월 30일 새벽 4시로 결정됐다. 하지만 이순신의 함대의 출정은 지연됐다. 순천수군 이연호로부터 남해현이 침탈당했다는 보고를 받고 이순신은 출정을 연기했다. 그때까지 남해 쪽은 안전할 것이라고 믿고 전투 계획을 세웠기 때문이다.

객지의 군사들은 경상도의 물길이 험한지 평탄한지 알 수 없으며 또 신의 소속 전선은 모두 합해도 30척도 되지 못하므로 세력이 매우 약한 형편입니다. 비록 사정은 다급하지만 구원선이 다 오기를 기다렸다가 전략을 의논한 후 출발하여 바로 경상도로 나갈 계획입니다.

이순신은 전력 보강을 위해 전라우수영의 이억기 함대와 통합 출전을 하기로 방향을 잡았다. 전라좌수영의 전력만으로는 이순신도 자신이 없었던 것이다. 그러나 기다리던 이억기 함대는 5월 2일 약속된 날짜에 오지 않았다. 그렇다고 무작정 기다리고 있을 수만은 없는 일이었다. 고심하던 이순신은 마침내 단독 출전을 결행한다.

5월 3일 새벽, 이순신 함대는 여수를 출발했다. 24척의 판옥선과 협선 15척, 그리고 어선 46척으로 이루어진 전라좌수영 수군만의 단독 출전이었다. 여수를 출발한 이순신 함대는 남해를 돌아 당항포에서 원균과 합류했다. 원균 휘하의 전선 4척이 합세해 연합 함대가 편성됐다. 적이 거제도 옥포만에 있다는 첩보에 따라 옥포만의 지형에 맞는 치밀한 작전을 세웠다.

| 전남 여수의 진남관 전라좌수영 본부, 이순신은 이곳에서 휘하의 장수들과 출동 논의를 했다.

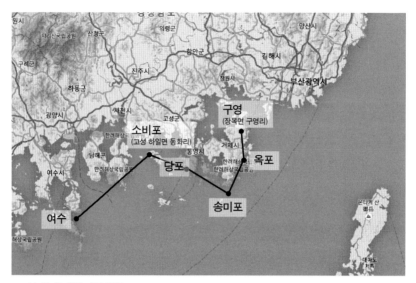

| 이순신 함대의 이동 경로

이순신의 연합 함대가 옥포 앞바다에 도착한 것은 5월 7일 정오. 80여
척의 군선을 이끌고 전라좌수영 본영을 떠난 지 나흘 만이었다. 당시 옥
포만 선창에는 도도 다카토라의 일본군이 옥포 민가에 불을 지르고 분탕
질이 한창이었다. 적선은 30여 척, 뒤늦게 이순신 함대를 발견한 일본군
은 부랴부랴 전투 태세를 갖추고 진격해왔다. 그러나 이순신 함대는 더
이상 전진하지 않았다. 옥포만은 넓고 깊은 바다였기 때문에 함포 사격
거리에 멈춰 일자진을 형성했다. 이순신의 지휘선에서 북소리와 함께 깃
발이 올랐다.

勿令妄動靜重如山 가벼이 움직이지 말고 산과 같이 신중하라

적선이 함포 사격 거리에 들어서는 순간 이순신의 공격 명령이 떨어
졌다.

"방포 하라!"

연합 함대의 판옥선에서 일제히 총통이 발사됐다. 조선 수군의 포격을
받은 일본군은 혼비백산했다. 조총을 쏘아댔지만 별 소용이 없었다. 이
순신의 작전 지시에 따라 조선 수군은 조총의 사정거리 밖에서 공격했
다. 천자총통, 지자총통, 현자총통을 일제히 발사했다. 그 위력은 막강
했다. 조선 수군의 원거리 함포 사격에 일본군은 속수무책으로 무너졌
다. 옥포 앞바다는 불타는 적선과 물에 빠진 일본군 시체로 가득했다.

이순신 함대의 총통에 맞아 깨지고 부서진 적선은 26척, 최소 2,000명
에서 최대 4,000명의 일본군을 수장시키며 압승을 거두었다. 옥포해전
은 조선 수군이 임진왜란에서 거둔 첫 승리였다. 여세를 몰아 이순신의

| 옥포해전 1592년 5월7일 거제도 옥포만에서 벌어진 이순신 함대의 첫 해전

| 천자총통天字銃筒
  대장군전과 조란탄을 발사하는 대형 총통
  조선시대 총통은 규모에 따라(큰 순서) 천자(天字) · 지자(地字) · 현자(玄字) · 황자(黃字) 총통으로 나뉨

연합함대는 합포와 적진포 해전에서도 승리를 거두었다. 첫 출동 이틀 만에 치른 세 번의 전투에서 40여 척의 적선을 침몰시킨 대승이었다. 조선 수군의 피해는 미미했다. 전사자 없이 부상자 1명만 발생했을 뿐이다. 단 한 명의 부상자는 순천의 격군 이선지李先枝. 이순신은 조정에 올린 승전보고서옥포파왜병장에 부상자의 이름도 적어 놓았다.

> 접전할 때 순천 대장선大將船의 사부射夫이자 순천부의 정병인 이선지
> 李先枝가 왼쪽 팔을 한 군데에 화살을 맞아 조금 상한 것밖에는 부상당
> 한 군사가 없었습니다.
> 〈이순신의 옥포파왜병장玉浦破倭兵狀〉 1592년 5월 10일

이순신 함대의 첫 승은 해전에서 조선군이 거둔 첫 승리였다. 그 파급 효과는 컸다. 불안한 상태에서 출전했던 이순신도 일단 안도했다. 조선 수군 역시 적에 대한 공포감을 없앨 수 있었다. 나아가 앞으로 싸워 이길 수 있다는 자신감이 생겼다. 일본군의 충격은 컸다. 당장 바다를 통한 군수품 보급에 차질을 생겨 선조를 조롱했던 고니시는 평양에 발이 묶였다. 이순신 함대의 등장과 함께 마침내 조선의 반격이 시작된 것이다.

전라좌수사 이순신은 수군을 동원하여 타도까지 깊숙이 들어가 적선 40여 척을 격파하고 왜적의 목을 베었으며 빼앗겼던 물건을 도로 찾은 것이 매우 많았다. 비변사에서 표창을 하자고 청하니, 임금이 품계를 올려주라고 지시하였다.

《선조실록》 1592년 5월 23일

이순신은 그렇게 벼랑 끝에 내몰린 선조를 구했다. 하지만 선조는 그런 이순신을 통곡하게 만들었다. 첫 승을 올린 뒤 부산 가덕도로 진격하기 위한 작전을 짜고 있을 때 비보가 날아들었다. 선조가 한양을 버리고 북으로 피난을 갔다는 소식이었다. 그것은 일본군에게 수도 한양이 넘어갔다는 뜻이었다.

기운을 내어 한마음으로 힘을 다하여 곧 천성, 가덕, 부산 등지로 향하여 왜적의 배들을 섬멸해 버릴 생각을 하였습니다. 그러나 왜적의 배들이 대어 있는 곳은 그 지형이 좁고 바닷물이 얕아서 판옥선 같은 큰 배로는 싸우기가 매우 어렵고, 본도 우수사 이억기가 아직 오지 않아서 좌수영의 군사들만으로 적진 속으로 깊이 쳐들어가기에는 형세가 매우 외롭고 위태로우므로 원균과 마주 앉아 좋은 계책을 내어 국가의 치욕을 씻고자 꾀하였습니다.
그때 마침 본도 도사都事 최철견의 통첩이 뜻밖에 도착하여 비로소 임금의 어가御駕가 관서關西로 피난 가신 사실을 알게 되었습니다. 놀랍고 분통함이 그지없어서 온 간장이 다 없어질 정도로 온종일 붙잡고 소리 내어 울었습니다. 그래서 부득이 각각 돌아가기로 하여 9일 정오 때 모든 배들을 거느리고 무사히 본영으로 돌아왔습니다. 그러나 여러 장수들에게 배들을 더한층 잘 정비하여 바다 어귀에서 사변에 대비하라고 엄히 타이른 후 진을 파하였습니다.

〈이순신의 옥포파왜병장玉浦破倭兵狀〉 1592년 5월 10일

적진포 앞바다의 배 위에서 듣게 된 왕의 몽진 소식, 이순신과 장수들은 크게 낙심했다. 이순신은 일단 진격을 중단하기로 결정하고, 여수의 전라좌수영으로 귀환했다. 연이은 세 번의 해전으로 장병들도 지쳤지만 선조의 피난 소식에 급격히 사기가 떨어진 것이 더 큰 문제였다. 선조의 피난 사태에 어떻게 대처할 것인가? 대책을 세울 시간이 필요했다. 여수로 돌아온 이순신은 마음이 바빴다.

첩보를 분석한 결과 전라좌수영의 책임은 막중했다. 아직은 다행히 전라도 바다와 육지까지 적은 진출하지 못했다. 그 때문에 전라도 지역은 더욱 중요했다. 이순신은 남해와 서해를 지켜 일본군의 북상을 반드시 막아야 한다고 생각했다.

그때 다시 경상우수영의 원균이 보낸 급보가 날아들었다. 일본군이 경남 사천까지 진출했다는 소식이었다. 만약 일본군이 경상도 서쪽에 위

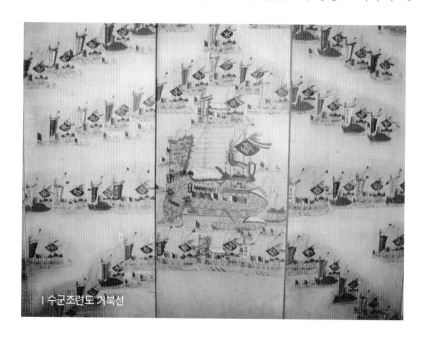

| 수군조련도 거북선

| 당항포 대첩 기념탑

치한 사천을 차지한다면 여수도 위태롭다. 이순신은 즉각 출동했다.

　5월 29일 여수를 출발한 이순신 함대는 다음 날 노량 앞바다에 이르러 전선 3척을 이끌고 온 원균과 합세했다. 일본군은 사천만의 험준한 산세를 이용해 포구 깊숙이 전선 20여 척을 정박해 두고 있었다. 이순신은 유인 작전을 펴기로 했다. 썰물이 밀물로 바뀌는 순간을 함대를 후진시켰다. 이순신 함대가 포구를 벗어나자, 예상대로 적들이 조총 사격을 하며 포구 밖으로 돌진해왔다.

　"거북선을 출동시켜라!"

　이순신의 대장선에서 거북선 출동을 지시하는 깃발이 올랐다. 순간 함대 사이로 거북선이 그 모습을 드러냈다. 위풍당당한 거북선이 돌진하자 그 자체로 일본군을 압도했다. 일본군이 우왕좌왕하는 사이 거북선

양측 옆구리에서 일제히 포문이 열리고, 총통이 발사됐다. 사천해전은
오래가지 않았다. 거북선의 맹활약과 조류의 변화까지 세심하게 계산한
전투로 일본 함대는 격침됐고, 이순신 함대의 승리였다.

거북선이 첫 출전한 사천해전은 격렬했다. 전투 중 거북선 건조에 공
이 많았던 나대용羅大用과 이설李渫 등이 화살을 맞아 부상당했다. 이순
신도 부상을 입었다. 왼편 어깨에 적이 쏜 조총을 맞은 것이다. 사천해
전을 승리로 이끈 그날 밤, 이순신은 수술을 받았다. 그리고 사흘 후, 부
상당한 몸을 이끌고 다시 전투에 나섰다. 당포경남 통영, 당항포경남 고성,
율포 등지에서 크고 작은 해전을 치르고 승리했다.

이순신 함대의 연승 소식에 백성들은 환호했다. 일본군의 만행을 피해
숨어 지내던 백성들에게 비로소 희망이 생겼다. 수많은 피난민이 이순
신 함대를 따라 전라좌수영으로 모여들었다.

| 당항포 현재 경남 고성, 당포 경남 통영, 율포 경남 거제

조선을 살린
한산해전

원래 적은 수군과 육군이 합세해 서쪽을 공략하려 했다.
하지만 이순신이 한산도 해전에서 마침내 적의 한쪽 세력을 끊어냈다.
이렇게 되자 고니시 유키나가는 평양성을 점령했지만
지원군이 사라지게 되어 더 이상 진격할 수 없었다.
이로써 우리나라는 전라도와 충청도를 보전하고,
아울러 황해도와 평안도 연안 지방까지 지키게 되어
군량 조달과 통신 체계를 확립할 수 있었다.
이는 곧 나라를 회복하는 기반이 되었다.

  7월이 시작됐다. 전황은 전쟁 초반과 사뭇 달랐다. 이순신 함대에 바닷길이 막힌 일본군은 초조했다. 군량과 무기, 지원병 등을 해상으로 수송할 수 없게 됐다. 10만 대군의 군수 물자를 육로로 수송하려면 문제가 심각했다. 배 한 척에 실을 군량만 해도 육로로 운반하려면 500여 필의 말이 있어야 하고, 운반 인력은 물론 호위 병력까지 필요한 상황이었다.
  급기야 일본군은 해로를 뚫기 위한 총공세에 나섰다. 도요토미 히데요시의 지시에 따라 일본군의 정예부대가 해전에 투입됐다. 육군을 따라 북상했던 와키자카 야스하루協坂安治도 해전의 열세를 만회하라는 특명을 받았다. 이순신 함대와 일본 수군 정예부대의 피할 수 없는 대접전은 그렇게 다가왔다.

　이순신 함대가 여수를 출발한 것은 7월 6일. 이번 3차 출격에는 전라 우수영의 이억기 함대가 합세한 연합 함대였다. 노량에서 원균의 경상 우수영 수군도 합류했다. 이순신은 출격과 함께 첩보원을 가동했다. 7월 8일, 일본군이 통영과 거제 사이의 견내량 북단에 나타났다는 첩보가 입수됐다. 적선은 73척, 와키자키 야스하루의 정예 함대였다. 거제도 견내량에는 와키자카의 함대, 통영 당포에는 이순신의 연합 함대가 정박했

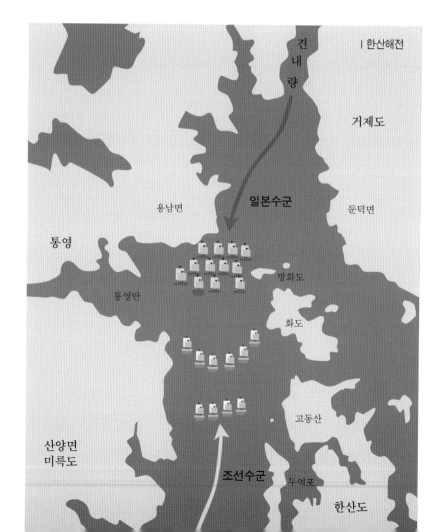

다. 한산 앞바다를 사이에 두고 일본군과 조선 수군이 대치한 것이다.

대접전을 앞둔 이순신의 고민은 깊었다. 견내량은 물길의 폭이 좁고 암초가 많은 곳이었다. 조선 함대 50여 척까지 120여 척이 넘는 양측의 전함이 엉켜 싸운다면 아군의 피해도 적지 않을 것이다. 만약 적이 싸우다 거제와 통영, 고성 방면으로 상륙한다면 백성이 입을 피해도 클 것이 분명하다. 적을 한 번에 궤멸시킬 특별한 작전이 필요했다.

> 견내량의 지형이 매우 좁고, 또 암초가 많아 판옥선처럼 큰 배는 서로 부딪혀서 싸우기가 곤란합니다. 만약 형세가 불리해진 왜적들이 기슭을 타고 뭍으로 올라갈 것이므로 한산도 바다 가운데로 유인해 모조리 잡아 버릴 계획을 세웠습니다.

고심 끝에 이순신이 구상한 것은 학익진鶴翼陣이다. 학익진은 학의 날개처럼 진영을 형성해 그 안에 적이 들어오도록 하여 포위 공격하는 진법이다. 문제는 학익진을 펼치려면 잘 훈련된 군사가 필요했다. 대장의 신호에 따라 모든 군사들이 일사불란하게 움직여야 한다. 자칫 지휘 전달이 잘못되면 학의 날개가 찢겨나가고 그렇게 되면 포위망이 뚫려 적의 반격에 노출될 수도 있다. 이순신도 그런 위험 부담을 모르는 바 아니었다. 그러나 적과 싸워 이기기 위해 이순신은 위험한 바로 그 학익진을 선택했다.

한산해전은 이순신 함대의 기습 공격으로 시작됐다. 먼저 5~6척의 판옥선이 견내량으로 돌진했다. 판옥선을 본 와키자키 함대는 즉각 반격해 왔다. 이순신의 작전은 적중했다. 포구로 쳐들어가던 판옥선이 후퇴하는 척하자 일본군이 추격해왔다. 견내량 바닷길을 잘 아는 조선 수군은 암초와 섬 사이를 넘나들며 적선을 유인했다. 곳곳에 배치된 이순신 함대의 첩보원들이 쫓고 쫓기는 추격전을 실시간으로 보고했다.

이순신은 주력 함대를 두 개로 나누어 한산도와 미륵도 그늘에 매복시켜 놓았다. 와키자카 함대가 한산도의 넓은 바다로 들어서는 순간 적선을 유인하던 판옥선들이 90도로 방향을 돌렸다. 그에 맞춰 매복해 있던 이순신의 주력함대가 양쪽 섬에서 나

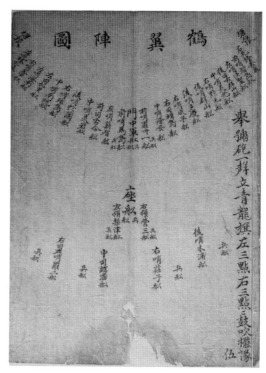

| 전라우수영 전진도첩에 실린 학익진

와 한산 앞바다를 일자로 막아섰다. 이윽고 넓게 펼친 날개를 조이며 적선을 에워싸고 함포로 공격했다. 일본 함대는 학익진의 포위망을 벗어나려고 했지만 포위망 날개 끝에는 거북선이 있었다. 거북선이 포위망을 빠져나가려는 적선들을 공격해 격침시켰다.

여러 장수들이 학의 날개를 편 듯한 모양의 진형을 이루어 일제히 진격하라고 명령을 내리니 각각 지자, 현자 등의 총통을 쏘아서 먼저 적선 두 세척을 깨뜨렸습니다.

〈견내량파왜병장〉

전투는 이순신 함대의 압승이었다. 일본 함대 59척이 격침되고 9,000여 명의 사상자를 냈다. 와키자카는 겨우 목숨을 건져 달아났다. 한산해전에서 압승을 거둔 후에도 이순신 함대는 멈추지 않았다. 이틀 후, 안골포에 정박하고 있던 구키 요시타키의 함대를 공격해 역시 대승을 거두었다. 한산해전과 안골포해전의 승리로 이순신 함대는 거제 동쪽까지 제해권을 완전히 장악했다.

> 원래 적은 수군과 육군이 합세해 서쪽을 공략하려 했는데, 이순신의 한산도 전투에 힘입어 마침내 적의 한쪽 세력이 끊어진 것이다. 이렇게 되자 평양성을 점령한 고니시 유키나가라 할지라도 지원군이 사라지게 되어 더 이상 진격할 수 없었다.
> 우리나라로서는 이로써 전라도와 충청도를 보전하고 아울러 황해도와 평안도 연안 지방까지 지키게 됨으로써 군량의 조달과 통신 체계를 확립할 수 있었다. 이는 곧 나라를 회복하는 기반이 되었다. 그뿐만 아니라 요동과 천진 지방에 왜적의 손길이 닿지 않게 되어 명나라 군사들이 육로를 통해 우리나라를 구원할 수 있었다.
> 이 모든 것이 이순신이 한번 이긴 결과였다. 실로 하늘의 도움이었다고 하겠다. 그 뒤로도 이순신은 삼도의 수군을 거느리고 한산도에 머물면서 적의 교통로를 막았다.

류성룡은 한산해전을 이렇게 평가했다. 이순신의 한산해전 승리로 나라를 되찾는 기반을 마련했다는 그의 평가는 과언이 아니었다. 한산해전과 연이은 해전에서 일본 수군이 결정적인 타격을 입자 일본군은 전략을 변경하지 않을 수 없었다. 도요토미 히데요시는 일본군 장수들에게 해전을 중지하라고 지시했다. 대신 거제도 등지에 성을 쌓아 조선 수

군을 견제하고 부산에서 경상도로 이어지는 수로 교통로를 확보하는 데
주력했다.

평안도와 함경도까지 북상해 있던 고니시 유키나가와 가토 기요마사
의 부대는 곤경에 처할 수밖에 없었다. 수송로가 끊기자 군량 문제가 심
각했다. 점령지 주변에서 확보한 군량을 아껴 먹으면서 상황이 나아지
기를 기다릴 수밖에 없었다. 다가오는 추위를 이겨낼 수 있는 겨울옷과
신발도 확보하지 못한 상태였다.

일본군의 수륙병진책이 좌절되면서 조선은 벼랑 끝에서 살아났다. 한
숨을 돌리고 전세 역전의 발판을 마련했다. 이순신 함대가 지키는 수로
를 이용해 조정의 명령을 삼남 지방은 물론, 제주도까지 전달할 수 있었
다. 또 전국의 백성들은 조정이 아직 건재하다는 사실을 서해 수로를 통
해 확인할 수 있었다.

명나라 역시 숨통이 트였다. 일본 수군이 서해로 북상할 경우 명나라
도 위험했다. 북경과 멀지 않은 천진은 물론 산동과 요동, 강남 지방까지
공격받을 수 있었다. 다행히 명나라 조정이 임진왜란 발발과 함께 가장
우려했던 사태는 일어나지 않았다. 이순신 함대가 일본군의 서해 진출
을 원천봉쇄한 덕분이었다.

중국은 남쪽으로는 일본, 북쪽으로는 여진과 이웃하는데 조선이 홀로
막아주고 있다. 조선 사람들이 배에 타서 조종하는 것은 그 빠르기가
마치 비바람이 몰아치는 것과 같다. 만일 그들이 딴마음을 품고 오랑
캐에게 굴복한다면 단지 장수 한 사람만 시켜 침범해 오더라도 우리
의 회양청등淮揚靑登, 산동과 그 이남의 강남 지방은 전혀 안전한 곳이
되지 못할 것이다.

명나라 강왈광의 《유헌기사》

조선 수군의 명성은 임진왜란을 거치면서 명나라까지 널리 퍼졌다. 그것은 이순신의 고뇌에 찬 결단이 있었기에 가능했다. 누구도 학익진을 적용하겠다는 생각을 못할 때 이순신은 그것을 한산해전에서 펼쳤고, 성공했다. 치밀한 전략과 전술, 그리고 냉철한 결단으로 절대 열세의 전황을 역전시킨 것이다.

도요토미 히데요시의 조선 정벌은 한산해전으로 사형선고를 받았다.

《근세일본국민사》

와키자카 야스하루協坂安治

임진왜란 때 도요토미 히데요시의 최측근 심복인 '7인의 창' 중 한 사람이다.

1592년 6월 6일, 경기도 용인 광교산 자락에 조선의 삼도 연합군충정, 전라, 경상이 진을 쳤다. 5만에 이르는 대병력이었다. 이른 아침 와키자카 야스하루의 부대가 삼도 연합군을 기습 공격했다. 그 수는 고작 2,000명, 황금가면을 쓴 지휘관이 깃발과 칼을 휘두르며 돌격했다. 이들의 기습에 조선군은 맥없이 무너지고 말았다. 도요토미 히데요시는 용인에서 대승을 거둔 와키자카를 칭찬하고 남해로 내려가 조선 수군을 치라는 특명을 내린 것이다.

의병,
의 義를 떨쳐 일어나다

1592년 8월 7일 일본군 장수들이 한양에 모였다. 긴급 대책 회의 안건은 일본군의 후방을 공격하는 조선인 복병에 관한 것이었다.
"병력이 얼마나 되는지, 장수가 누군지, 본거지가 어딘지 알려진 게 없습니다."
"바람처럼 나타나서 우리의 보급 부대를 공격해대니 피해가 만만치 않습니다."
"이대로 방치했다가는 군량 보급로가 전부 끊길지도 모릅니다."
일본군을 긴장시킨 무서운 복병은 조선의 의병義兵이었다.

바닷길은 이순신이 막아섰다. 육지의 보급로는 의병들이 끊어놓았다. 일본군의 타격은 컸다. 한성과 평양까지 무혈 입성하다시피 했으나 바다와 육지 양쪽 모두 심각한 문제였다. 더구나 의병은 일본군이 상상조차 못한 존재였다. 언제, 어디서 나타나 기습할지 모르는 복병이었고, 병력의 규모조차 파악되지 않는 이상한 존재였다. 긴급 대책 회의까지 열었지만 의병의 기습 공격에 대응할 마땅한 방안을 찾지 못했다.

　부산과 한성 사이 토병이 들고일어나 통행을 차단했다.

호사카와 가보

전선의 일본군은 식량이 없고, 도로수송로를 지키는 병사도 없으며 무인 상태다.

이시다 미츠나리 문서 중

의병은 전국에서 일어났다. 전쟁 초기 붕괴된 정규군을 대신해 의병들이 일본군과 맞서 싸웠다. 가장 먼저 의병을 일으킨 사람은 경상도 의령의 유생 곽재우였다. 일본군의 침략 직후인 1592년 4월 22일, 곽재우는 집 앞의 큰 나무에 북을 매달아 놓고 의병을 일으켜 훈련시켰다. 전 재산을 털어 의병들의 의식주를 해결하고, 관군이 버리고 간 무기로 무장했다. 임진왜란 최초의 의병이었다.

곽재우의 의병은 신출귀몰한 유격전을 구사했다. 그 역사적인 전투 현장은 낙동강 본류와 경남 진주를 끼고 흐르는 남강의 지류가 합쳐지는

| 경남 의령의 현고수 곽재우가 의병을 일으킬 때 북을 걸어 놓고 친 것으로 알려진 느티나무

기강岐江이었다. 낙동강은 원래 동과 서로 길이 뚫리고, 남북으로 물길이 통하는 교통의 요지였다. 일본군은 침략과 동시에 그런 낙동강에 군수 물자 집결 장소를 설치했다. 낙동강에 모인 군수 물자는 강을 따라 북으로 가고, 육로를 따라 경주, 성주, 김천 방면으로 보급되었다.

이순신 함대가 옥포로 출격한 1592년 5월 4일, 곽재우는 낙동강과 남강이 만나는 기강으로 출동했다. 의병대원은 13명에 불과했다. 그것도 마당 쓸고 장작 패던 손에 활과 창을 든 대원들이 전부였다. 일본군의 화력을 상대하기엔 절대 열세의 전력이었다. 전면전은 피하면서 이길 수 있는 작전이 필요했다. 곽재우는 지형지물을 이용하는 강안전술江岸戰術, 강을 따라 장애물을 설치하고 매복해 있다가 공격하는 전술을 선택했다. 곽재우는 일본군의 배가 지나갈 수 없도록 강 밑에 말뚝을 설치했다. 그런 다음 수풀 속에 매복해 있다가 배가 침몰하는 순간을 기다려 집중 공격했다. 작전은 대성공이었다. 곽재우의 의병 부대는 기강 전투에서 열한 척의 왜선을 포획했다.

| 곽재우 의병 부대가 첫 승리를 거둔 기강 전투도

적이 약하면 그냥 치고, 적이 강하면 숨어서 쳐야 한다.

이기고 죽는 것도 장하지만, 이기고 사는 것이 더 장한 일이다.

기강 전투의 승리로 곽재우 의병 부대는 점차 사기가 높아졌다. 의병 봉기 초기 곽재우의 가장 큰 과제는 오합지졸일 수밖에 없었던 부하들의 공포심을 없애는 것이었다. 전쟁이 일어나자마자 경상좌도가 유린당하면서 일본군은 무적이라는 소문이 나돌았다. 소문의 힘은 막강했다. 경상우도까지 줄줄이 무너질 형편이었다. 곽재우는 그런 상황에서 일본군도 칼이나 화살을 맞으면 죽는 존재에 불과하다는 것을 증명했다. 곽재우의 활약으로 일본군은 무적의 존재라는 선입견과 패배의식이 하나둘 깨져나갔다.

의병 부대의 첫 승리는 조정에까지 알려졌다. 선조는 곽재우에게 유곡찰방幽谷察訪과 형조정랑刑曹正郞 등의 관직을 내렸다. 그러나 곽재우는 거절했다. 관직을 바라고 의병을 일으킨 것이 아니었다. 붕괴된 관군을 대신해 고향을 지키고 나라를 구하기 위해 일어선 의병이었다. 그를 따르던 의병들은 상급을 바라지 않는 그의 인품에 더욱 감동했다. 곽재우 의병 부대는 점점 그 숫자가 늘어나 조직적인 전투 체계를 갖춰나갔다.

곽재우의 정암진鼎巖津 전투는 도요토미 히데요시의 특명으로 시작됐다. 이순신 함대에 바닷길이 막히자 히데요시가 일본군에게 새로운 지시를 내린 것이다.

내가 조선으로 건너가는 일은 내년 3월로 연기되었으니

에케이는 전라도를 점령하는 작전에 참가하라.

히데요시의 특명을 받은 안코쿠지 에케이安國寺惠瓊의 정예부대 2,000

| 곽재우 의병 부대의 지휘 본부가 있었던 정암진鼎巖津

명이 의령과 남원을 거쳐 전주로 침입할 계획이었다. 일본군은 의령의 정암진鼎巖津에 선발대를 보내 건너기 적합한 지점을 물색한 후, 말뚝 표시를 박아놓았다. 이를 정탐한 곽재우는 계책을 냈다. 적이 이정표로 삼으려고 했던 말뚝 표시를 늪지대 방향으로 바꾸어 꽂았다. 그리고 그 주위에 의병들을 매복시켰다.

일본군은 야음을 틈타 작전을 개시했다. 미리 표시해 둔 말뚝을 따라 움직이기 시작했다. 말뚝이 엉뚱한 곳에 옮겨져 있으리라곤 짐작조차 못 했다. 곽재우의 작전대로 일본군은 곧 늪지대에 발이 묶였다. 당황한 일본군의 전열은 급속히 흐트러졌다. 유리한 지형을 선점해 미리 매복해 있던 의병 부대는 조총 부대가 채 전열을 갖추기 전 기습 공격을 퍼부었다. 일본군의 전멸이었다. 정암진 전투의 패배로 경상우도를 통해 전라도로 진출하려던 일본군의 계획은 좌초됐다.

지형지물을 이용하고, 치고 빠지는 곽재우의 기막힌 게릴라 전법에 일본군은 속수무책이었다. 그렇다고 조총을 앞세운 일본군과의 전투가 수월할 리 없었다. 적을 교란시킬 특별한 전략이 필요했다. 곽재우는 붉은 비단으로 지은 홍의를 선택했다. 붉은 옷은 위장의 효과가 없기 때문에 적의 표적이 되기 쉽지만 적을 유인하는 데는 용의했다. 그렇게 자신을 드러냄으로써 적에게 홍의장군은 두려운 존재라는 인식을 심어나갔다. 그리고 십여 명의 장수들에게 자기와 똑같이 홍의를 입고 백마를 타게 했다. 곽재우의 지시대로 십여 명의 홍의장군 아바타들은 곳곳에 매복해 있다가 불시에 나타났다 사라지기를 반복했다. 곽재우의 예상은 적중했다. 홍의장군이 동에 번쩍 서에 번쩍 출현하자 일본군은 혼란에 빠졌다. 신출귀몰한 곽재우의 작전에 번번이 당했고, 홍의장군이 지키는 경상우도는 일본군이 넘볼 수 없는 곳이 되었다.

> 왜적들에게 사로잡혔던 사람들이 돌아와 말하기를,
> "왜적들이 이 지방에는 홍의장군이 있으니 조심하여 피해야 한다."라
> 고 했다.
>
> 《선조실록》 선조 25년 6월 28일

| 홍의장군 곽재우

곽재우의 거병 이후 경상도에서는 정인홍, 김면 등 남명 조식의 제자들을 비롯해 퇴계의 제자들도 속속 의병을 조직해 일본군에 맞섰다. 비슷한 시기 전라도의 유팽로와 고경명, 김천일 등이 거병했고, 충청도의 조헌, 경기도의 우성전, 황해도의 이정암 등도 잇따라 일어났다.

> 지혜를 가진 자는 계책을
> 용력을 가진 자는 용력을
> 재산을 가진 자는 군량을
> 노력을 가진 자는 대열을 보충하라.
>
> 〈조헌의 '격문'〉

함경도에서 의병을 조직한 정문부의 활약도 눈부셨다. 일본군과의 첫 전투를 치른 후 왕자들을 일본군에게 넘긴 반역의 무리를 처단하고 흉흉했던 민심을 수습했다. 연이은 전투에서도 대승을 거두었다. 함경도의 추운 날씨와 험난한 지형을 이용해 치고 빠지는 기동 전술로 정문부의 함경도 의병은 2만 2,000명의 가토 기요마사의 군단을 상대로 싸웠고 이겼다.

> 눈이 내리고 추위가 심하여 적병이 모두 얼어 쓰러져 싸우지 못하였
> 다. 해가 뜰 무렵에 공격하여 600명의 수급을 베었다. 사면으로 포위
> 하고 그들의 땔감 공급로를 끊었다.
>
> 《선조수정실록》 1592년 10월 30일

의병 부대가 전국에서 빠른 속도로 조직될 수 있었던 것은 각 지역의 선비들이 몸을 사리지 않고 앞장선 덕분이었다. 조선의 선비는 우리가

| 창의토왜도

《북관유적도첩》 중 정문부의 활약을 담은 그림으로 가토 기요마사의 군대와 싸웠던 함경도 의병
의 전투가 생생하게 묘사되어 있다. 성 누각 위에 앉아 있는 사람의 의병장 정문부다. 그리고 임해
군과 순화군, 두 왕자들을 일본군에게 넘긴 반역의 무리를 참수하는 모습도 담겨 있다.

알고 있는 것처럼 문약文弱하지 않았다. 전쟁이 일어나자 재야의 선비들
은 붓 대신 칼을 잡았다. 그들에겐 나라를 지키기 위해 목숨을 거는 것이
너무나 당연한 일이었다. 지역사회 공론을 주도하던 선비들이 앞장 서
자 조정에 등을 돌렸던 백성들이 앞다투어 호응한 것이다.

임진왜란 당시 임금이 서행西幸하여 나라 안이 텅 비고 적병으로 가득
찼다. 호령이 전해지지 않아 거의 나라가 없어진 지 한 달이 넘었다.
영남의 곽재우·김면, 호남의 김천일·고경명, 호서의 조헌 등이 의병을
일으켜 원근에 격문을 전하니, 이로부터 비로소 백성들이 나라를 위하
는 마음이 생겼다. 각 고을의 사족들이 곳곳에서 군사를 불러 모으니
의병장이라 칭하는 자가 무려 수백에 이르렀다. 이로써 왜적을 무찔러
국가를 회복하였으니 곧 의병의 힘이었다.

《지봉유설》

　전국에서 결사 항전의 의병 활동이 전개되자 전황이 흔들렸다. 이곳
저곳에서 공격해 오는 조선의 의병은 일본군으로서는 도저히 이해할 수
없는 존재였다. 일본에는 의병이란 개념 자체가 없었다. 전쟁은 무사들
의 영역이었다. 일반 농민이나 백성들은 항복한 영주에게 충성할 이유
가 없었다. 패한 영주가 물러나면 새로운 영주의 관할에서 농사짓고 생
활하면 그만이었다. 그렇기 때문에 일본군에게 조선의 의병은 존재 그
자체로 충격이고 기습이었다. 일본군은 의병의 공격을 두려워한 나머지
부산에서 한양으로 이동할 때는 300명, 한양에서 평양으로 갈 때는 500
명 이상이 되어야 이동할 수 있었다. 급기야 도요토미 히데요시는 특단
의 지시를 내렸다. 자신이 직접 군사를 이끌고 조선으로 와서 의병을 제
압하겠으니 점령지를 고수하라는 것이었다.

　내년 3월에 반드시 바다를 건너서 의병을 처단할 테니
　의병이 쳐들어와도 따라가지 말고 성을 지키고 있어라.

〈도요토미 히데요시의 서신(소가 문서)〉

의병 8조義兵八條

임진왜란이 일어난 직후 정규군이 붕괴되다시피 하자 백성들 스스로 고장을 지키고 외적을 물리쳐 나라를 구해야 한다는 사명감으로 의병이 일어났다. 의병은 그 지방의 유력자를 중심으로 양반에서 천민에 이르기까지 적게는 몇십 명에서 많게는 몇천 명까지 적극 호응했다. 적과 싸워 이기기 위해 정규군 못지않은 엄격한 통제와 규율이 적용됐다. 그래서 의병이 조직되면 '의병의 약속', 즉 의병 8조를 만들어 알렸는데, 그 내용은 이러하다.

- 적과 싸우는 도중에 도망치는 자는 참한다.
- 백성들에게 폐를 끼치는 자는 참한다.
- 한때라도 주장의 명령을 어기는 자는 참한다.
- 군사 기밀을 누설하는 자는 참한다.
- 처음에 약속하고 나중에 배신하는 자는 참한다.
- 상을 내릴 때에는 적을 쏘아 죽인 자를 으뜸으로 하고,
  머리를 벤 자를 다음으로 친다.
- 적의 재물을 얻은 경우에는 남김 없이 상으로 지급한다.
- 남의 공을 빼앗은 자는 공이 있더라도 상을 주지 않는다.

의병과 관군의 연합 작전
경주성을 탈환하다

전국에서 의병 활동이 전개되면서 승전보가 이어졌다.
그에 힘입어 전쟁 초기 무너진 관군도 다시 전열을 가다듬었다.
밀양에서 도망쳐 산속에 숨어 있던 박진은
권응수의 의병 부대가 영천성을 수복하자
그와 함께 병사 1만여 명을 이끌고 경주성 탈환에 나섰다.

곳곳에서 치열한 공방전이 벌어졌다. 일본군이 점령 작전으로 전환하면서 의병들은 일본군이 주둔한 성을 공격하기 시작했다. 7월 24일에는 경상좌도의 영천성 주변으로 의병들이 집결했다. 영천과 경주 지역을 중심으로 멀리는 의성과 대구 의병까지 합세한 총병력 3,970명의 경상좌도 연합 의병 부대

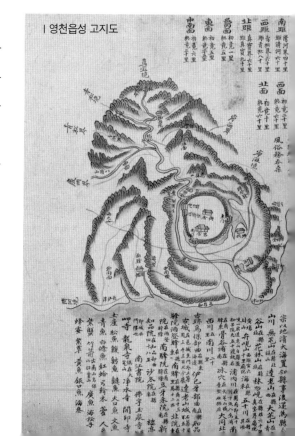

| 영천읍성 고지도

였다. 이들의 목표는 일본군이 점령한 영천성 탈환이었다. 영천성은 경주에서 한양으로 가는 길목에 있어 전략적으로 중요했다.

의병장 권응수權應銖의 작전은 치밀했다. 성 안으로 진입하기 위한 대형 사다리와 조총을 막기 위한 방패, 백병전에 대비한 무기까지 철저히 준비했다.

다음 날인 25일, 권응수 의병 부대의 포위 공격으로 전투는 시작됐다. 의병들이 활로 공격하자 성 안의 일본군은 조총으로 맞섰다. 일본군의 저항은 격렬했다. 전투는 다음 날까지 이어졌다. 26일 날이 밝자 권응수는 500명의 결사대를 뽑아 성 안으로 침투시켰다. 결사대가 대형 사다리를 타고 성 안으로 진입하자 일본군은 당황했다. 일본군의 조총도 의병들의 결기 앞에서는 무용지물이었다. 일본군 30여 명이 전사했다.

27일, 권응수의 화공전火攻戰 지시가 떨어지자 성 안에 화염이 치솟았다. 창고와 화약고에 불이 붙어 폭발하자 일본군은 뿔뿔이 흩어져 달아났다. 거북문으로 빠져나간 일본군들은 미리 대기하고 있던 의병들에게 사살됐다. 남문 쪽으로 도망간 몇 명만 겨우 목숨을 건져 달아났다. 권응수의 의병 부대가 임진왜란 발발 이후 최초로 일본군이 점령한 성을 공격해 탈환한 것이다.

> 담력이 세고 용감한 권응수는 정대임과 함께 1,000여 명의 군사를 거느리고 영천성을 포위했다. 그러나 아무도 두려워해 공격하지 않았다. 할 수 없이 그중 몇 사람을 베자 모든 병사가 앞장서 공격에 나서기 시작했다. 우리 병사가 성 안에 들이닥치자 왜적들은 창고로 숨거나 명월루 위로 피했으며, 그곳에 불을 지르자 사람 타는 냄새가 몇 리 밖에까지 퍼졌고, 살아남은 수십 명의 왜적은 경주로 도망가 버렸다.

　　영천성 탈환을 지휘한 권응수는 무관 출신의 의병장이다. 전쟁 발발 당시 그는 경상좌수사 박홍 수하의 무관이었다. 하지만 전쟁 초기 그가 속한 경상좌수영 수군은 기본적인 대응조차 못 하고 해체됐다. 무책임한 사령관 때문이었다. 당시 부산 앞바다를 지켜야 할 경상좌수사 박홍은 초전에 해전을 포기했다. 동래성에서도 싸우지 않고 도망쳐 버렸다. 사령관의 도주로 경상좌도 수군은 몰락했다. 권응수는 저 혼자 살자고 숨어 버린 박홍과는 달랐다. 의병을 조직해 일본군과의 전쟁을 불사하며 자신의 역할을 다했다. 권응수 의병대의 영천성 탈환에 무너진 관군도 전열을 가다듬었다. 이제는 일본군의 점령지도 되찾을 수 있다는 자신감이 곳곳으로 확산됐다. 의병들의 사기도 하늘을 찔렀다. 의병과 관군이 힘을 합쳐 연합 작전을 펼치는 신호탄을 쏘아 올렸다.

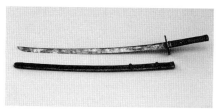

| 권응수의 장검

| 권응수權應銖(1546~1608년)의 초상화
　1583년 별시무과에 급제, 수의부위권지(修義副尉權知)를 거쳐 훈련원부봉사(訓鍊院副奉事)로서 의주용만을 지켰으며, 그 뒤 경상좌수사 박홍(朴泓)의 막하에 있다가 임진왜란이 일어나자 고향에 돌아가 의병을 모집, 궐기했다. 영천성 탈환에 이은 일본군과의 전투에서도 혁혁한 공을 세웠다. 1604년(선조 37)에 선무공신(宣武功臣)에 녹훈되었다

밀양에서 도망쳐 산속에 숨어 있던 밀양부사 박진은, 전 경상좌병사 이각이 성을 버리고 도망쳤다 해서 참수당하자 이각의 뒤를 이어 병사에 임명됐다.

당시 경상도 지방에는 왜적들만 우글거려 조정의 소식은 전혀 전해지지 않고 있었다. 그 때문에 사람들 또한 갈피를 못 잡고 있었는데, 박진이 병사에 임명되었다는 소식이 전해지자 백성들이 속속 모여들었고, 수령들 또한 업무에 복귀하기 시작해 정부가 존재한다는 사실을 비로소 확인할 수 있었다. 권응수가 영천을 수복하자 박진은 병사 1만여 명을 이끌고 경주성에 이르렀다.

8월의 경주성 탈환 작전은 권응수의 의병 활동에 자극을 받은 경상좌병사 박진이 주도했다. 박진은 경주성 탈환을 목표로 권응수의 의병군과 관내 16개 읍의 관군 병력을 통합해 연합 작전을 개시했다.

당시 경주성에는 후쿠시마 마사노리가 지휘하는 일본군 제5군 소속의 병력이 주둔했다. 후쿠시마의 일본군은 영천성을 빼앗기자 인근 지역의 병력을 경주로 집결시켜 전투에 대비하고 있었다.

8월 20일, 동이 틀 무렵 박진의 연합 부대는 경주성을 에워쌌다. 의병장 권응수와 경주판관 박의장이 선봉을 맡았다. 성 주변의 민가를 불태워 연막을 만들어 일본군의 시야를 가린 후 일제히 공격했다. 그런데 예상치 못한 복병이 나타났다. 언양 방면에 있던 일본군이 배후에서 공격해온 것이다. 적의 기습에 영천 의병장 정세아 부자 등 600여 명이 전사했다. 본진이 안강으로 후퇴하면서 1차 경주성 탈환 전투는 실패로 끝났다.

그로부터 보름 뒤, 경주성 탈환을 위한 신무기가 등장했다. 화포장 이장손이 신무기 비격진천뢰飛擊震天雷를 개발한 것이다. 비격진천뢰는 목곡이라는 장치로 폭발 시간을 조절할 수 있는 일종의 시한폭탄이었다.

금속으로 만든 폭탄 내부에는 살상용 마름쇠가 들어 있어 터지면 적에게 큰 피해를 입혔다. 지금의 세열수류탄과 비슷한 원리의 무기로 대완구라는 화포를 통해 300m 이상 발사할 수 있었다. 목표 지점에 떨어진 비격진천뢰는 심지가 다 타면 폭발했다. 폭발한 마름쇠 파편은 작고 견고해 맞으면 서서히 죽어가기 때문에 일본군은 '귀신 폭탄'이라고 부르며 두려워했다.

9월 8일, 마침내 경주성 탈환을 위한 야간 전투가 벌어졌다. 1,000명의 결사대가 먼저 경주성으로 진격했다. 박진은 본대를 이끌고 성을 공격했다. 일본군은 성위에서 조총을 쏘며 조선군의 접근을 저지했다. 성밑까지 진격한 결사대는 준비해 간 비격진천뢰를 발사했다. 일본군은 성 안 객사 앞에 떨어진 비격진천뢰의 실체를 모르고 이리저리 굴려보았다. 그때 비격진천뢰가 폭발했다. 파편이 사방으로 흩어지면서 일본군 30여 명이 그 자리에서 즉사했다. 이어 2, 3탄이 연이어 폭발해 일본군

| 비격진천뢰飛擊震天雷
보물 제860호. 임진왜란 때 화포장 이장손이 발명한 인마살상용 폭탄의 일종이다. 비격진천뢰는 진천뢰라고도 불린다. 위아래는 둥글고 허리는 퍼진 모양이며, 위 한가운데는 뚜껑인 개철을 덮을 수 있도록 방형으로 되어 있다.

| 대완구
조선 시대의 대포. 원래는 돌을 이 속에 넣고 화약을 터뜨려 쏘았으나, 임진왜란 때는 비격진천뢰를 넣고 쏘았다. 보물 857호

은 수백 명의 사상자를 냈다. 비격진천뢰의 공격을 받은 성 안은 생지옥으로 바뀌었다. 살아남은 일본군은 그날 밤 서생포로 달아났다.

> 성 안 객사에 떨어진 비격진천뢰를 처음 본 왜적들은 신기한 듯이 모여들어 이리 굴려도 보고 밀어도 보는 등 구경에 여념이 없었다. 그러다 포가 큰 소리를 내며 폭발하면서 수많은 쇳조각을 흩뜨리자 그 자리에서 서른 명이 넘는 적이 즉사하고, 맞지 않은 자들도 큰 소리에 놀라 한참 뒤에야 정신을 차렸다. 이때부터 적들은 한편으론 놀라고 또 한편으론 두려워하면서 어떻게 만들었는지 궁금해했다.
> 다음 날이 되자 적들은 경주성을 버리고 서생포로 도망가 버렸다. 경주성에 입성한 박진은 남아 있던 곡식 1만여 석을 얻게 되었다. 이 소식을 들은 임금께서는 그를 가선대부로 승진시키고, 권응수는 통정대부, 정대임은 예천군수로 승진시켰다.
> 진천뢰를 날려 보내 공격하는 방식은 예전에는 없던 병법인데, 군시기의 화포장으로 근무하던 이장손李長孫이 창안한 것이다. 진천뢰를 대완구에 넣고 쏘면 500보, 600보는 충분히 날아가 떨어지고, 잠시 후에는 저절로 폭발했다. 그런 까닭에 적들은 비격진천뢰를 가장 두려워했다.

경주성 탈환 전투에서 첫선을 보인 비격진천뢰의 위력은 컸다. 임금이 도망 다니는 동안 화포장 이장손은 전력의 열세를 보완할 신무기를 개발했고, 의병은 관군이 다시 일어설 수 있는 발판이 되어 주었다. 의병과 관군이 뭉치고 신무기 기술까지 더해지자 그 힘은 강했다. 경주성 탈환의 비결은 바로 그 힘에 있었다.

일본군의 총공세
진주대첩

전쟁 중에도 계절은 어김없이 오고 갔다.
봄에서 여름으로, 다시 여름에서 가을로 계절이 바뀌었다.
빛 고운 단풍이 북쪽에서 남쪽으로 불타듯 내려오며
조선의 산하를 물들였다.
일본군은 불리해진 전세를 만회하려고 가을 총공세에 나섰다.

일본군은 경상우도의 진주성을 겨냥했다. 해상이 봉쇄되자 육로를 통한 호남 진격로를 찾았다. 바로 그 길목에 진주성이 있었다. 진주성은 경상도 서부의 중심 도시이자 육로와 수로를 통해 영남과 호남을 연결하는 교통의 요지였다. 일본군이 남원, 전주 등 호남으로 진격하기 위해서는 반드시 거쳐야 할 곳이었다.

일본군 총대장 우키다 히데이에는 한양의 일본군 정예병을 김해로 이동시켰다. 동래와 부산의 병력도 합세했다. 김해에 집결한 일본군 병력은 2만여 명에 달했다. 9월 24일 마침내 일본군이 진주성을 향해 출발했다.

경상우병사 유숭인이 창원에서 일본군을 막아섰다. 유숭인의 병력은 관군과 의병을 규합한 2,000명. 적과 맞서 격전을 벌였지만 2만 명을 막기에는 중과부적이었다. 유숭인의 조선군을 격퇴한 일본군은 25일 마산

을 거쳐 곧장 함안으로 진출했다. 그 과정에서 일본군을 저지하던 조선
군은 차례로 격파됐다.

경상도 초유사 김성일은 민첩하게 움직였다. 진주목사 김시민에게 진
주성 수비 강화를 지시했다. 경상도와 전라도의 의병장들에게도 첩보를
띄워 진주성 지원을 요청했다. 일본군의 공세가 임박하자 김시민은 방어
태세를 강화했다. 미리 준비해 둔 승자총통과 화약 500근을 곳곳에 배치
했다. 경주성 탈환 전투에서 사용한 비격진천뢰도 동원했다. 성 안의 병
력은 3,800명에 지나지 않았지만 맹훈련을 시켰다.

이때 창원에서 퇴각한 경상우병사 유숭인이 잔여 병력을 이끌고 진주
성에 도착했다. 하지만 김시민은 성문을 열어주지 않았다. 상급자인 유
숭인이 들어오면 병력은 늘어나겠지만, 지휘 체계에 혼란이 생길 수 있었
기 때문에 외곽 지원을 요청했다. 유숭인은 당황했다. 그러나 비겁하지
않았다. 김시민의 요청대로 성 외곽에서 선발대로 진격해온 일본군과 싸
우다가 장렬히 최후를 맞았다.

10월 6일 아침 일본군 주력 부대가 도착했다. 구름처럼 몰려와 진주성
의 동, 서, 북쪽 3면을 포위했다. 성 남쪽은 남강이 흐르고 있었다. 그러
나 일본군은 성을 포위하고도 곧바로 공격하지 못했다. 경상의병장 곽재
우와 전라의병장 최경회 등의 의병 부대가 성 외곽에서 일본군의 배후를
위협하고 있었기 때문이다.

김시민은 성 밖에서 잘 보이는 곳에 깃발을 세우고 장막을 친 다음, 성
안의 남녀노소에게 군복을 입혀 배치했다. 수만의 조선군이 성을 방어하
고 있는 것처럼 보이게 한 것이다.

대치 상태가 이어지자 곽재우 등의 지원군은 일본군의 배후에서 횃불
을 들고 뛰어다니며 피리를 불었다. 일본군을 교란시키고 조선군에게 힘

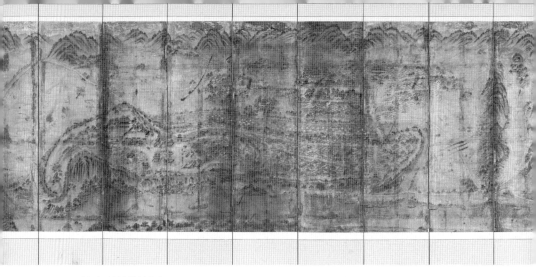

| 19세기의 진주성도
　임진왜란 당시 진주성은 현재의 내성 규모보다 2/3 정도 더 넓은 외성의 형태였다. 서쪽은 깎아지
른 절벽이고, 평지는 성의 동쪽과 북쪽뿐이다. 그러나 성의 북쪽에는 참호 역할을 하는 연못, 즉
해자가 있었고, 남쪽은 남강이 흐르는 천혜의 요새였다.

을 실어주기 위한 심리전을 전개한 것이다. 일본군도 심리전을 구사했
다. 군사들이 뿔이 달린 금색 가면을 쓰고 색색의 깃발을 짊어지고 성을
돌았다. 그 괴기한 형상에 성 안 사람들은 크게 놀랐다.

　일본군은 이틀이 지난 8일 아침이 되어서야 공격을 개시했다. 조총수
들은 성으로 접근하며 조총 사격을 퍼부었다. 총탄이 비 오듯 쏟아졌으
나 성 안에서는 전혀 동요가 없었다. 일본군이 지쳤다 싶을 때, 드디어 김
시민의 공격 명령이 떨어졌다. 성 안의 조선군은 일제히 소리를 지르고
북을 두드리며 대포를 쏘기 시작했다. 일본군은 인근 민가의 대문짝을
떼어다가 방패로 삼으며 성 밑으로 접근했다.

　공방전은 해가 지고도 계속됐다. 곽재우의 군사 200여 명이 뒷산에 올
라가 호각을 불고 횃불을 흔들어 적을 교란시키자 성 안 사람들도 호각을
불어 응답했다. 그러자 일본 군사들이 당황해 1차 공격은 실패로 돌아갔
다. 일본군 수뇌부는 진주성을 함락시키지 못하고 있는 것은 진주성 외
곽의 지원 부대들 때문이라고 판단했다.

| 현재의 진주성곽

　다음 날 일본군은 여러 개의 공격조를 편성해 진주성 외곽의 조선군 지원부대 공격에 나섰다. 배후의 위협을 제거하고 성을 점령하겠다는 전략이었다. 그러나 일본군의 병력 분산 작전은 의병 부대에게 유리하게 작용했다. 단성현 쪽에 있던 일본군은 의병장 김준민 부대가 격퇴하고, 살천 방면에서는 정기룡과 주기형 부대가 일본군을 격퇴해 큰 손실을 입혔다. 전라도 의병장 최경회와 임계영의 의병군 2,000명도 성 밖에서 일본군을 압박했다.

　전세가 불리해지자 일본군은 계략을 썼다. 퇴각하는 것처럼 가장해 성 안의 조선군을 유인하려는 작전이었다. 그러나 김시민은 일본군의 유인술에 넘어가지 않았다. 오히려 성의 수비를 더욱 강화했다. 다급해진 일본군은 10일 새벽 모든 병력을 동원해 진주성 동문과 북문을 공격했다. 성 안의 조선군은 총통을 발사해 일본군의 종루를 파괴했다. 성벽을 타고 오르는 일본군들에게 뜨거운 물과 돌 세례를 퍼부었다. 일본군의 사상자는 헤아릴 수가 없었다.

| 김시민(金時敏 1554~1592년, 영정 승첩비)

1578년(선조 11) 무과에 급제해 군기시(軍器寺)에 입사했다. 1591년 진주판관이 되어 이듬해 임진왜란이 일어났다. 진주목사 이경(李璥)이 병으로 죽자 초유사(招諭使) 김성일(金誠一)의 명에 따라 그 직을 대리하였다. 여러 차례 왜적을 맞아 크게 무찔러 그해 8월 진주목사로 승진됐다. 그해 9월 진주성 전투를 지휘하여 적을 물리쳤으나 이마에 탄환을 맞아 전사했다. 그가 죽은 뒤 성에서는 적이 알까봐 비밀로 했다가 안정이 된 뒤 상을 치렀는데, 상여가 함양에 이르자 경상우도 병마절도사에 발탁되었다는 조정의 명을 받았다.

　결전 마지막 날 김시민은 적의 총탄에 맞아 숨을 거두었지만 6일간의 치열한 전투는 일본군의 패배로 끝이 났다. 당시 일본군 사망자는 지휘관급 300명, 병사가 1만여 명에 달했다. 개전 이래 육지에서 거둔 최대의 승리였다. 관군과 의병, 그리고 백성들까지 한마음 한뜻으로 마침내 진주성을 지켜냈다.

　진주대첩의 의미는 실로 컸다. 만약 진주를 지켜내지 못했다면 일본군에게 호남으로 가는 길을 내주게 되었을 것이다. 그렇게 되면 호남의 곡창지대는 물론, 이순신의 전라좌수영까지 타격을 입을 수밖에 없었다. 일본군 총대장 우키다 히데이에는 그래서 한양의 정예병까지 동원해 총공세에 나선 것이었다. 그러나 2만의 일본군은 김시민의 3,800명을 넘어서지 못했다. 이로써 개전 초 연전연승하던 육지의 전투에서도 제동이 걸렸다.

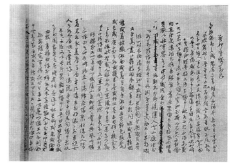

| 진주수성절차

1592년 10월에 경상우도 관찰사 김성일(金誠一 1538~1593)이 제1차 진주성 전투와 관련해 방어의 전말을 적어 임금께 보고한 글의 초안(草案)

5장

강화협상
투명인간 취급받는 조선

명군의 참전 목적은 다른 데에 있었다.
강화회담을 통해 전선이 그 이상 북상되지 않고
고착화되는 것을 바라고 있었다.
명군은 일본군을 추격하던 조선군을 잡아들여
매질까지 하는 횡포를 부렸다.
조선군은 적과 맞서 싸우려 해도 싸울 수가 없었다.
강화회담을 시작한 명군과 일본군 사이에서
조선군은 투명인간이 되었다.

김순량 간첩 사건

일본군의 앞잡이 노릇을 하는 조선 사람들이 있었다.
이들 간첩을 부왜附倭라고 불렀는데, 일본에 들러붙은 사람들이라는
뜻이다. 부왜들은 곳곳에서 활동하며 조선의 군사기밀을 빼돌렸다.
평양 부근에서 활동하던 부왜 일당은
조선군의 일거수일투족을 고니시 유키나가에게 보고했다.

한겨울 추위가 시작됐다. 명나라 주력군의 참전을 앞둔 12월 초, 비변사에서 선조에게 상소를 올렸다. 류성룡을 다시 도체찰사都體察使로 임명하자는 상소였다. 당시 류성룡은 평안도에서 명나라군의 보급과 외교업무를 도맡아 하고 있었다. 하지만 그의 직책은 풍원부원군이란 명예직에 불과했다. 이에 비변사가 나서서 군무에 밝은 류성룡의 도체찰사임명을 건의한 것이다.

비변사가 아뢰었다.
"풍원부원군 류성룡은 안주에 주재하면서 이미 군사 업무를 겸해 살피도록 했는데, 명호名號가 없어 방해되는 일이 많습니다. 도체찰사都體察使란 칭호를 주어 그에게 군무를 총괄하게 하심이 어떻겠습니까?"
아뢴 대로 하라고 답하였다.

《선조실록》 25년 12월 4일

선조는 비변사의 요청을 받아들였다. 즉시 류성룡을 도체찰사에 임명
했다. 도체찰사는 왕명을 받아 해당 지역의 군정과 민정을 총괄하는 사
령관에 해당한다. 류성룡이 맡은 지역은 최전선인 평안도였다. 그만큼
할 일이 많은 곳이었다.

비변사의 기대는 어긋나지 않았다. 류성룡은 부임하자마자 간첩 사건
을 해결했다. 그동안 기밀 군사 정보가 속속 일본군에게 넘어가고 있어
심각한 문제였다. 명나라 조승훈의 평양성 공격 때도 사전에 정보가 새
나가 일본군의 매복에 당한 것이다. 류성룡은 비밀리에 탐문 수사를 벌
였다. 군기밀에 접근할 수 있는 자들, 즉 평안도 도체찰부의 비밀 공문을
다루는 조선인들이 그 대상이었다. 그 과정에서 류성룡의 기지로 일본
군 앞잡이 노릇을 하는 대규모 간첩단을 적발한 것이다.

일본군의 첩자 김순량金順良을 잡았다. 안주에서 군관 성남을 시켜 수
군장 김억추에게 전령군사작전 공문서을 띄웠다. 적을 공격하라는 지시
를 담은 전령이었다. 나는 6일 안으로 전령을 다시 돌려보내라고 지시
했다. 그런데 기일이 지나도록 전령이 돌아오지 않았다. 성남에게 어
찌 된 일인지 따졌더니 벌써 강서군인 김순량을 시켜 돌려보냈다는 것
이다. 나는 즉시 김순량을 잡아들여 전령이 어디 있느냐고 추궁했다.
그는 전혀 모르겠다고 발뺌을 했다. 그때 성남이 말했다.
"김순량이 전령을 가지고 나가서는 며칠 후에 소 한 마리를 끌고 부대
로 와서 친한 동료들과 함께 잡아먹었습니다. 소를 어디서 끌고 왔냐
고 물었더니, 김순량은 자기가 키우던 소인데 친척 집에 맡겨두었다가
찾아온 것이라고 하였습니다. 지금 생각해 보니 그의 종적이 아무래도
수상쩍습니다."
김순량을 국문하라고 지시했다. 매질이 시작되자 그는 결국 실토했다.

"소인은 일본군의 첩자 노릇을 하였습니다. 그날 전량과 비밀 공문서를 받아서는 바로 평양으로 가서 일본군에게 보였습니다. 일본군 장수는 전령은 책상 위에 두고, 비밀 공문서는 보자마자 찢어버리고 소 한 마리를 상으로 주었습니다. 같이 첩자 노릇을 하던 서한룡에게는 명주 다섯 필을 상으로 주며, 그 외의 군사 기밀을 조사해서 15일 안으로 보고하기로 약속하고 나왔습니다."

김순량의 심문 결과는 놀라웠다. 그동안 평안도의 각 진영에서 활동한 일본군 첩자가 40여 명이나 되는 것으로 드러났다. 간첩들은 지형과 도로 상황은 물론, 군부대의 모든 군사 기밀을 일본군에게 넘겼다. 류성룡은 각 진영에 간첩 명단을 통보하고 즉시 잡아들이라고 지시했다. 더러는 도망간 자도 있었지만 대부분 검거됐다.

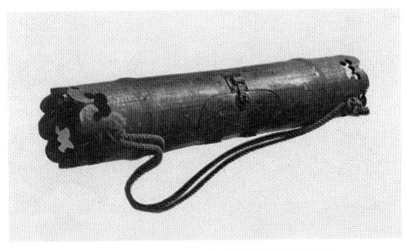

| 유서통 임진왜란 때 중요한 기밀 문서를 넣어 전달하던 대나무 통. 보물 제460호

"순안, 강서의 여러 진陣에도 흩어져 있고 숙천, 안주, 의주까지 활동
을 하고 있습니다. 군사 기밀이 있으면 바로 일본군에게 알려주었습
니다."

깜짝 놀라 임금께 이 같은 사실을 보고했다. 또 첩자들의 이름을 각 진
에 통보하여 잡아들이도록 했다. 나는 성 밖에서 김순량의 목을 베었
다. 이 사건이 있고 얼마 지나지 않아 명군이 도착하였으나, 일본군은
명군이 도착한 사실을 알지 못했다. 이는 간첩 활동이 중단되었기 때문
이다.

류성룡에게 적발된 평안도 간첩 조직의 배후는 고니시 유키나가였다.
문제는 심각했다. 고니시의 간첩단이 활약한 평안도는 조선의 모든 군
사 기밀이 들고나는 곳이었다. 선조 임금이 평안도에 머물고 있었기 때
문이다. 고니시는 영리했다. 그런 평안도 도체찰부의 중요성을 간파하
고 조선인 현역 군인들을 포섭해 간첩단을 운영한 것이다.

평안도뿐만이 아니었다. 일본군 앞잡이 노릇을 하는 간첩은 전국 곳곳
에 있었다. 적극적인 간첩 활동을 하는 자들부터 단순 부역자들까지, 간
첩 문제는 심각했다. 전쟁 초기 임금이 도성을 버리면서 문제의 싹이 텄
다. 백성을 버리는 조정에 민심이 등을 돌렸고, 일본군의 앞잡이를 자청
하는 사람들이 생겨난 것이다. 그래서 민심을 안정시키는 것이 무엇보
다 중요했다.

일본군에게 아첨해서 그들과 친해지거나 그들에게 길을 안내하는 자
들이 있었다. 일본군을 죽이고자 모의하는 사람이 있으면, 그 앞잡이
들이 일본군에게 밀고하여 종루 앞이나 숭례문 밖에서 이들을 불에 태
워 죽이게 하였다.

이긍익의 《연려실기술》 중

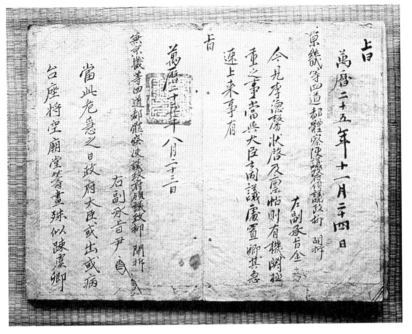

| 정원전교

12월 19일, 평안도 안주에 있던 류성룡에게 하달된 선조 임금의 유지(有旨). 명나라 주력 부대가 평양에 진출하기 전에 평양에 웅거하고 있는 고니시의 일본군 병력 규모를 속히 파악하라는 내용. 보물 제160호

평안도는 그나마 다행이었다. 류성룡에 의해 간첩 조직이 일망타진되면서 고니시의 정보망은 와해됐다. 그 결과 고니시의 일본군은 명나라 조승훈 부대의 공격에는 미리 알고 매복했지만, 조명 연합군의 평양성 탈환 작전은 전혀 알 수 없었다.

동아시아 삼국이 충돌한
평양성 탈환 전투

명나라 유격대장 심유경이 다시 평양성을 방문했다.
며칠간 머물다 돌아갔으나
어떤 내용을 주고받았는지는 알려지지 않았다.
이 무렵 명나라 대군이 안주에 도착해 병영을 설치했다.
역시 대군답게 진의 모습이 질서 정연하고
군율도 잘 지켜지고 있었다.

  압록강이 꽁꽁 얼었다. 명나라 제독 이여송李如松이 압록강을 건너왔
다. 4만 3,000명의 대군이었다. 주력군 파병이 이렇게 늦어진 것은 명나
라 속사정 때문이다.

    당시 명나라는 안팎으로 위기였다. 알
탄 칸의 몽골과 만리장성에서 전쟁을 치
르느라 여력이 없었다. 논란 끝에 조선에
다시 대군을 파병하기로 했지만 상황은

| 명나라 제독 이여송(李如松) 초상화
  요동총병을 지낸 이성량의 아들로 조선족 출신의 명나라
야전사령관이다. 평양성 전투를 승리로 이끌어 숭앙의 대
상이 되었다

여의치 않았다. 이번에는 북방에서 반란이 일어났다. 이민족 출신의 명나라 부총병 보바이哱拜가 일으킨 반란이었다.

발등에 불이 떨어진 명나라 지휘부는 부랴부랴 이여송을 반란 진압에 투입했다. 이여송이 패배하는 날에는 일본군이 침략하기도 전에 나라가 망할 판이었다. 그렇다고 파병이 늦어지는 이유를 조선에 알릴 수도 없는 노릇이었다. 병부상서 석성은 응급조치를 취했다. 절강성 출신의 책사 심유경에게 유격장군의 직책을 내리고 조선으로 파견했다. 심유경은 뛰어난 상황 판단 능력과 언변을 갖춘 자였다. 심유경의 역할은 일본군이 압록강을 건너지 못하도록 교섭하는 것이었다.

심유경은 원래 절강성 사람이었다. 병부상서 석성이 왜적의 의중을 떠보기 위해 유격장군이라는 칭호를 붙여 파견했다. 순안에 도착한 그는 '조선이 무슨 잘못을 했기에 일본이 군대를 일으키는 등 난리를 피우느냐?'하는 내용의 명나라 황제 편지를 적진에 전달했다.

평양의 고니시 유키나가도 절박한 처지였다. 보급선이 막혀 군량 조달이 시원찮은데다 추위까지 닥치자 일본군의 상황은 더욱 악화되고 있었다. 일본군은 한겨울 혹한에 대한 준비가 전혀 되어 있지 않았다. 그래서 조금이라도 시간을 벌어 내부를 정리해야 하는 입장이었다. 고니시는 심유경의 회담 제의를 냉큼 받아들였다. 9월 1일 평양에서 만난 두 사람은 잠정적인 휴전에 합의한다.

'내가 돌아가 황제께 보고하면 처분을 내리실 것이다. 그러니 앞으로 50일 동안 왜군은 평양성 10리 밖으로 나와 약탈하는 일이 없도록 하고, 조선 병사들은 10리 안으로 들어가지 않도록 하라.'

그런 후에 심유경은 경계선에 나무로 금지 표시를 세워놓았다. 하지만 우리 조선은 이것이 무엇을 뜻하는지 알지 못했다.

50일간의 휴전은 조선이 원한 것이 아니었다. 조선은 배제된 채 명나라와 일본이 맺은 협정이었다. 명나라는 심유경의 활약으로 시간을 벌었다. 그 사이 이여송은 보바이의 난을 진압하고 조선으로 건너온 것이다.

이여송의 명나라군이 의주에 도착한 것은 12월 25일이다. 선조를 만난 자리에서 이여송은 조선을 침범한 일본군을 쓸어버리겠다고 호언장담했다. 선조가 감격하기에 충분했다. 이여송은 조승훈의 열 배가 넘는 대군을 이끌고 왔다. 게다가 이번에는 기마병 이외에 포병과 화기수들로 구성된 남병도 함께 왔다. 조승훈의 평양성 패전을 계기로 기마병만으로는 조총을 가진 일본군을 상대할 수 없다는 것을 깨달은 것이다.

평안도 도체찰사 류성룡은 안주에서 이여송을 기다렸다. 그동안 일본군 첩자 노릇을 해온 김순량 일당을 검거해 명나라군이 안전하게 진군할 수 있도록 해놓았다. 이여송은 의주에서 선조를 만난 뒤 곧장 안주로 달려왔다. 류성룡은 미리 준비한 평양의 일본군 동태와 작전에 필요한 정보를 건네주었다.

제독이 안주 동헌에서 나를 맞았는데, 풍채가 당당한 장수였다. 그와 마주한 나는 옷 속에서 평양성 지도를 꺼내 놓고 지형과 군의 배치 내용, 공격 통로 등을 알려주었다. 그는 주의 깊게 듣고는 붉은 붓으로 중요한 곳에 점을 찍어 표시했다. 내 말이 끝나자 제독이 이렇게 말했다. "왜적들은 오직 조총에 의지할 뿐이오. 그러나 우리 대포는 5, 6리를 날아가 맞춥니다. 왜적들이 당할 수 없을 것이오."

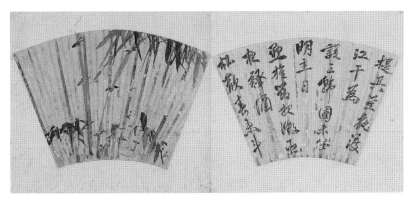

| 당장화첩 이여송이 류성룡에게 시를 적어 보낸 부채. 보물 제160호.

이여송은 자신감에 차 있었다. 그는 류성룡에 대한 인상이 깊었는지 부채에 시를 적어 보냈다.

군사를 거느리고 밤새워 압록강을 건너온 곳은
조선 땅이 어려움을 겪고 있기 때문이다.
황제께서 날마다 전선의 소식 기다리시니,
나 또한 즐기던 술도 그만두었다
봄철의 북두성 기운이지만 마음은 오히려 장대해지니
이제 왜적들 간담이 서늘해질 것이다.
어찌 이기지 못한다고 말하겠는가,
꿈속에서도 항상 말을 타고 싸움터 달리고 있음을 생각한다네.

1593년 1월 5일, 이여송의 명나라군은 평양성 인근까지 진출했다. 1만 여 명의 조선군도 합류했다. 휴정休靜 서산대사가 이끄는 승군僧軍들도 참여했다. 이로써 평양성 탈환 작전에 참여한 조명 연합군은 5만이 넘는 대군이었다. 하지만 일본군은 5만의 대군이 평양성 턱밑에 올 때까지 눈

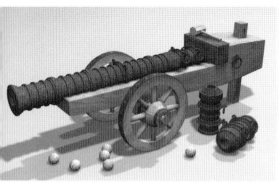

| 불랑기포(佛郞機砲)
1517년경 포르투갈 상인이 명나라에 전해준 유럽의 대포.
평양성 탈환 전투 때 명나라군이 사용했다.

| 호준포(虎蹲砲)
명나라 척계광이 발명한 소형 화포. 호랑이가 앉은 모
습을 닮았다고 해서 '호준포'라고 이름 붙였다

치채지 못했다. 그들의 첩보망이 붕괴되어 명나라 대군이 온 사실을 알
수 없었던 것이다.

이여송은 틈을 주지 않았다. 다음 날 이른 새벽 평양성 공격에 나섰다.
명나라군은 평양성 북쪽의 모란봉과 칠성문, 보통문을 공격했다. 조선
군은 남쪽의 함구문을 맡아 공격했다. 조명 연합군은 먼저 성 안으로 대
포와 불화살을 쏘았다. 연이어 발사하는 대포 소리에 땅이 흔들렸다. 대
포와 불화살이 날아들자 평양성은 화염에 휩싸였다.

성 안에 불길이 치솟자 명나라군의 2단계 공격이 시작됐다. 낙상지와
오유충이 직접 군사들을 거느리고 성을 기어올랐다. 앞선 병사들이 일
본군의 칼날에 떨어져도 개의치 않고 계속 올라갔다. 적의 칼과 창이 고
슴도치 털처럼 빼곡히 드리워져 있었으나 아랑곳하지 않았다. 명군에게
밀려 성문이 뚫리자 일본군은 결국 내성으로 후퇴했다. 일본군이 떠난
자리에는 찔리고 불에 타 죽은 시체가 가득했다.

명나라군이 성 안으로 들어가 내성을 공격했다. 왜적은 내성 위에 흙
벽을 쌓고 벌집처럼 수많은 구멍을 뚫어 그 틈으로 조총을 쏴 댔다. 꽤
나 많은 명나라 군사들이 쓰러졌다. 제독은 궁지에 몰린 쥐가 고양이

를 무는 것이 우려된다며 일단 성 밖으로 철수했다. 명군이 성 밖으로 나가서 길을 열어주자 왜적은 그날 밤 얼음을 타고 대동강을 건너 도주해 버렸다.

이여송은 명군의 인명 손실을 우려해 일본군의 퇴로를 열어주었다. 일본군은 1월 8일 밤, 얼어붙은 대동강을 건너 남쪽으로 도주했다. 평양성은 일본군에게 점령당한 지 7개월 만에 수복됐다. 고니시는 패잔병들을 이끌고 한양으로 철수했다. 당초 1만 8,700명의 병력은 6,600여 명으로 줄었다. 함경도에 머물던 가토 기요마사의 일본군도 고립되는 것을 우려해 한양 쪽으로 후퇴했다. 평양성 수복을 계기로 전세의 주도권은 조명 연합군으로 넘어갔다. 선조는 감격했다. 승전 소식을 들은 직후 북경

ㅣ임란전승평양입성도병 1593년 조명 연합군이 평양성 탈환하는 모습을 그린 전투도

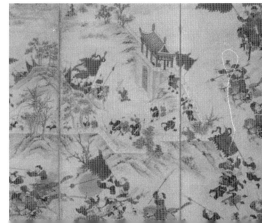

의 황궁을 향해 큰절을 올렸다. 어전회의 분위기는 한껏 달아올랐다. 이여송을 모시는 사당을 짓고 그의 화상을 그려 봉안하자는 의견이 나왔다. 살아 있는 사람을 모시는 사당, 즉 생사당生祠堂을 짓자는 파격적인 주장이었다. 죽은 사람들 중 공로가 많은 사람을 위해 조정에서 사당을 건립하는 경우는 있어도 살아 있는 사람에게 사당을 만들어 주는 경우는 거의 없었다. 더군다나 외국인을 위한 생사당 건립은 처음 있는 일이었다. 하지만 선조는 이여송의 생사당 건립이 당연하다며 그의 초상화와 신주를 만들고 비석을 세우게 했다. 당시 이여송은 30대였다.

> "평양성을 회복할 수 있었던 것은 오로지 이 제독의 공이니 공덕을 찬송하는 등의 일을 빠뜨릴 수 없습니다. 생사당을 짓고 형상을 설치하며 송덕비를 세워, 제독이 개선할 때에 백관이 길 왼편에서 영접하며 배사拜謝를 드리는 것이 옳습니다."
>
> 《선조실록》 1593년 1월 12일

작전 지휘권이 없는 나라

고니시, 겐소 등을 사로잡았다면
한양에 있는 적군은 저절로 무너졌을 것이다.
한양의 적군이 무너졌다면 가토 기요마사는 돌아갈 길이 끊어지고,
군사들의 마음이 어수선하고 두려워져서 반드시 바닷길을 따라
도주하려 했겠지만 능히 빠져나가지 못했을 것이다.
한강 이남의 적진은 차례로 와해되어
명나라 군사는 북을 울리고 천천히 행진해도
바로 부산에 이르러서 술을 흠씬 마시면 되었을 것이니,
잠깐 동안에 우리의 모든 강산이 숙청肅淸되었을 것이다.
어찌 그 후에도 몇 년 동안 시끄러움이 있었겠는가?
한 사람의 잘못이지만 일은 천하의 평화에 관계되었으니
진실로 통분하고 애석한 일이다.

평양성 탈환 전투 하루 전, 류성룡은 또 하나의 작전을 세웠다. 패전한 일본군의 도주로를 막아 섬멸할 계획이었다. 류성룡은 황해도 방어사 이시언과 김경로에게 비밀 명령을 내렸다.

"그대들은 길가에 매복해 있다가 평양에서 나와 도성을 향해 도주하는 일본군을 추격해 섬멸하라!"

류성룡의 예상대로 고니시는 패잔병들을 이끌고 도주했다. 굶주림과 피로에 지친 패잔병들은 제대로 걷지도 못했다. 병력도 3분의 1로 토막 난 상태라 추격해 요격만 하면 섬멸이 가능했다. 고니시의 1군을 무너뜨 리면 가토 기요마사의 2군도 배후가 끊기게 되어 자멸할 공산이 컸다. 일본군의 두 주력 부대가 끝장나면 도성과 인근의 다른 부대들도 도미 노처럼 와해되어 갔을 것이다.

그러나 두 방어사는 류성룡의 명령을 따르지 않았다. 이시언은 추격은 했으나 싸우지는 않았다. 낙오병 60여 명만 베었을 뿐이다. 김경로는 아 예 나타나지도 않았다. 그 덕분에 고니시의 1군은 평양에서 한양까지 안 전하게 후퇴할 수 있었다. 류성룡은 천재일우의 기회를 놓쳤다고 한탄 했다. 류성룡은 엄격하게 군법을 적용했다. 명령을 어긴 김경로의 처형 을 청하자 선조도 흔쾌히 승낙했다. 즉시 김경로를 처형하기 위한 선전 관을 파견했다. 하지만 이여 송이 막아섰다.

"그의 죄는 죽어 마땅하나 적을 완전히 섬멸하기 전에 한 사람의 병사라도 없애기 는 아깝지 않겠는가. 그러니 우선 백의종군토록 해 속죄 할 수 있는 기회를 주는 것이 좋을 듯하다."

조선의 왕이 허락한 일이 명나라 지휘관에 의해 간단 하게 취소됐다. 이것은 시작

| 류성룡의 갑주(아래)와 투구(위)
임진왜란 때 류성룡이 입었던 갑옷과 투구. 보물 제460호.

에 불과했다. 명나라군의 참전으로 작전 지휘권을 상실한 조선은 명군 지휘부에 흔들릴 수밖에 없었다.

평양성 전투 때는 명군 지휘부의 알력 때문에 많은 조선 백성이 희생됐다. 명군 총사령관 이여송과 경략 송응창의 알력 때문이었다. 이여송은 요동에서 명나라 조정을 대신해 전쟁을 지휘하는 송응창의 결재를 받아야 하는 입장이었다. 두 사람의 갈등은 평양성 전투가 끝난 뒤 논공행상을 둘러싸고 폭발했다. 이여송은 그 공을 그가 지휘하는 북병들에게 돌리려고 했다. 송응창이 이끄는 남병들은 반발했다.

평양성 전투가 끝난 뒤 이여송 탄핵 사건이 터졌다. 명나라의 산동도어사 주유한과 이과급사중 양정란이 앞장섰다. 그들은 이여송이 참획했다고 주장하는 일본군 머리의 절반이 조선 사람이라고 주장하며 이여송을 탄핵했다. 이에 명나라 조정은 주유한 등을 직접 평양에 보내 사건의 진위를 조사하도록 조처했다.

> 평양성 전투에서 남쪽의 군사들이 날래고 용감하게 싸웠기 때문에 이들에 힘입어 승리할 수 있었으나, 명나라 군사의 사상자도 많았으며 굶주려 부르짖으며 피를 흘리는 자가 길에 잇따랐다.
> 뒤에 산동도어사山東都御史 주유한과 이과급사중吏科給事中 양정란 등이 올린 주본奏本에 이여송이 평양의 전투에서 벤 수급 중 절반이 조선 백성이며, 불에 타 죽거나 물에 빠져 죽은 1만여 명도 모두 조선 백성이라고 하였다.
> 명나라 조정에서는 이를 인하여 포정布政 한취선과 순안巡按 주유한 등으로 하여금 직접 평양에 가서 진위를 조사하게 하고, 또 우리나라도 사실에 의거하여 아뢰게 하였는데 우리나라는 변명을 하였다.
> 《선조실록》 1593년 1월 11일

충격적인 보고였다. 조선 사람을 죽여 일본군의 머리로 둔갑시켰다면 조선에서 먼저 진상조사를 해야 하는 게 맞다. 그러나 명나라 조사관까지 왔지만 조선은 사건의 실상을 밝히기 위해 적극적으로 나서지 않았다. 명군의 원조에 의지해 전쟁을 치르고 있는 처지라 제 목소리를 내지 못했다. 결국, 유야무야 넘어갔다. 사건의 진상은 묻혀 버렸다.

평양성 수복 후 류성룡의 직책이 바뀌었다. 호서·호남·영남을 관장하는 삼도도체찰사三道都體察使에 임명됐다. 일본군이 남하하는 지역을 담당하는 총사령관이 된 것이다. 류성룡은 한시라도 빨리 전쟁을 끝내야 한다고 생각했다. 문제는 명나라군이었다. 평양성 전투 이후 도무지 싸우려 들지 않았다. 평양성을 수복했으면 그 기세를 몰아붙여 도성을 탈환해야 한다. 그래야 전쟁을 끝낼 수 있는데도 이여송은 움직일 기미가 없었다. 목표가 평양까지 진격하는 것인 양 이런저런 핑계를 댔다.

> 우리가 진격하고자 하는데 말먹이와 군량이 부족하다는 말이 들립니다.
> 나라의 앞날을 걱정하는 공께서 나서서 군량 준비에 만전을 기해 주
> 시기 바랍니다.

| 삼도도체찰사 임명장
평양성 탈환 이후 류성룡은 삼도도체찰사 (三道都體察使)에 임명됐다. 호서·호남· 영남의 삼도를 총괄해 지휘하는 직책으로, 사실상의 전군 총사령관에 해당한다. 전쟁 이 끝날 때까지 삼도도체찰사를 맡았다.

조선군이 식량과 말 먹이용 풀을 준비해 놓으면 겨우 움직였다. 류성룡이 거듭 찾아가 진격을 요청했지만 이여송의 발걸음은 더디기만 했다. 1월 25일이 되어서야 개성에 도착했다.

그 사이 일본군은 전열을 가다듬었다. 주변의 모든 병력을 한양으로 집결시켰다. 철원의 일본군도 한양으로 왔다. 평양에서 도망쳐온 고니시 부대를 포함해 한양에 집결한 일본군은 5만여 명에 이르렀다. 함경도 지역에 진출했던 가토의 부대가 아직 철수를 완료하지 못한 상태였기 때문에 한양 방어선을 포기할 수 없는 입장이었다.

조명 연합군과의 일전을 앞두고 일본군은 대학살과 방화를 자행했다. 도성의 조선 백성들이 조명 연합군에 내응하려는 움직임을 보이자 그같은 만행을 저지른 것이다.

> 한양으로 도망쳐온 왜적들이 우리 백성들이 내응할까 봐 겁난 데다가 평양에서 패한 것에 대한 분풀이로 백성들을 무참하게 죽이고 온 건물을 다 불태워 버렸다. 서쪽에 주둔하고 있던 일본군은 모두 한양에 모여 조명 연합군을 막을 계책을 세웠다.
> 이 소식을 들은 나는 연이어 제독에게 속히 진격할 것을 요청했으나, 제독은 계속 머뭇거려 여러 날 만에 겨우 파주에 닿을 수 있었다.
> 다음 날 명군 부총병 사대수査大受와 우리나라 장수 고언백이 수백 명의 병사를 이끌고 정세 파악에 나섰다가 벽제역 남쪽의 여석령에서 적과 맞부딪쳤는데, 이 싸움에서 적 100여 명을 죽였다.

일본군은 한양 서북쪽의 벽제관碧蹄館 여석령 일대에 선봉대를 포진시켰다. 1월 26일, 정탐에 나선 조명 연합군 선봉대가 이곳에서 일본군을 만나 100여 명을 베는 전과를 올린다. 이것이 화근이 될 줄은 이여송은 몰랐다. 소식을 듣자마자 기병 1,000명만을 거느린 채 혜음령을 넘어 벽제관으로 향했다.

일본군은 벽제관 부근에 대군을 매복시켜 놓고 명군을 기다리고 있었다. 혜음령 고개에서 말이 실족하는 바람에 낙상까지 당했지만 이여송은 진격을 멈추지 않았다. 숨어 있던 일본군이 쏟아져 나와 가로막고 설 때도 이여송은 일본군의 유인책이란 걸 알지 못했다. 배후에 1만여 명의 일본군이 매복하고 있다는 걸 알았을 때는 이미 늦었다. 몰려드는 일본군을 저지하기엔 역부족이었다. 이여송은 겨우 목숨을 건져 도주했다.

벽제관 전투의 결과는 명군의 참패였다. 일본군이 평양에서 입은 것에 버금가는 손실을 당했다. 명군 희생자는 1,500명이 넘었다. 장수들도 14명이나 전사했다. 일본 측 기록에는 명군의 전사자가 1만여 명이라고 적은 것도 있다.

다음 날 이여송은 임진강 북쪽의 동파로 퇴각하려고 했다. 명군의 본진이 파주까지 남하한 상황에서 일본군의 역습을 받을까 봐 두려웠다.

| 벽제관 전투지
이여송이 이끄는 명나라군과 일본군이 격전을 벌인 현장

이여송은 서둘러 병력을 임진나루 건너의 동파역으로 철수시키는 상책이라고 생각했다. 명군이 동파역으로 철수한다는 것은 임진강 이남 지역을 사실상 포기하겠다는 뜻과 같았다. 이 소식을 들은 류성룡은 아연실색했다. 우의정 유홍, 도원수 김명원 등과 함께 이여송의 진영으로 달려갔다. 막 장막을 나서는 이여송을 류성룡이 붙잡았다.

"이기고 지는 것은 장수에게는 다반사라고 합니다. 새롭게 나서면 될 것을 어찌 한 번 패했다고 물러서려 하십니까?"

"어제 전투에서 적을 크게 물리쳤으므로 우리에게 도움이 됩니다만, 이곳에 비가 많이 와 진흙 구덩이가 되어 주둔하기에 불편해 동파로 돌아가고자 하는 것입니다. 정비를 한 뒤에 다시 진격할 것입니다."

이여송은 패전한 사실을 숨기면서 다른 핑계를 댔다. 류성룡 일행이 계속 간청하자 한양에 있는 일본군이 20만이 되니 중과부적이라 싸울 수 없다며 진격 요청을 거부했다. 류성룡이 일본군의 수를 너무 부풀렸다며 계속 진격해달라고 요청하자 이여송은 불같이 화를 냈다. 제독 옆에 서 있던 명군 장수 장세작이 앞장서 철군을 주장했다. 류성룡 일행이 물러가지 않고 버티자 장세작이 순변사 이빈에게 발길질까지 했다. 결국, 명군은 동파로 철수했다. 류성룡도 동파에 함께 머물렀다.

그대로 동파에 머물고 있던 나는 날마다 사람을 보내 다시 진격할 것을 요청했다. 그러면 제독은 이렇게 말하며 시간만 끌었다.
"날씨가 좋아져서 길이 마르면 당연히 진격할 것이오."
명나라 군사가 개성에 머문 지 여러 날이 지나자 군량이 바닥을 드러내기 시작했다. 그러나 보급되는 양은 강화에서 들어오는 조와 말먹이가 조금 있었고, 전라도와 충청도에서 배로 들어오는 세곡稅穀이 전부였다. 도착하자마자 모두 소진될 정도였다.

하루는 명나라 장수들이 군량이 바닥났다는 핑계로 제독에게 돌아갈 것을 주장했다. 그러자 제독이 화를 내며 나와 호조판서 이성중, 경기 좌감사 이정형을 불러들였다. 뜰 아래 우리를 꿇어 앉히고는 큰 소리로 문책했다. 나는 우선 사죄하면서 제독을 진정시켰다. 그러나 나라의 모습이 어쩌다 이 지경에 이르렀는가 하는 생각이 들자 눈물이 저절로 흘러내렸다. 내 모습을 본 제독이 민망했는지 자기 휘하 장수에게 화살을 돌렸다.

벽제관 전투 이후 류성룡의 하루 일과는 이여송의 사무실로 출근하는 것이었다. 그날도 어김없이 출근해 진격할 것을 요청하자 이여송이 새로운 카드를 꺼내들었다. 류성룡과 호조판서 이성중, 경기감사 이정형 등을 명군 진영에 무릎을 꿇렸다. 명군 진영에 군량을 제때 공급하지 않아 바닥이 났다는 이유였다. 조선의 재상을 무릎 꿇리는 것도 모자라 큰 소리로 질타하며 군법을 집행하겠다고 겁박했다. 류성룡은 나라가 이 지경에 이른 것을 한탄하며 그저 눈물을 흘릴 뿐이었다. 그러나 걷어차이고 무릎 꿇리는 굴욕은 독자적인 방어 능력이 없는 약소국의 재상이 겪어야 했던 치욕의 일부에 불과했다. 강화 협상을 반대하자 류성룡을 납치하려는 시도까지 했을 정도다. 그런 명군을 싸움터로 끌어내기 위해 모든 굴욕을 견뎌냈다. 하지만 막사로 들어간 명군을 전투 현장으로 끌어내는 것은 결코 쉬운 일이 아니었다.

나는 종사관 신경진을 제독에게 보내 물러나서는 안 될 다섯 가지 이유를 설명했다.

"첫째, 역대 선왕의 분묘가 모두 경지 지역에 있어 적의 수중에 들어가 있습니다. 이런 까닭에 귀신과 인간이 모두 수복을 바라고 있으므로 버려서는 안 될 것입니다.

둘째, 경기 남부의 백성들은 오직 구원병만을 기다리고 있습니다. 만일 구원병이 물러갔다는 말을 들으면 지키고자 하는 의지가 사라져 적 편으로 돌아서고 말 것입니다.

셋째, 우리 땅은 한 걸음, 한 뼘도 쉽사리 포기할 수 없습니다.

넷째, 우리 병사들 또한 힘은 약하나 명나라 구원병과 힘을 합해 공격하고자 하는데, 이때 물러난다는 소식을 들으면 오직 한을 품고 쓰러지고 말 것입니다.

다섯째, 구원병이 물러난 다음 적이 공격해 온다면 그 강한 기세에 눌려 임진강 이북도 지킬 수 없을 것입니다."

그러나 보고를 들은 제독은 아무 말도 하지 않고 돌아갔다.

끝내 이여송은 개성을 거쳐 평양까지 퇴각했다. 조선군도 임진강 이북으로 철수하라고 권유 아닌 권유를 하고 갔다. 이후 명나라군은 싸우지는 않고 귀한 군량만 축냈다. 이것이 선조가 그토록 믿었던 명나라군의 실상이었다. 벽제관 전투의 패배 이후 명군의 전략은 수정됐다. 이때부터 전투는 포기하고 일본과의 협상에만 몰두했다. 류성룡이 명군 지휘부를 찾아다니며 결전을 촉구했지만 효과를 거두지 못했다. 명군의 참전 목적은 다른 데에 있었다. 강화회담을 통해 전선이 그 이상 북상되지 않고 고착화되는 것을 바라고 있었다.

심지어 명군은 조선군에게 일본군과 전투를 벌이지 말라고 지시하고, 일본군을 추격하던 조선군을 잡아들여 매질까지 하는 횡포를 부렸다.

조선군은 적과 맞서 싸우려 해도 싸울 수가 없었다.

선조의 한양에는 없었고
권율의 행주산성에는
있었던 것

권율이 이광의 후임으로 전라도 순찰사가 되어 왕을 돕게 되었다.
그는 이광 등이 들판에서 적과 맞서다 실패한 것을 거울삼아
수원의 독성산성에 진을 쳤다. 그러자 적들도 감히 공격하지 못했다.
명나라 구원병이 한양을 향했다는 소식을 듣고 한강을 건너와 행주
산성에 진을 쳤다.
이를 본 한양의 왜적들은 대군을 이끌고 공격을 시작했다.
엄청난 왜적의 기세에 눌린 병사들은 두려움에 떨며
도망치려 했으나 성 뒤는 강물이어서 달아날 곳도 없었다.
할 수 없게 된 병사들은 돌아와 목숨을 걸고 싸우게 되었다.

1593년 2월 12일, 일본군이 도성을 나섰다. 행주산성으로 접근했다.
한양 탈환을 노리는 권율의 부대가 행주산성을 지키고 있었다. 벽제관
에서 참패한 명군이 퇴각한 뒤에도 권율은 철수하지 않았다. 한양 서북
쪽 8km 지점의 한강 변에 접하고 있는 행주산성은 한양 탈환을 위한 중
요 거점이었다. 권율이 행주산성에 진을 치자 보급로 확보가 시급했던
일본군이 선제공격에 나선 것이다.

| 행주산성은 서울에 주둔하고 있던 일본군의 동태를 쉽게 관찰할 수 있는 전략적 요충지였다.

일본군 공격 병력은 3만 명. 방어에 나선 권율의 부대는 3,000명에도 미치지 못했다. 그러니까 일본군의 10분의 1에 불과한 병력으로 치른 전투가 바로 이 행주대첩이다. 그것도 단 하루 동안, 일곱 차례의 접전 끝에 대승한 전투였다. 어떻게 이 기적 같은 승리를 일군 것일까?

새벽 6시, 일본군의 공격은 여명과 함께 시작됐다. 7개 부대로 편성된 일본군은 일본군 총대장 우키다 히데이에의 지휘 아래 차례로 파상 공격을 감행했다.

권율은 일본군이 쉽게 접근하지 못하도록 이중으로 목책을 치고 방어벽을 설치했다. 첫 공격에 나선 일본군은 고니시의 부대였다. 평양에서 도망쳐온 후 명예를 회복하기 위해 벼르며 선봉에 선 것이다. 그러나 조선군이 준비한 비장의 무기, 화차火車의 상대가 되지 못했다. 일본군이 미처 경사를 오르기도 전에 화차에서 일제히 불을 뿜었다. 다연발 로켓

포처럼 한 번에 200여 개를 발사하는 화차는 위력적이었다. 병사 200명의 몫을 화차 한 대가 해냈다.

　수적으로 우세한 일본군은 여전히 기세등등했다. 산성을 포위하고 연이어 2차 공격에 돌입했다. 그러나 선봉장 마에노가 화살에 관통상을 입자 적의 공격 부대는 무너졌다. 이번에는 조총수가 누대를 만들어 진격해왔다. 조선군은 지자총통으로 맞섰다. 발사된 지자총통의 장군전이 목표물에 적중했다. 적의 부대는 맥없이 무너졌다. 후퇴하는 적진에는 비격진천뢰를 쏟아부었다. 적은 엄청난 사상자를 냈다.

　일본군은 그럼에도 수적 우세를 앞세워 파상 공격을 이어갔다. 적의 4차 공격이 시작되었을 때 한 차례 조선군의 목책이 무너지는 위기가 왔다. 아찔한 순간 화차가 그 위기를 막아냈다. 연속적으로 발사되는 화차의 위력을 당해내지 못하고 적들은 물러났다.

　그러나 물러나는가 싶으면 또 다른 적이 몰려왔다. 인해전술처럼 5, 6차로 이어지는 적을 맞아 조선군은 일치단결해서 싸웠다. 절대 열세의 병력으로 쉴 새 없는 적의 공격을 막아내는 동안 또다시 위기가 닥쳤다. 화살도 총알도 모두 떨어졌다.

　절체절명의 순간, 부녀자들이 나섰다. 산성의 목책까지 접근해온 적에게 부녀자들이 재를 넣은 주머니를

| 화차(火車)
　수레 위에 총을 수십 개 장착하여 한 번에 50~200발까지 쏠 수 있게 한 무기. 권율 장군은 '화차가 있어 행주대첩의 승리는 가능했다.'라며 화차의 위력을 높이 평가했다.

던져 적의 시야를 막고 투석전을 전개했다. 적이 성내 화살이 떨어진 것을 알아채고 마지막 공격을 시도했다. 그때였다. 화살을 가득 실은 배가 나타났다. 일본군은 지원군이 도착하자 시신 소각을 서둘렀다. 전사자를 감추기 위해 황급히 시신을 풀로 덮어 불태우고 물러갔다.

땅거미가 내려앉을 무렵 산성에서 벅찬 함성이 터져 나왔다. 하루 동안의 길고 긴 전투는 마침내 승리로 끝이 났다.

그날의 행주산성에는 앞치마와 돌멩이로 상징되는 호국 정신이 있었고, 동요하던 병사들에게 용기를 북돋아주며 끝까지 힘써 싸우게 한 지휘관이 있었고, 목숨을 돌보지 않고 일치단결해 싸운 병사들이 있었다.

| 행주산성 대첩비
1593년 전라도 순찰사 권율이 이끄는 조선군이 행주산성에서 일본군을 크게 물리친 것을 기념하기 위해 세운 대첩비

| 권율(1537~1599) 장군 초상화
전라도 순찰사 권율은 행주산성에서 승리를 거두면서 조선 육군을 대표하는 장수로 떠올랐다. 강화협상이 본격화되자 전라도로 돌아갔으나 이후 도원수로서 정유재란 시기까지 각 전투에서 공을 세웠다. 죽은 뒤 영의정에 추증되고 선무공신 1등에 봉해졌다.

전쟁 초기 한양에서, 평양성에서 선조 임금이 결사 항전으로 임했다면 전쟁의 양상은 달라졌을 것이다. 선조의 한양과 선조의 평양성에 없었던 것이 권율의 행주산성에는 있었다. 병력의 열세는 마찬가지였지만 선조는 도망갔고, 권율은 치밀한 준비로 절대 열세를 극복했다. 이순신의 수군에서 사용하던 위력적인 화포는 물론, 화차와 비격진천뢰 등의 첨단 무기들의 맹활약이 함께 한 승리였다. 이것이 임진왜란 3대 대첩의 하나인 행주대첩이다.

| 행주대첩도

행주대첩의 밥할머니 부대

임진왜란 당시 한성 일대에는 전쟁에 뛰어든 용감한 여인 부대가 있었다. 삼각산과 북한산 일대의 의병들에게 군량을 대어주는 밥할머니 부대였다. 본래 박씨 성을 가진 할머니는 전쟁이 나자 쌀독을 열어 삼각산 일대의 의병들에게 밥을 지어 주었다. 그래서 사람들 사이에서 '밥할머니'라는 별칭으로 불리게 됐다.

이후 밥할머니와 뜻을 같이 하는 여성들이 점점 늘어나 밥할머니 부대로 발전했다. 봉화 횃불 작전으로 한성의 일본군을 교란시키거나 부상병들 치료도 도맡아 했다. 일본군 기지 근처의 냇물에 횟가루를 풀어물을 먹을 수 없게 하는 방법으로 의병들을 돕기도 했다.

벽제관 전투 때는 명군 부총병 사대수를 도왔던 밥할머니 부대는 권율의 행주산성 전투에도 함께 했다. 관군을 도와 활을 쏘며 싸웠고, 행주치마로 돌을 나르고 물을 끓였으며 재주머니를 던져 적과 싸웠다.

밥할머니가 돌아가신 후 조정에서 그 공을 기리기 위해 비석 대신 부처를 지극히 섬겼던 것을 알고 불상을 세웠다고 한다. 일제강점기 때일본인들이 할머니의 명성을 듣고 불상의 머리를 무참히 베어 지금은목이 잘린 채 남아 있다.

l 밥할머니 석상 고양시 덕양구 동산동 창릉 모퉁이공원 소재

한양 탈환 작전을
막은 자들

행주대첩의 여파는 컸다.
유격대장 심유경이 한양에 들어가 적에게 후퇴를 권유했다.
왜적은 용산에 머물고 있던 우리 수군 진영에도 서한을 보내왔다.
강화를 청하는 내용이었다. 우리는 반대했지만
명나라군과 일본군은 일사천리로 강화협상을 진행했다.

  행주대첩의 승리는 최후의 반격을 가할 기회였다. 한양으로 퇴각한 일본군의 사기는 바닥을 쳤다. 3만의 병력으로 목책성 하나 함락시키지 못한 충격에서 헤어 나오지 못했다. 병력 손실이 워낙 커 한양에서 퇴각하는 것도 문제였다. 섣불리 도성 밖으로 나왔다가 조선군의 공격을 받으면 끝장이었다. 조선 침략 이후 일본군은 가장 고통스러운 나날을 보냈다.
  조선군은 사기가 충만했다. 언제라도 한양을 탈환할 준비가 되어 있었다. 용인의 광교산에는 전라병사 선거이가 이끄는 2,000여 명의 병력이 포진했다. 지금의 서울시 양천구 일대에는 변이중의 병력이, 김포 통진에는 충청병사 허욱의 병력이, 강화도에는 창의사 김천일의 병력이, 파주에는 도원수 김명원의 병력과 명나라 사대수의 병력이 주둔하고 있었다.
  행주산성의 승전보에 힘입어 의병장 김천일 등은 용산 일대에서 일본군의 배후를 공격하기도 했다. 조선군은 한양을 되찾고 전쟁을 끝낼 수 있다는 자신감이 차고 넘쳤다.

류성룡이 세운 한양 탈환 작전은 치밀했다. 명나라군과 연합 작전으로 일본군의 배후를 차단해 섬멸하겠다는 구상이었다. 류성룡은 명군 장수 왕필적에게 남병 병력을 뽑아 강화도에서 한강 남쪽으로 상륙해 일본군 진영을 기습하자고 제안했다. 조선군과 명군을 파주에 배치하여 일본군의 주의를 끌면서 다른 한편에서는 한강 수로를 활용하여 서울 남쪽의 일본군을 공략하는 양동 작전이었다. 왕필적은 뛰어난 전략이라며 적극 찬성했다. 하지만 이여송 제독이 허락하지 않았다.

> 명군 장수 왕필적에게 내가 세운 전략을 보냈다.
> '지금 왜적이 험준한 곳에 머물고 있어 쉽게 칠 수 없습니다. 대군은 동파를 지키도록 하고, 파주 산성에서는 그 뒤를 지키며, 남부에서 1만의 군사를 선발해 강화에서 한강 남쪽으로 나아가 왜적을 기습한다면 한양의 적들은 오갈 데가 없어져 필경 용진으로 달아날 것입니다. 이때 후속 병사들을 이용해 각 나루터를 공격하면 한 번에 적을 섬멸할 수 있을 것입니다.'
> 왕필적은 무릎을 치며 뛰어난 전략이라고 감탄했다. 그는 정찰대 36명을 충청도 의병장 이산겸의 진영으로 보내 적의 상황을 탐지토록 했다. 당시 적의 정예병사는 모두 한양에 주둔하고 있어 후방의 군사들은 능력이 떨어지는 병사들이었다. 정찰대는 돌아와 신이 나서 보고했다.
> "1만의 군사도 너무 많고 2,000~3,000명이면 충분히 처부수겠습니다."
> 그러나 이 제독은 작전을 허락하지 않았다. 북부 출신인 그는 남부 출

신 장수들을 계속 억눌렀는데, 이번에도 그들이 성공하는 것을 꺼려
한 것이다.

이여송은 싸우지 않고 전쟁을 끝내고 싶어했다. 명군의 남병이 큰 공을
세우는 것은 더더욱 원치 않았다. 결국, 류성룡의 한양 탈환 작전은 폐기
됐다. 이여송이 조선군의 작전 지휘권을 틀어쥐고 있어 독자적으로 작전
을 펼칠 수도 없었다.

명군의 공식 입장은 협상을 통한 일본군 철수였다. 벽제관 전투로 식겁
한 명군은 더 이상 피 흘릴 생각이 없었다. 굳이 위험 부담이 있는 싸움보
다는 적당한 협상을 통한 실리를 챙기는 방향으로 가닥을 잡았다.

행주에서 참패하고 한양으로 퇴각한 일본군도 사정이 다급했다. 조선
군이 한양을 에워싸고 있어 땔감조차 구하지 못하는 형편이었다. 당장
식량 보급이 문제였다. 자칫하면 한양에서 굶어 죽을 수도 있다는 위기
감이 팽배했다. 코너에 몰린 일본군이 조선과 명나라군에 강화회담을 요
청했다.

제독에게 글을 보내 내 뜻을 전했다.
"강화를 맺는 것만이 최선은 아닙니다. 어서 공격하십시오."
그러자 제독은
'내가 먼저 생각한 것도 그와 같소이다.'라고 회답을 보내왔으나 정말
그렇게 할 뜻은 없어 보였다.

명군에게 조선의 의지 따위는 중요하지 않았다. 조선을 제쳐두고 일본
군과 강화회담을 강행했다. 1593년 3월과 4월, 심유경과 고니시가 협상
에 들어갔다. 협상은 빠르게 진행됐다. 일본군은 한양에서 철수하는 대

신 안전한 퇴로를 보장받았다.

조선은 동의할 수 없었다. 온건파로 통하던 류성룡도 강경해졌다. 전 국토를 유린한 일본군이 무사히 한양을 빠져나가게 할 수는 없는 일이 다. 마땅히 일본군을 추격해 섬멸해야 한다. 류성룡은 명군 장수들과 이 여송 제독을 설득하기 위해 동분서주했다. 명군 장수들과의 충돌이 잦아 질 수밖에 없었다. 그러던 어느 날이다.

제독은 유격장군 주홍모를 적의 진영으로 보냈다. 그때 나는 도원수 권율의 진중에 머물다가 그를 파주에서 만났다. 그는 우리에게 기패旗 牌(명나라 황제의 명령을 전하는 깃발)에 참배하라고 요청했다. 나는 적진 으로 가는 기패에 고두례를 행할 수 없었다.

"이 기패는 왜적에게 보낼 기패가 아닙니까. 나는 여기에 참배할 수 없소이다. 또한, 송시랑(명군 총사령관 송응창)이 기패에 왜적을 죽이지 말라는 내용도 기록해 놓았으므로 더욱 받들 수가 없습니다."

그럼에도 주홍모는 계속 참배를 강요했다. 나는 끝까지 거절하고 동 파로 돌아와 버렸다. 그러자 주홍모는 제독에게 사람을 보내 이 내용 을 보고했다. 제독이 불같이 화를 냈다.

"기패는 곧 황제의 명령이다. 오랑캐들조차 그 앞에서는 고개를 숙이 는데 어찌 절하지 않겠단 말인가? 내 군법으로 처리할 것이며 그 후에 돌아가겠다."

일이 벌어지자 접반사 이덕형이 내게 사람을 보내 알렸다.

"당장 내일 아침에 가서 사과해야 할 것 같소이다."

나는 도원수 김명원과 함께 아침 일찍 개성으로 제독을 찾아갔다. 그 러나 우리를 만나 주지 않았다. 김명원은 할 수 없이 물러가려 했다. 나는 좀 더 기다리자며 말했다.

"제독이 우리를 시험할 수도 있으니 조금만 더 기다려 봅시다."

그러자 비가 내리기 시작했다. 빗속에 기다리고 있자니 제독이 보낸 사람들이 왔다갔다하며 동정을 살폈다. 잠시 후 들어오라는 전갈이 전해졌다. 나는 들어가 제독에게 예를 표하고 사과했다.

"우리가 아무리 어리석다 해도 기패의 소중함을 모르겠습니까? 그렇지만 기패에 적혀 있는 글에 우리나라 사람들이 왜적을 치는 것을 금지한다는 내용이 있으니 어찌 분하지 않겠습니까? 그러나 큰 죄를 지은 것은 마땅하다 할 것입니다."

내 말을 다 들은 제독이 얼굴을 붉히며 답했다.

"공의 말씀은 옳소이다. 그러나 그 글은 송시랑이 쓴 것이라 나는 모르는 내용이요. 게다가 요즘에는 근거 없는 소문도 많이 떠돌아다닙니다. 만일 신하가 기패에 참배하지 않았는데도 내가 문책하지 않았다는 말이 퍼지면 나까지 어려움을 겪게 될 것이오. 그러니 올리는 글을 하나 써 두기로 합시다. 만일 송시랑이 문책하면 그것으로 해명하고, 문책이 없으면 없던 일로 합시다."

우리는 인사하고 물러나와 약속대로 글을 써서 보냈다. 그때부터 제독은 수시로 적진에 사람을 파견했다.

류성룡이 참배를 거부한 '기패旗牌'는 명나라 황제를 상징하는 깃발을 말한다. 원래는 조선의 왕도 기패 앞에서는 절을 하는 게 관례였다. 문제는 그것이 명군과 일본군의 합의 내용을 승인한 명령서를 전하는 기패였다는 것이다. 게다가 철수하는 일본군을 공격하면 참형에 처하겠다는 내용도 들어 있었다. 조선군의 일본군 추격을 사실상 금지하겠다는 것이다. 만약 조선의 대표가 기패에 절을 하면 그 내용을 모두 인정하는 격이 된다. 그래서 류성룡은 참배 거부로 맞선 것이다.

"그렇게 강화를 반대하면서 왜 당신네 국왕은 도성도 버리고 도망쳤소?"

명나라 장수 전세정의 조롱 섞인 말에 억장이 무너질 노릇이었다. 그것은 더 이상 강화협상에 반대하지 말라는 경고였다. 하지만 류성룡은 멈추지 않았다. 한양 입성 후에도 적을 추격하자고 계속해서 요청했다. 이여송은 한강에 배가 없어서 추격할 수 없다는 핑계를 댔다. 류성룡은 이미 그것을 예상하고 한강에 80여 척의 배를 모아 정박시켜 놓았다. 이여송은 어쩔 수 없이 그의 동생 이여백을 파견했다. 이여백은 군사 1만여 명을 이끌고 한강을 반쯤 건너다가 해가 저물자 되돌아왔다. 일본군을 추격하는 시늉만 했을 뿐이다.

> 강을 건넌 군사들마저 되돌아오더니 모두 성 안으로 들어가고 말았다. 나는 가슴을 치며 안타까워했지만 다른 방도가 없었다. 제독은 싸울 뜻은 없으면서도 내 뜻에 정면으로 반박하기 어려우니까 그런 거짓 행동을 한 것이다.

이여송의 명군은 일본군이 무사히 철수할 수 있도록 갖은 지원을 아끼지 않았다. 조선군이 한강 변에서 일본군을 요격하려 하자 명군 수백 명이 몰려나와 저지했다. 조선군이 일본군을 공격해 협상이 깨질까 봐 명군은 조선군의 추격을 가로막았다. 권율 장군도 명나라군에 잡혀가 곤장을 맞을 뻔했다. 명군의 허락 없이 일본군을 공격한 것이 문제였다. 조선군을 움직일 수 있는 작전 지휘권이 명나라군에게 넘어간 탓이었다. 일본군은 그렇게 명군의 에스코트를 받으며 유유히 도성을 빠져나갔다.

> 왜군의 여러 진영들이 곧장 남하하여 조령을 넘었는데, 도중에 풍악을 울리고 노래를 부르며 혹은 춤을 추면서 남쪽으로 내려갔다.
>
> 《선조수정실록》 1593년 4월 19일

4월 20일, 한양이 수복됐다. 류성룡은 조명 연합군과 함께 한양으로 돌아왔다. 1년 만에 되찾은 한양은 더 이상 류성룡이 알고 있던 도성이 아니었다. 지옥이 따로 없었다. 성 안의 백성들은 처참하게 죽어갔다. 백명 중 한 명도 살아 있는 사람이 없는 형편이었다. 그나마 살아남은 사람도 굶주리고 병들어 얼굴빛이 귀신과 같았다.

날이 더워지자 성 안은 시체 썩는 냄새가 진동했다. 관청과 민가의 집들은 모두 없어지고, 일본군이 거처하던 숭례문에서부터 남산 밑 일대만 조금 남아 있을 뿐이었다. 적에게 유린당한 고통은 그토록 참담했다. 류성룡은 앓아누웠다.

적들은 느긋하게 후퇴하고 있었다.
그들이 이동하는 길목마다 우리 군사들을 매복시켜 놓았지만
아무도 공격할 수 없었다.

예견된 비극
진주성의 대학살

6월이 되자 왜적은 임해군과 순화군
그리고 수행하던 재신 황정욱과 황혁 등을 석방하고
심유경에게 보고하도록 했다.
그러나 한편으로는 진주성을 포위하고
지난해의 원수를 갚겠다고 설쳐댔다.
지난 임진년에 진주성에서 목사 김시민에게 패하고
물러난 것을 일컫는 말이었다.

일본군의 움직임이 심상치 않았다. 철수는커녕 아예 경상도 지역에 진을 쳤다. 울산과 서생포를 시작으로 동래·김해·웅천·거제에 이르는 경상도 지역 열여섯 곳에 촘촘히 성을 쌓고 눌러앉았다.

이여송이 명군의 협상 대표 심유경을 시켜 일본군에게 철수하라고 설득했다. 그러나 일본군의 속내는 다른 곳에 있었다. 입으로만 철수 운운하면서 기만적인 자세로 강화협상에 임하는 사이 히데요시의 은밀한 지시가 내려왔다.

6월 초, 10만에 가까운 대군이 진주성을 향해 출격했다. 진주를 다시 공격할 기회를 엿보던 히데요시는 명군 지휘부가 협상에 매달리고 있는 틈을 이용했다. 1차 진주성 전투의 참패를 설욕하고 명군과의 강화협상에서 우위를 점하기 위한 공세였다.

> 진주성을 공격해 경상도와 전라도를 점령하라. 진주성의 조선 사람은 남김 없이 섬멸하라.

명군 지휘부에 일본군의 진주성 공격 첩보가 입수됐다. 명군은 심유경을 통해 휴전 협정 위반을 지적하고 공격을 중지하라고 요구했지만 소용없었다. 협상 테이블에 앉은 고니시는 가토 기요마사가 진주성 공력을 주도하고 있다고 발뺌했다. 조선이 진주성을 비우면 가토의 공격을 막을 수 있다고 심유경에게 공을 떠넘겼다. 심유경은 도원수 김명원에게 고니시와의 면담 내용을 설명하고 진주성을 비우라고 재촉했다. 고니시의 대변인처럼 굴었다. 3만에 가까운 명군이 남부 지역에 주둔하고 있었지만 일본군을 저지할 능력도 의지도 없었다.

> 한양에서 물러난 적들이 해안가에 진을 쳤다. 오래 머무를 작정으로 지형을 이용해 성을 쌓고 참호를 팠다. 이를 보건대 바다를 건너 제 나라로 돌아갈 뜻은 전혀 없어 보였다.
> 그러자 명나라 조정에서는 사천 총병 유정을 지휘관으로 복건·서촉·남만 등에서 모집한 군사 5,000명을 보내 성주·팔거에 진을 치도록 했다. 남부 장수 오유충은 선산·봉계에 주둔시켰다. 또 이영·조승훈·갈봉하는 거창에, 낙상지와 왕필적은 경주에 주둔하도록 했는데, 이들은 사방을 둘러싸고 대치할 뿐 공격하지는 않았다.

일본군의 총공세가 시작되었지만 명군 지휘부는 누구도 진주성을 돕기 위해 병력을 움직이려 하지 않았다. 조선 장수들도 머뭇거렸다. 곽재우와 권율마저도 중과부적 상태에서 진주성에 입성하는 것은 불리하다고 판단했다. 이때 진주성에는 경상우병사 최경회 · 충청병사 황진 · 의병장 김천일 · 고종후 등의 지휘부와 3,500여 명의 병사들이 일본군의 공세에 대비했다. 진주 주민 6만 명도 성 안에 함께 있었다. 문제는 진주목사 서예원의 공백이었다. 명나라 장수를 지원하는 업무 때문에 상주에 오랫동안 머물렀다. 급히 진주성으로 돌아왔으나 전투 지휘 체계를 제대로 갖추지 못했다.

> 진주목사 서예원과 판관 성수경은 명나라 장수를 지원하는 임무를 띠고 오랫동안 상주에 머물렀다 적이 진주를 공격한다는 말을 듣고 부랴부랴 돌아왔다. 적은 그들이 도착하고 겨우 이틀 만에 들이닥쳤다.

일본군은 6월 15일부터 작전을 개시했다. 6월 18일에는 경상남도 함안 · 반성 · 의령 일대를 점령하고, 19일에는 진주성으로 진격했다.

| 진주성 정문

20일 아침에는 심유경이 보낸 첩문이 진주성에 도착했다. '지난번에 유시한 바와 같이 성을 비우고 일본군을 피하라'는 내용의 첩문이었다.

21일 일본군 선봉대가 진주성 동북쪽에 나타나 척후 활동을 하고 돌아갔다. 다음 날 일본군의 대대적인 공세가 시작됐다. 일본군은 7만 병력으로 진주성을 포위했다. 나머지 3만 명은 진주성 주변에 매복시켜 지원군이 오는 것을 차단했다. 성 안에서 사격하여 일본군 1진을 물리쳤으나 연이어 후진들이 쳐들어왔다. 밤새도록 전진과 후퇴를 되풀이하다가 5경(새벽 3~5시)이 되어서야 첫 전투가 끝났다.

23일 일본군은 하루 동안 7차례나 공격해왔고, 치열한 접전 끝에 모두 물리쳤다. 24일 일본군 추가 병력이 공격조에 투입됐다. 사흘 밤낮에 걸친 맹렬한 공격에도 조선군이 잘 버티자 일본군은 갖가지 공격 도구를 동원했다. 25일에는 진주성 동문 밖에 흙을 쌓아 언덕을 만들고 그 위에 설치한 망루에서 성을 굽어보며 조총을 쏘아댔다. 조선군도 똑같이 높은 망루를 쌓아 일본군과 마주 보고 총통을 쏘며 격렬하게 맞섰다.

26일 일본군이 투항을 권고하는 편지를 보냈다.

'대국의 군사도 이미 투항하였는데, 너희 나라가 감히 항거하겠는가.'

| 진주성 동문(왼쪽) · 서문(오른쪽)

| 촉석루

　조선군 지휘부가 투항은커녕 반응조차 보이지 않자 귀갑차를 동원해 공격했다. 조선군은 결연하게 맞서 일본군의 공격을 차례로 막아냈다.

　28일은 진주성 전투의 최대 고비였다. 전투를 지휘하던 충청병사 황진이 적의 조총에 맞아 전사했다. 김천일과 함께 진주성 관민이 의지하던 인물이었다. 그가 죽자 성 안의 사기는 급격히 떨어졌다.

　29일 전날 내린 큰 비로 동문의 성벽이 무너졌다. 그 틈으로 일본군이 개미떼처럼 밀려들었다. 김해부사 이종인이 성 안으로 들어온 일본군과 백병전을 벌여 격퇴했다. 그러나 사력을 다해 물리쳐도 그때뿐이었다. 적은 끝없이 밀려들었다. 결국, 서문과 북문의 방어가 무너져 적에게 돌파당했다. 성벽을 지키던 군사들은 흩어져 촉석루 쪽으로 후퇴했다. 일본군이 압박해 오자 의병장 김천일과 고종후, 최경회 등의 장수들은 남강에 몸을 던져 자결했다.

오직 황진만이 동쪽 성에서 여러 날을 잘 버텼으나 결국 총알을 맞고 전사했다. 그가 죽자 병사들의 사기는 크게 떨어졌는데 구원병도 오지 않았다. 더구나 비까지 내려 성이 무너지자 적들이 개미떼처럼 몰려들었다. 그렇지만 성 안 사람들이 나무로 막고 돌을 던지며 싸워 겨우 일본군을 물리칠 수 있었다.

그런데 북문을 지키던 김천일의 병사들이 성이 함락되었을 것이라고 지레짐작하고는 도망치기 시작했다. 이 모습을 산 위에서 지켜보던 적들이 때를 놓치지 않고 공격해 오자 우리 병사들은 삽시간에 무너졌다.

촉석루에서 이 모습을 지켜보던 김천일과 최경회는 손을 붙잡고 통곡하더니 함께 강물에 뛰어들어 자결하고 말았다. 이 싸움에서 살아남

| 촉석루 아래 남강 변의 의암(義菴)
1593년 6월 29일 제2차 진주성 전투에서 진주성이 함락되자 논개(論介)가 일본군 장수를 끌어안고 투신하여 순절한 곳으로 알려져 있다. 논개의 의열(義烈)을 상징해 진주의 선비와 백성들이 이 바위를 '의암(義岩)'이라고 불렀다.

은 우리 병사와 백성들은 손으로 꼽을 정도였으니, 왜적의 침입이 시
작된 이래 이처럼 많은 사람이 죽은 적은 없었다.

진주성을 함락시킨 일본군은 대학살을 자행했다. 성곽을 헐고 집에 불
을 지르고 개 한 마리까지 남김 없이 도륙했다. 6만 명이나 되던 주민들
중 살아남은 사람은 어린이와 겨우 몇 명뿐이었다.

포위 8일째 진주성이 결국 함락됐다. 목사 서예원, 판관 성수경, 창의
사 김천일, 의병 복수장 고종후 등은 모두 전사했다. 6만 명에 이르는
병사와 백성이 목숨을 잃었으며 닭과 개마저 남은 것이 없었다. 왜적
은 성을 파괴하고 참호와 우물도 메워 버리고 나무도 모조리 베어 버
리는 만행을 저질러 지난 패배의 분풀이를 했다.

일본군이 점령한 그날의 진주성은 참혹했다. 그것은 한양에서 콧노래
를 부르며 철수하도록 내버려 두었을 때 예견된 비극이었다. 진주성의
참상이 알려지자 명군 지휘부가 매달리고 있던 강화협상에 대한 조선의
반감은 더욱 깊어졌다. 그러나 명군 지휘부의 강화에 대한 집착은 바뀌
지 않았다. 조선은 명군 총사령관 송응창이 명나라 조정을 속이고 있다
는 것을 간파했다. 사실을 알리기 위해 명나라 조정에 사신을 파견했으
나 그때마다 송응창이 사신의 북경행을 가로막았다.

진주성을 함락시킨 적들은 부산으로 돌아가, 명나라의 강화 통지를 받
은 후 돌아가겠다고 선언했다.

| 진주성 지도

| 진주 창열사
　임진왜란 때 진주성을 지켜내기 위해 싸우다가 순절한 김시민, 김천일, 황진, 최경회 등의 장수들
　을 모신 사당

6장
전쟁 아닌 전쟁

스스로 자신을 지킬 수 있는 힘이 없을 때는
전쟁도 휴전도 스스로 결정할 수 없다.
명나라 군대에 나라의 운명을 맡길 수는 없는 일이다.
조선은 조선의 군대로 지켜야 한다.

명군은 참빗
일본군은 얼레빗

1593년 벽제관 전투 패전 이후 시작된 강화협상은 1596년까지 4년이나 이어졌다. 일본군은 부산에서 거제도에 이르는 남해안 일대에 성을 쌓고 장기 주둔했다. 명군은 일본군을 견제하기 위해 성주·상주·남원·합천 등지에 병력을 주둔시켰다.
7년 전쟁 가운데 4년을 협상에 매달린 이 시기,
조정의 고민은 더 깊어졌고, 백성이 겪는 고통은 더 가중됐다.
명군과 일본군 사이에서 전쟁 아닌 전쟁을 치렀다.

명나라 경략 송응창은 조선 파병에 앞서 이른바 '군령 30조'를 공표했다. 핵심은 조선 백성에게 민폐를 끼치지 못하게 하는 '민폐 금지 조항'이었다.

> 제5조. 조선의 지방을 다닐 때 개와 닭이 놀라지 않도록 조금도 범하지 마라. 민간의 나무 한 그루, 풀 한 포기라도 함부로 건드리는 자는 참수한다.
> 제6조. 조선의 부녀자들을 함부로 범하는 자는 참수한다.

군령을 보면 놀라울 정도로 엄격하다. 특히 '조선의 나무 한 그루, 풀한 포기라도 함부로 건드리지 마라'는 5조의 문구는 군령이 이렇게 감동

적일 수가 있구나 싶을 정도다.

《선조실록》에는 서슬 퍼런 '군령 30조'가 실제로 발효된 몇몇 사례가 실려 있다. 그중의 하나가 명나라의 조선 주둔군 사령관 마귀 부대의 사건이다. 마귀가 이끄는 명나라 군사들 가운데 일부가 민간의 재산을 약탈하고 부녀자들을 겁간하는 사건이 발생했다. 명나라군이 온다는 풍문만 들어도 조선 백성은 숨기에 바빠 사방 30~40리의 마을이 텅 비어 있을 정도였다. 파병군 지휘부는 이 같은 첩보를 입수하고 죄질이 나쁜 자들을 찾아내 목과 귀를 베는 중형으로 다스렸다.

그러나 이 멋진 군령도 대부분 종이 위의 군령일 뿐이었다. 명군의 주둔 기간이 길어지면서 군령은 잘 지켜지지 않았다.

벽제관 전투 패전 이후 명나라군은 난병으로 돌변했다. 황해도 순찰사의 보고에 따르면, 지방 수령의 목을 매어 끌고 다니면서 이것저것을 요

| 명나라 장수를 위한 연회를 담은 〈천조장사전별도〉
명나라는 임진왜란이 발발한 1592년부터 1600년 말까지 총 20만 명의 병력을 한반도에 파견했다. 명나라군은 조선 땅에 주둔하는 동안 조선 백성에게 엄청난 민폐를 끼쳤다.

구했다. 비단을 바치지 않으면 횡포를 멈추지 않았다. 그들의 요구를 제대로 들어주지 않으면 몽둥이와 돌멩이로 난타해 죽는 사람이 속출했다. 명나라군 관련 업무를 관장했던 류성룡은 한탄했다.

> 신은 명나라 군사가 이 땅에 들어온 처음부터 오늘까지 지방에서 명나라 군사의 일을 담당했습니다. 그동안 소모되고 거듭된 폐단은 끝이 없으니, 아무리 세상의 힘을 다한다 해도 그 요구를 다 들어주기란 어려울 것입니다. 최근 남으로 내려온 후에는 요동·계주·선주·대원 등의 병사들이 길을 걸으면서도 싸우고 관리를 구타하며 하인을 결박해 술과 밥을 요구하니 날이 갈수록 행패가 심합니다. 수령도 견딜 수 없어, 구차하지만 이 순간이라도 면하기 위해 궁벽한 곳으로 피해 버리고 하인에게 맡깁니다. 말은 처음부터 서로 통하지 않고 곁에서 마음을 전할 통역관도 없으니, 그 한없는 행패를 어찌 금지하겠습니까.
>
> 〈1593년 8월, 류성룡이 선조에게 올린 서장〉

심유경과 고니시의 강화협상이 진행되는 동안 조선 백성은 최악의 상황으로 내몰렸다. 일본군은 부산과 남해안 일대에 성을 쌓고 들어앉아 약탈을 자행했다. 명군 지휘부는 일본군이 협상 테이블을 박차고 나갈까 봐 전전긍긍했다. 그 때문에 일본 쪽의 웬만한 요구는 거의 다 수용했다. 심유경이 만들어준 표첩통행허가증을 소지한 일본군이 여염집에 들어가 온종일 행패를 부려도 조선은 속수무책이었다.

명군의 주둔이 장기화되면서 조선의 골칫거리로 전락했다. 전투는 회피하고 막대한 군량만 축냈다. 명군에게 군량을 공급하는 과정에서 겪어야 했던 고통 또한 심각했다.

전쟁 초기에는 군량을 남하하는 명군을 따라 운반하는 것이 큰 고통이었다. 고역에 진저리를 쳤던 백성들은 군량 운반 소리만 들으면 달아나

| 서생포 왜성

한양에서 철수한 일본군은 남해안 각지에 성을 쌓고 들어앉아 장기 주둔 태세에 들어갔다. 명군이 일본군을 견제하기 위해 삼남 지방에 주둔하던 강화회담 기간은 조선 백성에게는 최악의 시간이었다.

버리기 일쑤였다. 명군의 군량 보급을 담당하고 있던 조선의 고위 관료들은 명군에 붙잡혀가 곤장을 맞기도 했다.

조정은 이 같은 명나라군의 행패에 그저 벙어리 냉가슴 앓듯 할 뿐이었다. 조선의 힘만으로 일본군을 몰아낼 수 없다 보니 명군에게 철수를 요구할 수도 없었다.

조선 전역이 굶주림에 허덕이고 있었으며, 군량 운반에 지친 노인과 어린아이들이 곳곳에 쓰러져 있었다. 심지어 아버지와 아들이 서로 잡아먹고 남편과 아내가 서로 죽이는 지경에 이르러 길가에는 죽은 사람의 뼈가 잡초처럼 흩어져 있었다.

날이 갈수록 지원군인 명군의 민폐가 침략자인 일본군을 능가했다. 관아나 여염집에 들어가 약탈과 강간을 서슴지 않고 자행했다. 오죽했으면 명군이 이동하는 길 주변의 백성은 숲에 들어가 숨어 있었다. 약탈을 우려하여 곡식과 가재도구는 모두 땅에 파묻어두는 실정이었다.

명군 때문에 백성들이 겪어야 했던 고통은 일상화되었다. 급기야 명군은 참빗, 일본군은 얼레빗이란 말까지 생겨났다. 이는 명군의 수탈과 횡포가 일본군보다 심하다는 것을 비유한 것이었다. 참빗과 얼레빗의 풍자는 명군이 지나가는 곳마다 조선 백성 사이에서 유행어처럼 번졌다.

> 명나라 군사가 두려움이나 거리낌 없이 행패를 부리며 작란하는 작태가 날이 갈수록 더욱 심합니다. 말을 소유하고 있는 자에게도 쇄마刷馬 (관용말 이용비)를 요구하면서 여러 방법으로 겁을 줍니다. 수령 이하 사람들은 목을 매어 끌고 다니기까지 하는데 비단을 바치지 않으면 그들의 노여움을 풀 수가 없으며, 군량도 외람되이 받아다가 매매 비용으로 쓰고 있습니다. 그들의 뜻을 조금만 거역하면 몽둥이와 돌멩이로 무수히 난타당하는데, 요즈음 맞아 죽은 사람이 매우 많습니다. 그 밖에 상처를 입고 신음하는 형상은 하도 비참하여 차마 볼 수가 없었습니다.
>
> 《선조실록》 1593년 9월 6일

1594년 경략 송응창이 탄핵을 받아 본국으로 돌아갔다. 병부시랑 고양겸이 송응창의 후임에 임명됐다. 고양겸은 송응창보다 더 철저한 협상론자였다. 새 경략에 부임한 고양겸은 첫 업무를 시작하자마자 선조에게 공문을 보내 으름장을 놓았다. 요약하자면 강화협상에 딴죽 걸지 말라는 협박이었다.

> 명나라 경략 송응창이 탄핵을 받아 소환되고 고양겸이 새 경략에 임명되어 요동에 왔는데 그는 참장 호택을 시켜 한 장의 공문을 우리 조정

에 전달했다. 공문의 길이는 꽤 길었는데 내용을 요약하면 다음과 같 았다.

'그대의 나라를 무단 침입한 왜적은 파죽지세로 한양, 개성, 평양을 점 령하고 나라의 8, 9할을 빼앗았으며, 왕자와 수행하는 대신들까지 사 로잡았다. 이에 분노하신 우리 황제께서 그들을 쳐서 한 번 싸움으로 평양을 수복하고, 두 번 싸움으로 개성까지 되찾으셨다. 왜적들은 결 국 도망치고 왕자와 수행 대신들을 석방했으며 2천 리에 이르는 영토 또한 되찾게 되었다. 그러나 이 과정에서 입게 된 황제의 재산과 병사, 그리고 마필의 손실도 대단했다. 이처럼 우리 조정에서 조선을 위해 큰 은혜를 베풀었으니 황제의 은덕 또한 한이 없다.

이제 식량도 더 이상 조달할 수 없고 군사 또한 동원할 수 없다. 다행 스럽게도 왜적들 또한 우리의 위세를 두려워해 항복을 청하면서 봉공 을 요청하고 있다. 우리 조정에서는 그들의 청을 들어주고 신하 되기 를 허락해 조선 땅에서 왜적을 한 명도 남김 없이 몰아내고 다시는 그 대 나라를 침략하지 않도록 하고자 한다.

그런데 그대들은 다시 병력을 요청하고 있으니 어찌 된 일이냐? 나라 에 양식이 바닥나고 백성들은 굶주림에 지쳐 서로 잡아먹고 있는 실정 인데도 말이다. 우리가 왜적들이 청하는 봉공을 받지 않고 군사를 거 두어 돌아간다면 분노한 왜적이 다시 공격할 것이니 그대 나라는 멸망 하고 말 것이다. 하루라도 빨리 대책을 마련할 일이다.'

명나라 지원군 총사령관은 송응창에서 고양겸으로 바뀌었지만 달라 진 것은 없었다. 명군은 여전히 일본군과 싸우지 않았다. 강화협상에만 매달렸다. 7년 전쟁 가운데 4년을 협상 운운하면서 흘려보냈다. 전투는 하지 않고 주둔하는 명군은 더 이상 지원군의 모습이 아니었다. 백성의 살점을 긁어가는 '참빗'일 뿐이었다.

훈련도감
최초의 직업 군인을
선발하다

금군 한사립에게 70여 명의 군사를 이끌고
명군 장수 낙상지를 찾아가 훈련을 청하도록 했다.
낙상지는 휘하 장수 가운데 진법에 능통한 장육삼 등 10여 명을 선발,
교관으로 삼은 다음 밤낮으로 창과 칼 훈련을 시켰다.
그 후 내가 남쪽으로 내려가게 되자 훈련도 흐지부지되었으나,
다시 임금께서 내가 올린 글을 보고
비변사에 명해 따로 훈련도감訓練都監을 설치토록 하셨다.

전쟁이 소강상태에 접어든 1593년 10월, 훈련도감에서 직업 군인을
선발했다. 급료를 준다는 공고가 나가자 지원자들이 구름처럼 모였다.
선발시험은 두 가지로 진행됐다. 하나는 큰 돌을 들도록 해 힘을 시험
하는 것이고, 다른 하나는 흙 담장을 뛰어넘는 높이뛰기 시험이었다.
다들 전쟁 중에 굶주린 탓에 체력이 극도로 약했다. 응시자 10명 가운
데 겨우 한둘만이 합격할 정도였다. 그래도 지원자가 워낙 많아 훈련도
감 창설 2개월 만에 1,000여 명의 직업 군인이 탄생했다. 매달 쌀 여섯
말을 급료로 받는 조선 시대 최초의 직업 군인이었다.

| 훈련도감(訓練都監) 터 표지석

1593년 8월 창설된 조선 시대 5군영의 하나. 류성룡의 건의에 따라 전쟁으로 완전히 붕괴된 중앙
군을 대체할 임시 기구로 설치했다. 1594년부터 수도 방위와 국왕 호위 임무를 겸해 종래 5위가
담당하던 중앙군의 기능을 대신했다. 이후 5군영 체제가 갖추어지자 어영청, 금위영과 함께 3군
문으로 불리면서 궁성과 한양을 방위했는데, 그 가운데서도 핵심에 위치했다. 포수(砲手), 살수(殺
手), 사수(射手)의 삼수군으로 조직되었다. 삼수군은 1개월에 쌀 여섯 말을 급료로 받는 일종의 직
업 군인으로 그 전의 군대와 큰 차이가 있었다. 1881년(고종 18) 군제 개혁으로 신식 군대인 별기
군(別技軍)이 조직되자 훈련도감은 이듬해 폐지되었다.

훈련도감은 류성룡의 제안으로 창설된 특수부대다. 전쟁 초기 조총의
위력 앞에 조선이 개국 이래로 유지해왔던 군사 제도, 병법, 무기 등은
하루아침에 무용지물이 되어 버렸다. 현실에 맞지 않는 군사 제도를 정
비하고, 왜군에 맞설 조총을 제작해야 했다. 강력한 중앙군의 필요성을
절감했다. 형식상 오위五衛가 있었지만 사실상 유명무실했다. 독자적인
방어 능력이 없다 보니 작전 지휘권이 명군에게 넘어갔다. 적과 싸우지
도 못하고 강화협상에 매달리게 된 것 또한 제대로 된 정예군이 없는 탓
이었다. 그래서 일본군의 신무기에 맞설 정예군을 양성하기 위해 훈련
도감을 설치한 것이다. 전투는 하지 않고 식량만 축내는 명나라군을 효
과적으로 활용할 절호의 기회였다. 류성룡은 전투력을 갖춘 명나라 남

병의 훈련법을 익혀 한 사람이 열 사람을 가르치고, 열 사람이 백 사람을 가르치도록 하여 정예군을 만든다는 구상이었다. 명군 장수 낙상지가 적극적으로 도왔다.

> 그해 9월, 다시 부름을 받고 해주에서 임금을 모시고 한양으로 돌아왔다. 연안에 이르자 내게 훈련도감을 맡으라는 명을 내리셨다.
> 당시 한양 백성들은 굶주림에 허덕이고 있었다. 나는 용산 창고에서 명나라 좁쌀 1천 석을 꺼내 날마다 병사 1인에게 두 되씩 나누어 주었다. 그러자 사방에서 병사가 되겠다고 장정들이 모여들었다. 교감 당상 조경이 이 사람들을 다 받을 수 없으므로 선발 기준을 세우자고 했다.
> 이렇게 해서 큰 돌 하나를 놓고는 먼저 돌을 들어보도록 했다. 다음에는 한 길쯤 되는 담을 뛰어넘도록 했다. 이 과정을 통과한 사람은 선발했는데, 굶주리고 기운 빠진 사람들이 대부분이라 열에 한둘 정도밖에 통과하지 못했다. 어떤 사람은 시험을 기다리다가 쓰러져 목숨을 잃기도 했다. 선발 과정을 거쳐 수천 명의 병사를 얻게 되자 파총把摠(대대장급 지휘관)과 초관哨官(소대장급의 무관)을 임명하고 배속시켜 이끌게 했다.
>
> 《녹후잡기》

훈련도감은 과거의 군영과는 확실히 달랐다. 의무병이 아닌 직업 군인으로 편제됐다.

훈련도감 소속 군인들은 명나라군 남병에서 차출되어 온 10명의 교관이 훈련시켰다. 명군 가운데 남병은 일찍부터 왜구의 침입에 대항하여 일본의 조총에 맞서는 병술이 발달했다. 훈련 교재는 척계광의 《기효신서紀效新書》다. 《기효신서》는 절강 지역을 침범한 왜구를 제압한 경험을 바탕으로 쓰인 당대 최고의 병법서였다. 《기효신서》의 전술은 조총과 칼로 무장한 왜구의 단병 전술에 대응하기 위해 화기총기류로 기선은 제압하고 신형 근접전 무기인 낭선狼筅(끝에 칼이 달린 창), 당파, 장창 등으로 근접전을 벌이는 것이다.

훈련도감의 창설로 조선군은 활 위주의 사수射手에서 총을 다루는 포수砲手, 창검을 다루는 살수殺手의 삼수군 체제로 바뀌었다. 가장 중요한 것은 조총병 양성이었다. 그 때문에 훈련도감에 좌·우영을 두고 포수를 훈련시킴으로써 새로운 조총 부대를 만들었다. 전통적인 기병과 궁시 중심의 군사 체제가 조총을 중심으로 하는 보병 체제로 전환하게 된 것이다.

| 《기효신서》 명나라 장수 척계광이 지은 병법서

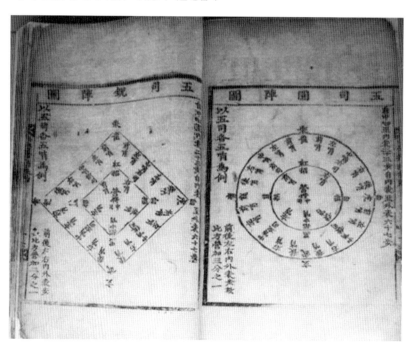

성을 지키고 험준한 곳을 지키며 진지를 공격하고 공고한 곳을 파괴하기 위해서는 당연히 대포를 사용하지만, 맞붙어 싸울 때는 조총이 가장 유리합니다. 우리나라가 이전에 보유한 승자총통은 《기효신서》에 나오는 쾌창快槍(연발총)의 일종입니다. 그 책에는 '작은 것을 명중시키는 기술은 조총이 활의 다섯 배나 능가하고 쾌창에 비해서는 열 배에 이른다고 합니다. 화북 사람들은 훈련을 견디지 못해 늘 쾌창이 조총보다 낫다고 하니 이 말이 강남에 퍼질까 걱정된다.'라고 쓰여 있습니다. 오늘날 이른바 승자총통은 다만 엉뚱한 곳에 쏴서 군사의 함성만 도와줄 뿐 명중시키지 못하는데도 우리나라 사람들은 오히려 승자총통만 고집하며 조총을 이긴다고 말하면서 훈련에 힘쓰지 않으니, 그 또한 화북 사람의 성질과 같은 무리라 할 것입니다.

다만, 조총이란 무기는 극히 정교해 만들기가 어렵습니다. 그래서 《기

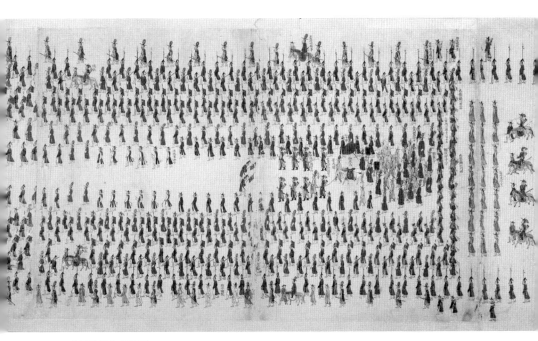

| 정조의 능행차도
정조의 화성 행차를 그린 반차도에 정조와 혜경궁 홍씨를 호위하는 군사들 중 조총병의 모습을 볼 수 있다. 훈련도감과 함께 시작된 조총병은 조선 후기로 가면서 핵심 전력으로 자리 잡았다.

효신서》에도 '한 달 동안 구멍을 뚫어야 뛰어난 물건이 된다. 이러한 조총 한 자루는 한 사람이 한 달 동안 힘을 기울여야 사용할 만하니, 만들기 어려워서 이처럼 귀한 것이다.'라고 했습니다.

최근 훈련도감에서 사용하는 조총은 다 왜인의 물건을 주워 모은 것으로 그 수가 많지 않은 데다 가끔 깨지고 낡아서 쓸수록 줄어드니, 비록 사방에 있는 사람을 가르치고자 하나 어찌 효과를 거두겠습니까.

〈1594년 봄 류성룡이 군병軍兵의 훈련을 청하는 계〉

1594년 봄 류성룡은 선조에게 보고서를 올려 조총 제작 기술을 개발하자고 요청했다. 조총병을 키우려면 자체 제작 기술을 확보하는 것이 급선무였다. 이 일에는 조선으로 투항한 일본군, 즉 항왜들을 투입했다. 조총의 내부 구조를 완벽하게 재현해내는 것은 쉬운 일이 아니었다. 그래서 조총의 구조를 자세히 알고 있는 항왜의 역할은 중요했다. 항왜들 중 조총을 제조하고, 사용할 줄 아는 자들을 한양으로 불러들였다. 항왜들은 전투에서 노획한 조총을 해체하고 분석했으며, 조총 제작 기술 개발과 전수에 전력을 기울였다. 그 결과 전쟁이 시작된 지 2년 만에 조총을 생산할 수 있었다.

대구광역시 달성군의 녹동서원에 임진왜란 때 사용된 것으로 추정되는 조총이 보관되어 있다. 총의 주인은 김충선, 임진왜란 당시 조선군으로 투항한 일본 장수다. 그의 일본 이름은 사가야다. 가토 기요마사 휘하의 장수였던 사가야 김충선은 조총과 화약의 제조 방법을 각 군영에서 가르쳤다. 이순신 장군의 전라좌수영에도 김충선이 파견되어 조총 제작 기술을 전수했다. 《난중일기》에 왜군의 조총을 모방한 우수한 성능의 조총을 만들어내는 데 성공했다는 기록이 남아 있다.

I 대구 달성군 녹동서원

임진왜란 때 가토 기요마사 휘하의 좌선봉장으로 참전하였다가 곧바로 조선군으로 귀순한 김충
선을 배향한 곳이다. 그의 본명은 사가야. 조총 제작 기술을 전수하고 경주, 울산 전투에서 큰 공
을 세워 조선 정부로부터 김충선이라는 성과 이름을 하사받았다.

　　하문하신 조총과 화포, 화약 만드는 법은 전번에 조정에서 내린 공문
　　에 의해 벌써 각 진영에서 가르치고 있는 중입니다. 바라건대 총과 화
　　약을 대량으로 만들어서 기어코 적병을 전멸시키기를 밤낮으로 축원
　　합니다.

　　　　　　　　　〈김충선의 모하당 문집〉 이순신 장군에게 보내는 답신

　조선이 조총 제작 기술을 보유하게 되자 일본군의 충격은 컸다. 《선
조실록》에는 일본군이 항왜 때문에 고민하는 대목이 나온다. 1만여 명
의 항왜들이 그들의 용병술을 조선 측에 전수하고 있어 골치를 앓고 있
다는 것이다. 실제로 항왜들은 조총 제작은 물론, 훈련도감에 배속되어
포술과 검술도 가르쳤다.

훈련도감의 훈련 규칙은 엄격했다. 도감의 사무 책임을 맡은 유사당상有司堂上은 매일 부대별로 검열을 실시했다. 검열이 끝나면 전 부대를 대상으로 합격자의 다과多寡를 기준으로 상벌을 시행했다. 군관들은 다른 부대에 뒤지지 않기 위해 밤낮으로 훈련에 열중했다. 강화협상이 진행되는 동안 훈련도감 체제의 조선군은 정예군사로 성장했다. 한 달 남짓 가르치자 날아가는 새도 맞출 것 같았다. 몇 달 뒤에는 항왜와 비교해도 손색이 없을 정도의 실력을 갖추었다. 명나라 장수 마귀는 조선의 조총병 사격 실력이 명군보다 낫다고 평가했다. 이로써 조선군도 조총으로 무장하고 일본군과 대등한 전투를 치를 수 있게 됐다.

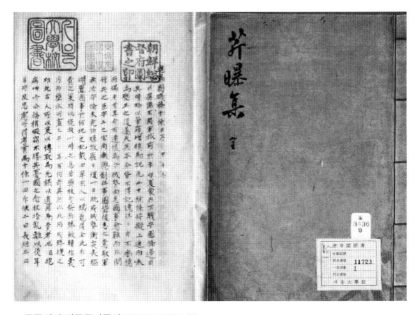

| 근포집의 진군국기무십조(進軍國機務十條)
류성룡은 일선에서 군사 문제를 처리한 경험을 통해 무기 체계·편제·전술 등에 대해 자신만의 체계적 논리와 의견을 갖고 있었다. 그것을 정리한 글이 바로 1594년 겨울 임금에게 올린 군무에 관한 열 개 조목, 즉 진군국기무십조(進軍國機務十條)다. 임진왜란 경험에 바탕을 둔 일종의 '군대개혁론'인 셈이다. 보물 제160호.

군역 개혁
양반과 노비도 병역의
의무를 져야 한다

류성룡이 아뢰었다. 임금이 말했다.

류성룡 : 공노비, 사노비를 막론하고 모두 군사로 편입시켜야 됩니다.

선　　조 : 적이 물러간 다음 그 주인이 찾아간다면 훈련도감의 호령도
　　　　　 시행되지 않을 것이다.

류성룡 : 적이 물러간 뒤를 기다릴 것도 없이 지금도 그러합니다.
　　　　　 허나 어찌 사람마다 좋게 할 수 있겠습니까.
　　　　　 지금은 처첩까지도 군대에 편입해야 할 때입니다.

《선조실록》 선조 27년(1594) 2월 27일

　1594년 전투는 없었다. 적은 부산과 남해안 일대의 성 안에 틀어박혀
웅크리고 있었다. 한반도는 여전히 전쟁터였다. 전시 내각을 이끄는 류
성룡은 그 최전선에 서 있었다. 무너진 지방군을 재건하는 것이 시급한
과제였다. 적이 부산에 상륙하는 순간 제승방략 체제는 산산조각이 났
다. 그때 조선의 지방군은 완전히 붕괴됐다.

　전쟁 중에 군제 개혁이 시작됐다. 힘들어도 나라를 재건하려면 반드
시 해내야 하는 일이었다. 제승방략 체제에서 진관 체제로 복귀했지만

문제는 군사였다. 군사가 있어야 중앙군이든 지방군이든 조직이 가능하다. 그래서 훈련도감을 설치해 중앙군을 만든 이듬해 지방의 속오군束伍軍을 조직했다. 속오군은 그동안 병역 의무를 지지 않던 양반과 노비들까지 포함한 군대다. 양반들에게 병역 의무를 지게 하자 격렬한 반대에 부딪쳤다.

> 여러 고을에서 담력 있고 용감한 이들과 공노비, 사노비를 비롯해 사족·서얼을 가리지 않고 장정을 선발해 널리 가르치면 한 도道 안에서만 총을 쏘는 자들 수천 명 구할 수 있을 것이니, 이렇게 되면 적을 충분히 막아낼 수 있을 것입니다.
>
> 〈계사년(1593) 류성룡이 선조에게 올린 글〉

건국 초에는 정도전이 만든 '양인개병제良人皆兵制'의 원칙에 따라 16세부터 60세까지의 장정은 모두 병역 의무를 졌다. 양반들에게도 당연히 군역의 의무가 있었다.

| 류성룡에게 내린 영의정 임명 교지

선조는 류성룡을 다시 영의정으로 임명했다. 류성룡은 사직상소를 올렸으나 선조는 받아들이지 않았다. 1593년 10월 27일, 영의정에 복귀했다. 국난 극복의 책임이 그의 두 어깨에 달려 있었다.

| 《경국대전》
《경국대전》〈병조〉의 군역 면제 조항에는 '60세 이상의 불치병자, 장애인, 병든 부모와 70세 이상 된 부모를 모시는 아들 한 사람, 90세 이상의 부모를 모시는 아들들만 군역에서 면제한다.'라고 되어 있다.

하지만 양반들은 갖은 방법을 동원해 군역을 회피했다. 돈 많은 백성들도 담당 아전들과 결탁해 요리조리 빠져나갔다. 각 관아에서도 백성들에게 병역 의무를 지우는 것보다 포布를 받고 군역을 면제해 주는 편법을 선호했다. 물론 포로 대신하는 '방군수포제放軍收布制(나라에 포布를 납부하여 군역軍役을 면제받던 일)'는 불법이었다. 그러나 없어지기는커녕 더욱 확대되어 갔다. 급기야 중종 36년(1541)에는 '군적수포제軍籍收布制(중종 36년, 1년에 두 필의 군포를 납부하면 병역 의무를 수행한 것으로 인정하는 방군수포제를 입법했다.)'란 이름으로 합법화된다. 이 법의 핵심은 병역 의무를 수행하는 대신 병역 의무 대상자들에게 1년에 2필씩의 군포를 받는 것이었다.

양반들은 환호했다. 양반들은 군역에서 면제되었기 때문이다. 이것이 군적수포제의 가장 큰 문제였다. 군역 의무에서 면제된 양반들은 군포 납부의 의무도 없었다. 결국, 일반 농민들만 군역을 져야 했다. 수많은 특혜를 누리는 양반은 병역이 면제되고, 농민들만 군대에 가야 하는 기막힌 상황이었다. 농민들에게 군포의 부담은 컸다. 더구나 갓난아이에게도 군포를 매기는 황구첨정黃口添丁, 죽은 사람에게 군포를 부과하는 백골징포白骨徵布까지 난무했다. 이를 견디지 못한 농민들은 도망가는 수밖에 없었다. 그래서 군역 명부에는 등재되어 있어도 막상 전쟁이 터지자 군사들이 없었던 것이다.

> 병졸을 훈련시키는 일은 조금이라도 늦출 수 없는 일이다.
> 양반 · 서얼 · 공노비 · 사노비를 막론하고 실제 군사가 될 만한 장정은 규칙에 의거하여 모두 군대로 편성하라.
> 〈류성룡이 함경도 감사와 병사에게 지시하는 공문〉

류성룡의 전시 내각에서 추진한 지방군 재건 해법은 간단하다. 그동안 누려온 양반의 특혜를 없애고 병역을 지게 하는 것이다. 양반들의 원성이 자자했지만 개의치 않았다. 속오군 편성에 노비도 포함시켰다. 신분제 사회에서 양반과 노비를 한 부대에 편성한다는 것은 그 자체로 혁명이었다. 양반들은 노비의 병역 부과에도 반발했다. 노비는 매매와 상속이 가능한 양반 사회의 재산에 속하기 때문이었다. 이때까지 양반은 양반이니까 군대에 안 가고, 노비는 양반의 재산이라 군대에 안 가는 게 조선의 병역 제도였다. 류성룡은 이런 병역 제도의 모순을 해결해야만 전란을 극복할 수 있다는 생각에서 양반과 노비의 병역 의무를 밀어붙였다.

속오군은 황해도부터 시작해 1596년 말에는 전국에 걸쳐 조직이 완성됐다. 그리고 정유재란 때 실전에 투입되어 일본군의 북상을 저지하는

데 큰 역할을 수행한다.

> 나라의 법이 어미가 노비이면 어미의 신분에 따라 노비가 되게 하고
> 어미가 양인이라도 아비를 따라 노비가 되게 하니 천인은 날로 늘어
> 나고 양인은 점점 줄어든다. 《명종실록》

훈련도감도 마찬가지다. 유생부터 노비, 승려까지 누구나 다 지원할
수 있었다. 월급을 받는 직업군이라 교대 없이 근무했다. 노비 신분을 면
제해주는 면천免賤 조건으로 군사를 모집하자 노비들이 대거 입대했다.
양반들이 훈련장으로 잡으러 오는 해프닝이 벌어졌다. 내 재산인데 왜
여기 와있느냐고 따지며 데리고 가는 일이 다반사로 일어났다. 류성룡은
양반 사회에서 공적이 되어 갔다. 군제 개혁에 자신의 모든 것을 걸었다.

> 우리나라에는 공사公私 노비가 너무 많은데, 양민은 날로 줄어들고 군
> 사의 수효도 많지 않으니, 지금 바로 변경하여 시행하소서. 신의 생각
> 으로서는 별도로 시상 조문을 만들어 지난날의 예를 따르되 조금 가감
> 하여 양민은 적의 머리를 1급級 이상, 서얼은 2급級이상, 공사 노비는 3
> 급級 이상 각각 얻으면 과거 합격으로 인정하는 것입니다. 미리 홍패紅
> 牌(과거 합격증)를 공명고신空名告身(이름을 비워둔 관직 임명장)처럼 만들어
> 서 인솔자에게 보냅니다. 적의 머리를 베어 온 자는 그 진위를 확인하
> 여 정말 적의 머리가 틀림없고 급수가 차면 곧바로 홍패를 주면 될 것
> 입니다. 이와 같이 하면 비록 끓는 물에 들어가고 불길을 밟더라도 전
> 력을 다해 적을 무찔러 열흘도 채 못 가서 적의 수급이 쌓여 높은 경관
> 이 될 것입니다. 이것이야말로 지금의 급선무이고 신의 생각만이 아니
> 라 뭇 인심이 그러하므로 감히 말씀드리지 않을 수 없습니다.
> 〈류성룡이 선조에게 올린 글〉

혁명적인 조치가 계속 등장했다. 신분에 관계없이 전공을 세우면 관직을 제수하는 정책이 입안됐다. 그에 따라 양민은 적의 수급을 하나, 서얼은 둘, 노비와 천민은 셋을 베어 오면 과거에 급제한 것으로 인정하고 합격증을 발급하도록 했다. 면천에 이어 관직까지 받을 수 있게 되자 노비들이 적극적으로 싸움에 나섰다.

> 공노비와 사노비에 대해서는 적의 참수가 1급級이면 면천시키고, 2급級이면 우림위를 시키고, 3급級이면 허통시키고, 4급級이면 수문장에 제수하는 것이 이미 규례로 되어 있습니다. 그리고 이미 허통되어 직이 제수되었으면 사족과 다름이 없어야 합니다.
>
> 《선조실록》 선조 27년(1594년) 5월 8일

류성룡의 군제 개혁은 산성 축조로 이어졌다. 개전 초기 참패를 당했던 조령산성을 재정비하고 군기시에서 제작한 화포를 설치했다. 산성의 전략적 효과를 극대화하기 위한 축조 방법을 마련해 보급시켰다. 이때 큰 역할을 한 사람이 류성룡이 발탁한 천민 출신의 신충원이었다.

> 신충원이 백성을 모집하여 성을 쌓고 시냇물을 끌어다가 참을 만들었는데 공역이 거의 완성되었습니다.
> 그 형세가 중국의 산해관이라도 이보다 나을 수 없을 정도로 한 사람이 관을 지키면 만 사람도 열 수 없을 곳입니다.
>
> 《선조실록》 선조 27년(1594) 10월 9일

| 주흘관 경상북도 문경새재 제1 관문

I 수원 화성의 포루(위)와 옹성(아래)

류성룡은 진주성이 함락된 이유의 하나로 포루가 없기 때문이라고 지적했다. 류성룡이 제안한 축
성술은 수원 화성에 그 흔적이 남아 있다. 화성은 정조 임금의 지시에 따라 첨단 요새로 건설된 성
이다. 성문 밖에 이중의 항아리 모양의 성벽을 덧쌓은 옹성이 그 대표적인 시설인데, 류성룡의 제
안을 반영한 것이다.

백성들의
삶을 위하여

날카로운 칼을 피해 가까스로 살아난 이들은 굶주리고 발가벗은 채
죽은 사람을 깔고 베고 하니 차마 볼 수가 없습니다.
기운이 다해 길가에서 죽는 백성이 허다합니다. 마산역 근처에서는
이미 죽은 어미 곁에서 울고 있는 젖먹이도 있었습니다.
명나라 총병 사대수가 이를 슬프게 여겨 말에 태워 안고 와서 기르고
있으니, 비통하기 짝이 없습니다.
봄은 이미 반이나 지나고 적병은 아직 물러가지 않았는데,
마을 어디에도 보리 심은 곳이 없으니, 100만 백성의 목숨을 살릴
방도를 찾지 못해 가슴 아파 견디지 못하겠습니다.
군사의 일이 급하다는 핑계로 백성의 구제를 늦출 수는 없습니다.

　전쟁은 가혹했다. 젖먹이 아이도 피할 수 없었다. 날카로운 적의 총칼
을 피해 가까스로 살아남은 사람들 앞에는 또 하나의 전쟁이 기다리고
있었다. 총에 맞아 죽는 사람보다 굶어 죽는 사람이 더 많았다. 전쟁 내
내 끝없이 문제가 된 것은 식량, 또 식량이었다.
　20만에 가까운 일본군은 군량을 조선 땅에서 조달하기 위해 최소한
의 양식만을 싣고 왔다. 일본군은 점령지 정책에 따라 조세첩을 만들어

쌀은 물론 팥과 조, 기장까지 샅샅이 거둬들였다. 일본군의 가혹한 수탈에, 명나라 지원군을 위한 보급까지 고스란히 백성의 몫이었다. 전쟁으로 경작지는 3분의 2가 파괴됐다. 살아남는 것 자체가 기적에 가까웠다.

임금은 도성을 버리고 도주한 지 1년 반 만에 돌아왔다. 백성의 삶은 파탄 나 있었다. 환도한 다음 날 선조는 용산창의 곡식을 풀어 백성에게 곡식을 나누어 주었다. 도성을 버린 비겁한 왕이 아니라 굶주린 백성에게 곡식을 나누어주기 위해 귀환한 것처럼 행동했다. 그러나 곡식은 적고 굶주린 백성은 많아 겨우 한 줌의 곡식을 얻을 수 있을 뿐이었다.

계사년1593년 10월, 거가가 환도하니 불타다 남은 것들이 성 안에 가득했다. 길가엔 전염병과 기근으로 죽은 자들이 서로 겹쳐 있으며, 동대문 밖에 쌓인 시체는 성의 높이와 같아 냄새가 진동해 가까이 갈 수가 없었다. 사람들이 서로 먹어서, 죽은 사람이 있으면 삽시간 가르고 베

I 환도한 선조가 머문 덕수궁
1593년 10월 1일, 선조 임금이 도성으로 돌아왔다. 도성을 버리고 도주한 지 1년 6개월, 조명 연합군이 한양에 입성한 지 6개월 후였다. 궁궐이 모두 불타 월산대군의 거처를 정릉동 행궁(行宮, 덕수궁)으로 삼았다.

어 피와 살덩어리가 낭자하였다.

임금께서 용산창에 거둥하시어 창고의 곡식을 풀어 동네 사람들에게 나눠 주었다. 곡식은 적고 백성은 많아 고작해야 한 되 정도씩 받을 뿐이었다. 또한, 임금에게 바치는 어공미御供米를 줄인 후 구휼하기 위해 동쪽과 서쪽에 진제장賑濟場(흉년이 들어 백성들이 굶주렸을 때 곡식을 내어 주거나 죽을 쑤어 주던 장소)을 설치했으나 만 분의 일도 구제하지 못했다. 지방은 더 심해서 곳곳에서 도적들이 일어났다. 양주에는 세력이 강한 이능수라는 도적이 활보했고, 이천에는 현몽이 있었으며, 충청도에서는 역적의 난이 끊임없이 일어났다.

굶주린 백성들을 구제해야 하는 전시 내각의 고민은 깊을 수밖에 없었다. 다시 영의정에 복귀한 류성룡은 난관을 타개하기 위한 방안을 수립했다. 전쟁 피해가 덜한 지역에서 곡식 종자를 모아 농사지을 수 있게 곳곳에 보냈다. 먼저 경기감사 유근에게 지시를 내렸다. 강원도와 호남·호서의 곡식 종자를 경기도로 옮기고, 황해도·평안도의 소를 모아 나눠주게 했다. 유근이 힘껏 백성을 설득해 들여왔다. 가을이 되자 제법 활기가 살아났다.

1594년 가을에는 곡식이 잘 익어 굶어 죽는 사람이 줄어들었다.
1595년에는 대풍이 들어 떠도는 백성이 대부분 고향으로 돌아갔다.

소금 생산도 장려해 곡식과 바꿀 수 있게 했다. 소금 굽는 백성은 다른 부역을 모두 없애고 소금 생산에 전념할 수 있도록 했다. 생산량의 절반은 국가에 내고 나머지는 생산한 사람이 가져가도록 했다. 그러자 생산량이 갑절로 늘어났다. 국가에서 거둬들인 소금은 풍년이 든 곡창지대로 가져가 곡식과 바꾸어 굶주린 백성을 구제하는 데 사용했다.

신은 이번 걸음에 부르심을 받고서 죽령을 넘고 단양·제천·원주를 거쳐 청풍으로 돌아 충주에 도착했습니다. 앞으로 문경새재를 거쳐 경상도로 내려갈 예정입니다. 지나온 고을을 보면 한결같이 초토화되었고, 오직 산과 계곡만이 옛 모습을 유지할 뿐 백성은 열에 여덟아홉은 죽었고, 밭과 들은 쑥대밭이 되었습니다. 그중에서도 충주는 왜적이 오래 주둔했다가 후퇴한데다 명군의 왕래가 끊이지 않아 피해가 다른 지방에 비해 더욱 심합니다. 힘겹게 살아남은 백성들 또한 얼마 가지 않아 목숨을 부지하지 못할 듯해 애통함이 극에 달합니다. 그러나 도내 여러 고을에는 쌓여 있는 곡식이 하나도 없어 백성을 구할 방책이 전혀 없고 오직 소금 굽는 일만이 시행해봄 직합니다.

신이 전에 한양에서 들으니, 군자부정 윤선민이 소금과 관련된 일을 안다고 하기에 불러 계책을 물었습니다. 그러자 윤선민이 말했습니다. "황해도 풍천·웅진·장연 세 고을 경계에 서너 개의 섬이 있습니다. 섬에는 잡목이 울창하니, 땔감으로 베어 근처 염전 일하는 사람과 목자牧子(나라의 목장에서 마소를 먹이던 사람)들을 불러 모아 소금을 굽게 하면, 하루 한 가마에서 닷 섬은 얻을 수 있습니다. 관청이 반을 차지하고 나머지 반을 소금 굽는 이들에게 준다면 관민이 다 구제될 것입니다. 재미를 붙인다면 달포 동안에 수만 섬의 소금을 얻을 수 있으니, 취해 시행할 만합니다. 그리고 해안가에 은밀히 감춰 둔 공사公私 소속 배를 모아서 소금으로 값을 치른 후 소금을 싣고 금년 농사가 꽤 잘된 호남·호서의 바닷가로 가서 형편에 따라 곡식과 바꾸되, 값을 조금 싸게 주어 백성들이 기꺼이 응하도록 합니다. 보리·밀·메밀·대두·소두 등 잡곡은 물론 백성이 보유하고 있는 것과 거래해 한강으로 가져와 한양의 백성을 구휼하고, 나머지는 개성의 각 관청에 나눠 봄과 가을의 종자로 삼으면 그 이익이 매우 클 것입니다."

그의 말대로 실행해 보는 것이 좋겠습니다. 지금 나라는 한 번도 겪어 보지 못한 변란을 만나 모든 물자가 고갈되어 어디서부터 손을 써야

할지 알 수 없을 정도입니다. 그런 상황에서 소금 만드는 일은 급히
강구해 볼 만합니다.

<소금을 만들어 굶주린 백성을 구제하기를 청하는 서장>

백성들의 허리를 휘게 하는 조세 제도 또한 수술대에 올랐다. 군역 못
지않게 문제가 많은 것이 공납貢納의 폐단이었다. 지방의 특산물을 임금
에게 진상하는 것에서 출발한 공납은 세수의 60%를 차지할 정도로 중요
한 세원이 되면서 많은 문제가 발생했다. 예를 들어 인삼이 특산품인 지
역에서는 인삼을 진상해야 하는데, 그 지역 모든 백성이 인삼을 재배하
지는 않는다. 생산량도 일정치 않았다. 인삼을 재배하지 않거나, 생산량
이 모자란 경우 진상할 인삼을 구입해야 한다. 이때 방납 업자들이 끼어
들었다.

진상품은 고을 수령이 거둬들여 나라에 바치게 되어 있었다. 그런데
권세가들을 등에 업은 방납 업자들이 먼저 진상품을 조정에 납품한 다
음, 백성들에게 그 값을 수십 배에서 수백 배까지 부풀려 챙기는 것이
다. 평안도 백성들을 상대로 한 방납 업자의 경우, 담비가죽 한 장을 대
신 내주고 심지어는 면포 600필을 받아 챙겼다. 시중가의 열 배 이상의
폭리를 취한 것이다. 백성들의 고통 호소에 방납 금지령이 내려졌지만
상인들과 손을 잡은 권세가들의 막강한 힘에 눌려 단속조차 이뤄지지
않았다.

더구나 납세자의 재산을 고려하지 않고 가호家戶 단위로 부과한 것은
더 큰 문제였다. 수백만 평의 농지를 가진 부자나, 송곳 꽂을 땅 한 평 없
는 소작인에게 똑같은 세금을 내는 폐단이었다.

해결책은 간단했다. 많이 가진 사람은 많이 내고, 작게 가진 사람은 적

게 내면 된다. 즉, 부과 기준을 가호家戶에서 토지의 면적과 생산량을 기준으로 바꾸고, 방납 업자가 끼어들지 못하도록 쌀로 통일해서 내면 되는 것이었다. 그래서 정암 조광조와 율곡 이이도 이 방안을 제시했었다. 하지만 양반 전주田主들의 반발로 번번이 무산되었다.

류성룡은 이번에는 반드시 해결해야 한다고 생각했다. 백성이 살아야 나라가 산다. 그 때문에 양반들의 격렬한 반대를 무릅쓰고 작미법作米法(대동법의 원조격)을 시행했다. 전쟁 중에 영의정이 밀어붙이자 양반들은 어쩔 수 없이 받아들였다. 이로써 땅이 없는 백성은 공납의 부담에서 해방됐다. 그것은 백성의 삶을 살려 나라를 살리기 위한 류성룡의 선택이고 결단이었다. 전시 내각의 개혁 정책이 일정한 성과를 거두면서 떠났던 백성의 마음이 돌아왔다.

| 대동법 기념 시행비

류성룡의 작미법은 대동법으로 부활했다. 임란이 끝나자 류성룡이 실각했다. 속오군과 작미법 등에 대한 양반 사대부들의 반발이 실각의 내면적인 이유였다. 류성룡의 작미법은 그의 실각과 함께 폐기되었다. 1708년 대동법(大同法)이란 이름으로 실시됐다.

7장
다시 시작된 전쟁

정유년
다시 전쟁이 시작됐다.
적은 이순신을 노렸다.
조정은 적의 계략에 넘어갔다.

정유재란의 전주곡
거대한 사기극

히데요시가 오사카 성에서 명나라 책봉사를 만났다.
심유경과 고니시의 사전 연출에 따라
히데요시는 아무런 의심 없이 책봉 의식을 거행했다.
그런데 나이 든 조약 담당관이 실수로 국서를 있는 그대로 읽어 버렸다.
순간 4년간 이어온 거대한 사기극은 막을 내린다.

1596년 4월, 부산에서 희대의 사건이 일어났다. 명나라 황제가 파견한 책봉사 대표 이종성이 부산의 왜영에서 도망쳐 나와 숨어 버린 것이다. 명나라 조정은 히데요시를 일본 국왕에 책봉만 해주면 강화 협상이 마무리될 것이라고 믿었다.

그런데 책봉 의식을 주관하기 위해 일본으로 건너가려던 이종성은 부산의 왜영에서 충격적인 사실을 알게 됐다. 히데요시의 요구 조건이 그동안 명나라에 보고된 것과는 완전히 다른 엄청난 내용이었다. 그런 와중에 히데요시가 책봉사를 억류할지도 모른다는 소문이 나돌았다. 이에 이종성은 겁먹고 왜영을 탈출한 것이다. 명나라 조정은 경악했다.

그에 앞서 심유경은 왜장 나이토 조안內藤如安과 함께 히데요시의 항복

문서를 가지고 명나라로 돌아갔다. 그러나 명나라에서는 이 문서가 고니시 유키나가 등이 거짓으로 만든 가짜라고 생각했다.

협상을 주도해온 심유경이 직접 히데요시를 만난 것은 1593년 6월이다. 나고야에서 진행된 강화회담에 히데요시가 직접 나섰다. 명나라 측은 일본군이 조선에서 완전히 철수하면 히데요시를 일본 국왕으로 책봉하겠다는 입장이었다. 회담 마지막 날 히데요시는 일본의 핵심 요구 조건 네 가지를 수용하면 조선에서 완전히 철수하겠다고 천명했다.

첫째, 명나라의 황녀皇女를 일본 천황의 후궁으로 보낼 것
둘째, 조선 팔도 가운데 네 도를 일본에 할양할 것
셋째, 일본이 물러날 경우 조선의 왕자와 대신을 일본에 볼모로 보낼 것
넷째, 중단되었던 명과 일본의 감합무역을 재개할 것 등

히데요시의 요구 조건은 상상을 초월했다. 명나라 황녀를 천황에게 시집 보낸다는 것은 황제에게 보고조차 할 수 없는 어마어마한 사안이었다. 게다가 조선 팔도를 분할해서 4개 도를 일본에 떼어 달라는 충격적인 조건까지 내걸었다. 한강을 경계로 경기도와 충청도, 전라도와 경상도는 일본이 가지고, 한강 이북 지역은 명나라가 나눠 가지자는 제안이었다. 히

| 명나라 신종(神宗 1563~1620)
임진왜란이 일어났을 때의 명나라 황제

데요시가 제시한 조건이 사실대로 알려질 경우 협상단이 감당할 수 없을 정도로 엄청난 파장이 일어날 것이 분명했다.

거대한 사기극의 막이 올랐다. 심유경이 명나라 조정에 보고한 히데요시의 국서에는 완전히 다른 내용이 들어 있었다. 일본은 명나라 적자로서 몇 번이나 조선을 통해 봉공을 원하였으나 조선이 이를 숨기고 전하지 않아 부득이 전쟁을 일으켰으며, 구례에 따라 번왕으로 책봉해 주면 감지덕지하겠다는 위조된 내용이었다. 히데요시의 요구 조건이 항복 문서로 둔갑해 있었다.

국서 위조는 강화 회담의 실무 책임자인 명나라의 심유경과 일본의 고니시 유키나가의 합작품이었다. 히데요시도 국서가 위조된 사실을 모른 채 명나라의 답신이 올 때까지 정전을 지시했다.

> 심유경이 왜장과 함께 간 뒤로 도로에서 전하는 말을 들으니 소문이 자자하게 퍼졌다. 어떤 이는 한강을 경계로 남북을 분할한다 하니 그 말이 놀라워 입으로 형용할 수 없었다.

심유경과 고니시의 밀약설은 명나라와 조선 두 나라 모두 파다하게 퍼져 있었다. 조선은 정확한 내막을 알 길이 없어 답답할 뿐이었다. 강화파인 명군 지휘부는 황제에게 사실대로 보고하지 않았다. 이때부터 가짜 사절, 가짜 국서가 명과 일본을 오갔다. 강화파는 자신들의 입지 강화를 위해서라도 협상을 매듭지어 하루라도 빨리 조선 문제를 털어버리려고 시도했다.

참전 초기부터 명나라 조정은 전쟁을 빨리 끝내자는 강화파와 일본군을 조선에서 완전히 몰아내자는 주전파로 나뉘어 있었다. 그런데 명군이 벽제관 전투에서 패하면서 전쟁의 장기화와 전비 부담에 우려의 목소리가 커지면서 강화파에 힘이 실린 것이다.

심유경의 뒤에는 강화파 대표인 병부상서 석성이 있었다.

> 명나라 병부에서는 황제께 청해 일본 사신 나이토 조안內藤如安을 다시
> 황궁으로 불러들인 다음 세 가지 문제를 확인했다.
> 첫째, 봉작만 받고 조공은 요구하지 말 것
> 둘째, 한 사람의 병사도 부산에 머물지 말 것
> 셋째, 향후 영구적으로 조선을 침략하지 말 것
> 그리고 약속을 지킬 것이면 즉시 책봉을 내릴 것이요, 그렇지 않으면
> 없던 일로 하자는 것이었다. 나이토 조안은 하늘을 향해 맹세하며 약속
> 을 지키겠다고 말했다.

나이토 조안은 고니시가 파견한 가짜 사절이었다. 조안은 명나라 관리들 앞에서 명연기를 펼쳤다. 히데요시를 책봉해 주기만 하면 일본은 일절 다른 요구 없이 조선에서 철수할 것이라고 다짐했다. 모두 속아 넘어 갔다.

1595년 1월, 명나라 조정은 일본에 파견할 책봉사를 선정했다. 그렇게 해서 책봉 사절단 대표에 정사正使 이종성, 부사副使에 양방형이 임명된 것이다.

하지만 책봉사 일행의 출발은 1년 이상 지체됐다. 일본군 철수 문제 때문이었다. 조선에서 일본군이 완전히 철수한 것을 확인한 다음에 일본으로 출발하라는 것이 명나라 조정의 지시 사항이었다. 일본 쪽의 신경전도 만만치 않았다. 책봉 사절단의 움직임을 봐가며 찔끔찔끔 병력을 철수시켰다. 이종성 일행이 북경에 있을 때는 조선으로 들어와라, 한양에 도착한 뒤에는 부산으로 내려오라고 요구했다. 이종성이 부산의 왜영에 도착하자 조선도 통신사를 뽑아 책봉사와 함께 일본으로 파견하라고 새

로운 요구를 내세웠다. 그렇게 1년 넘게 시간을 끌었다.

명나라 조정에서는 이종성과 양방형을 정사正使와 부사副使로 삼아 일본에 보내 히데요시를 일본 국왕에 봉하도록 했다. 두 사람은 가는 길에 한양에서 왜군이 철수하는 것을 확인한 후 일본으로 떠나도록 했다. 을미년1595년 4월, 이종성 일행이 한양에 들어와 왜적에게 계속 사람을 보내 빨리 바다를 건너 돌아갈 것을 재촉했다. 그러자 왜적들은 웅천의 여러 진과 거제, 장문, 소진포 등에 주둔하고 있던 군대를 철수해 믿음을 보였다. 그러더니 사람을 보내 이렇게 말했다.

"지난번에 평양에서 당한 것과 같이 혹시 속을까 두려우니 명나라 사신께서 우리 지연으로 들어오시면 약속대로 집행하겠습니다."

8월이 되자 양방형이 명나라 병부의 공문을 받고 부산에 가 보았으나 왜적은 머뭇거리며 철수하지 않고 있었다. 그러곤 다시 정사正使를 보내줄 것을 요청했다. 여러 사람이 그들의 행동을 의심했으나 병부상서 석성은 심유경의 말을 믿고는 의심하지 않았다. 그는 의견이 분분했으나 자신이 책임지겠다고 주장하며 이종성에게 왜의 진영에 가도록 지시했다.

9월이 되어 이종성 또한 부산에 도착했으나 고니시는 찾아오지도 않았다. 그러곤 이렇게 말할 뿐이었다.

"곧 우리 왕께 보고하고 결정이 내려지면 그때 사신을 맞이하겠습니다."

일본으로 건너간 고니시는 이듬해 1월이 되어서야 돌아왔으나 철수에 대해서는 아무런 언급이 없었다.

당시 심유경은 두 사신을 부산에 남겨두고 혼자 고니시와 일본에 가서 후에 명나라 사신을 맞이하는 절차에 대해 의논하겠다고 해서 사람들을 의아하게 만들었다. 일본에 갈 때 그는 비단옷을 입고 배에 올랐는데 '두 나라를 조정해서 싸움을 말리겠다.'라고 쓴 깃발을 달고 갔다.

그러나 그가 일본에 닿은 후 한참 동안 아무런 답변도 오지 않았다. 부산에 남은 정사正使 이종성은 본래 개국공신 이문충의 후손으로 공을 인정받아 벼슬길에 올랐으나 겁이 매우 많은 인물이었다. 어느 날 누군가가 다가와 이렇게 말했다.

"히데요시가 실제로는 책봉을 받을 뜻이 없으면서도 명나라 사신들을 유인해 잡은 다음 욕을 보이려고 한답니다."

이 말을 들은 이종성은 밤이 이슥해지자 평복으로 갈아입고는 하인이고 인장이고 다 버리고 도망치고 말았다.

명나라 조정은 책봉 사절단 대표가 도망치는 기막힌 일이 벌어졌지만 강화를 포기할 수도 없었다. 당시 부산의 왜영에 들어간 사절단의 수행원만 500여 명에 달했다. 강화 결렬을 선언할 경우 그들 모두 일본군의

| 오사카 성의 천수각
도요토미 히데요시는 오사카 성에서 명나라 황제의 책봉을 받기 위해 공손하게 머리를 조아렸다. 하지만 4년간의 협상에서 얻은 것이 책봉 문서 달랑 한 장이라는 사실을 곧 깨닫는다.

포로가 될 수 있었다. 고심 끝에 명나라 조정은 부사 양방형을 승진시켜 일본으로 파견했다. 명나라 요구를 거부할 수 없었던 조선도 황신이 이끄는 통신사 일행 300여 명을 일본으로 보냈다.

1596년 9월 2일, 명나라 책봉사 일행이 오사카 성에 도착했다. 히데요시는 명나라에서 자신이 요구한 강화 조건을 받아들인 것으로 알고 책봉 의식을 거행했다. 신종 황제의 칙서에 다섯 번 절하고 세 번 머리를 조아리는 예를 행하고 만세까지 불렀다.

심유경과 고니시의 치밀한 각본에 따라 모든 절차는 진행됐다. 히데요시는 한문을 모르기 때문에 조약 담당관에게 국서를 조작해 읽도록 해놓았다. 그런데 심유경으로부터 국서를 전달받은 히데요시가 조약 담당관에게 국서를 읽으라고 지시하자 진땀을 흘리면서 벌벌 떨기 시작했다. 이상하게 여긴 히데요시가 이를 추궁하자 조약 담당관은 국서를 그대로 읽고 말았다. 순간 자신의 요구 조건이 모조리 무시되었음을 안 히데요시는 격분했다. 히데요시 역시 강화회담의 한판 사기극을 그제야 알게 된 것이다.

> 양방형 일행이 일본에 도착한다는 소식이 전해지자 히데요시는 관사를 성대하게 꾸며놓고 맞이하려 했다. 갑자기 지진이 일어나는 바람에 모두 부서져 다른 곳에서 맞이하게 되었다. 그는 처음에 사신 일행을 만나자 봉작을 받을 것처럼 행동했다. 그러나 얼마 뒤 갑자기 성을 내며 외쳤다.
> "우리가 조선의 왕자를 돌려보냈으니 조선에서도 왕자가 와서 사의를 표하는 것이 도리일 것이다. 그러나 일개 버슬아치를 사신으로 보냈으니 이는 분명 우리를 업신여기는 처사다"
> 결국, 황신 일행은 임금의 국서도 전달하지 못했으며, 양방형과 심유경 또한 되돌아올 수밖에 없었다. 그때 적장 고니시는 부산포로 돌아왔고,

가토는 계속 서생포에 머무르면서 반드시 왕자가 사의를 표해야만 철
군하겠다는 말만 되풀이했다

히데요시는 원하는 것이 너무 지나쳐 봉공 이상을 요구했다. 그러나 명
나라에서는 겨우 책봉만을 허락하고 있었으니, 심유경이 고니시와의
친분을 이용해 적당히 일을 처리하려다가 오히려 더 복잡하게 만들어
버린 것이다. 우리나라에서는 이러한 내용을 명나라 조정에 알리기 위
해 사신을 파견했다. 결국, 석성과 심유경은 죄를 짓게 되었고, 명나라
군사가 다시 파견되는 상황이 발생했다.

심유경과 고니시의 국제 사기극이 막을 내렸다. 강화회담은 결렬됐
다. 명나라는 그 책임을 물어 병부상서 석성을 투옥하고, 심유경을 처형
했다. 강화협상에서 아무것도 얻은 것이 없다는 것을 깨달은 히데요시는
다시 조선 침략을 결정했다.

이순신 제거 음모

이순신은 적의 계략에 빠지는 것은 아닐까 고민하면서 주저했다.
그러자 요시라가 다시 찾아왔다.
"가토가 이미 상륙했소이다. 왜 그를 치지 않는 것입니까?"
그러면서 안타깝고 애석하다는 표정을 지었다.
이 소식을 들은 조정에서는 모두 나서서 이순신의 잘못을 지적했다.
대간은 그를 잡아 국문할 것을 요청했으며, 현풍에 사는 박성이라는
자는 이순신을 목 베어야 한다는 상소문을 올리기까지 했다.

1597년 정유년, 도요토미 히데요시의 재침 명령서가 일본군에 하달됐
다. 명령서에 적힌 주요 공격 지역은 1차 전쟁 패배의 원인으로 지적된
전라도였다.

> 전라도는 남김 없이 모두 한 번에 쳐라.
> 정유재란 재침 명령서

전라도를 확보해야 하는 일본군의 가장 큰 위협은 이순신이었다. 히데
요시의 전라도를 치라는 재침 명령은 곧 이순신을 치라는 것과 다르지
않았다. 당시 이순신은 견내량을 굳건히 지키고 있었다. 진주성 함락 직
후 이순신은 전라좌수영 본영을 한산도로 옮기고, 삼도수군통제사에 임

명됐다. 1593년 그해 여름부터 1597년 초까지 약 4년간 견내량을 떠나지 않았다. 이순신이 견내량을 선택한 것은 전략적 고려에 의한 것이었다.

일본군은 강화 회담이 진행되는 동안 거제 동쪽에서 부산까지 곳곳에 성을 쌓고 요새로 만들었다. 이순신의 바로 눈앞인 거제도만 해도 세 곳에 왜성을 쌓았다. 진해 웅천에는 고니시가 성을 쌓고 주둔했다. 부산의 적은 많게는 2,000여 척의 전선을 보유하고 있었다.

이순신 함대의 전선은 100여 척. 적은 병력으로 많은 적을 막기 위해서는 적과 가까운 거리에서 좁은 길목을 막아야 했다. 거제와 통영을 잇는 좁은 물길, 견내량이 최적지였다. 이순신이 막아선 견내량은 일본군이 함부로 넘을 수 없는 군사분계선이었다. 이순신의 견내량 봉쇄에 막혀 서해로 진출하지 못했고, 전라도로 가지 못했다.

정유재란은 일본군의 이순신 제거 작전으로 막이 올랐다. 작전은 고니시가 지휘했다. 그동안 전할 것이 있을 때마다 조선 측에 보냈던 요시라를 내세웠다. 쓰시마 출신인 요시라는 유창하게 조선어를 구사했다. 요시라는 함안 회담으로 친분을 쌓은 경상우병사 김응서에게 정보를 흘렸

I 견내량(見乃梁)
거제와 통영을 잇는 거제대교의 아래쪽에 위치한 좁은 해협. 길이는 약 3 km, 폭은 약 180~400m

다. '가토 기요마사가 건너올 시기를 알려줄 테니 그를 제거해 전쟁의 재
발을 막아 달라.'라는 것이었다. 조정은 요시라의 정보에 현혹됐다.

고니시는 자신의 수하 요시라를 경상우병사 김응서의 진에 출입시키
면서 친하게 지내고 있었다. 그때 가토 기요마사가 다시 공격해 온다는
소식이 전해졌다. 요시라가 몰래 김응서를 찾아왔다.

"고니시 장군께서 말씀하시길, '이번에 강화가 이루어지지 못한 것은
가토 때문이다. 나 또한 그를 제거하고 싶다.'라고 했습니다. 그런데 며
칠 후 가토가 바다를 건너올 예정이라고 합니다. 수전에 뛰어난 조선
군사가 나선다면 반드시 가토를 잡아 격퇴할 수 있을 것입니다. 놓치지
마십시오."

김응서는 이 내용을 조정에 알렸다. 특히 조정의 윤근수는 기회가 왔다
며 계속 임금께 보고드리고 이순신에게도 빨리 전진할 것을 재촉했다.
그러나 이순신은 적의 계략에 빠지는 것은 아닐까 고민하면서 주저했다.

이순신은 신중했다. 적이 흘린 정보를 곧이곧대로 믿지 않았다. 설령 요시라의 정보가 사실이라고 해도 그쪽으로 출동하는 것 자체가 문제였다. 가토를 잡기 위해서는 부산과 쓰시마를 잇는 길목으로 나가야 한다. 그런데 한산도에서 부산까지 이어지는 바닷길은 일본군의 소굴이었다. 이동 중 함대를 정박할 안전한 항구가 없는데다 야간 기습이라도 당하면 피할 곳조차 없었다. 이순신이 머뭇거리는 사이 가토 기요마사의 부대가 울산의 서생포로 상륙했다. 그러나 선조는 그렇게 생각하지 않았다.

요시라가 다시 찾아왔다.

"가토가 이미 상륙했소이다. 왜 그를 치지 않는 것입니까?"

그러면서 안타깝고 애석하다는 표정을 지었다. 이 소식을 들은 조정에서는 모두 나서서 이순신의 잘못을 지적했다. 대간은 그를 잡아 국문할 것을 요청했으며, 현풍에 사는 박성朴惺이라는 자는 이순신을 목 베어야 한다는 상소문을 올리기까지 했다. 결국, 조정에서는 의금부도사를 보내 이순신을 잡아오도록 했다.

선조는 일본군이 던진 미끼를 덥석 물었다. 적의 계략인 줄도 모르고 가토가 서생포에 상륙하자 이순신을 성토했다. 1월 27일 열린 어전회의에서 윤두수는 이순신의 파직을 요구했다. 선조는 이순신이 가토의 목을 베어 오더라도 결코 그 죄를 용서할 수 없다며 분노를 터뜨렸다.

이순신은 용서할 수가 없다.

무장으로서 어찌 조정을 경멸하는 마음을 갖는가.

《선조실록》 1597년 1월 27일

이순신에게 무시무시한 죄명이 붙여졌다. 조정을 기망欺罔하고 임금을 업신여긴 '무군지죄無君之罪(역적죄)', 적을 놓아주어 치지 않은 '부국지죄負國之罪(국가반역죄)', 남의 공을 가로챈 '함인지죄陷人之罪(원균을 함정에 빠트린 죄)', 방자하지 않음이 없는 '기탄지죄忌憚之罪(방자한 죄)'. 결국 막을 수 있는 적을 막지 않았다는 이유로 역적이 되고, 국가반역자가 되었다. 2월 26일, 이순신은 체포되어 한양으로 압송됐다.

"이렇게 많은 죄가 있으면 용서할 수 없는 법이어서 마땅히 법에 따라
죽여야 할 것이다. 신하로서 임금을 속인 자는 반드시 죽이고 용서하

| 한산도 제승당
제승당의 원래 이름은 운주당, 이순신이 삼도수군을 지휘한 곳이다. 여기서 체포되어 한양으로 압송됐다.

지 않을 것이므로 지금 형벌을 끝까지 시행하여 실정을 캐내려 하는데
어떻게 처리할 것인지 대신들에게 하문하라."

《선조실록》 1597년 3월 13일

선조는 이순신을 죽이겠다며 극언도 서슴지 않았다. 선조가 이순신을
처형해야 한다고 전교를 내리면서 이순신의 목숨은 경각에 달렸다. 1596
년에 의병장 김덕령이 역적 죄로 옥중에서 죽은 전례가 있었다. 선조의
서슬 퍼런 칼날에 조정 대신들도 가세했다. 류성룡도 이순신을 마냥 감
싸고 돌 수가 없는 처지였다. 그가 나서는 순간 그의 반대파들이 가만있
지 않을 것이다. 그로 인해 이순신에게 더 큰 화를 미칠 우려가 컸다. 2월
28일과 29일 이미 두 번에 걸쳐 사직 상소를 올렸지만 선조는 받아들이
지 않았다.

내가 이순신을 천거했기 때문에 나와 사이가 나쁜 사람들은 원균의 편
을 들어 이순신을 몹시 모함했다.

이때 판중추부사 정탁鄭琢이 이순신 구명 운동에 나섰다. 72세의 원
로 대신이었다. 이순신의 구명을 청하는 그의 상소문은 노련했다. 선조
의 체면은 최대한 살려주면서 이순신의 목숨을 건지기 위한 정치적 수
완을 발휘한 1,298자의 긴 상소문이었다.

"……이순신은 참으로 장수의 재질이 있으며, 수륙전에도 못 하는 일
이 없습니다. 이런 인물은 과연 쉽게 얻지 못합니다. 변방 백성들의 촉
망하는 바요, 왜적들이 무서워하고 있는데, 만일 죄명이 엄중하다는
이유로 조금도 용서해 줄 수가 없다 하고, 공로와 죄를 비겨볼 것도 묻
지도 않고, 또 능력이 있고 없음도 생각지 않고, 게다가 사리를 살펴 줄

겨를도 없이, 끝내 큰 벌을 내린다면 공이 있는 자도 스스로 더 내키지 않을 것이요, 능력이 있는 자도 스스로 더 애쓰지 않을 것입니다.

그러므로 비록 저 감정을 품은 원균 같은 사람까지도 편안하지 못할 것입니다. 안팎의 인심이 이로 말미암아 해이해질까 봐, 그게 실상 걱정스럽고 위태한 일이며, 부질없이 적들만 다행스럽게 여기게 될 것입니다. 일개 이모의 죽음은 실로 아깝지 않으나, 나라에 관계되는 것은 가볍지 않은 만큼, 어찌 걱정할 만한 중대한 일이 아니겠습니까⋯⋯."

〈정탁의 신구차伸救箚(이순신의 구명을 청하는 상소문)〉

정탁은 지금은 전쟁 중이니 한 사람의 장수라도 필요하고, 또 왜적이 가장 무서워하는 장수가 이순신이니, 이순신 같은 명장을 죽이면 나라에도 큰 손해라고 강조했다. 핵심은 전쟁 중인 위험한 시기에 이순신과 같은 명장을 바꿀 수 없다는 것이었다. 정탁의 구명 운동 덕분에 이순신은 최악의 상황을 면하고 백의종군에 처해 졌다. 한산도에서 체포된 후 27일 동안 이순신은 이승과 저승을 오갔다.

'4월 1일 맑다. 옥문 밖을 나왔다. 남대문 밖에 있는 윤간의 종의 집에 이르러 조카 봉, 분, 아들 울, 사행 원경 등과 한 방에 같이 앉아 오래도록 이야기를 나누었다⋯⋯(중략) 영의정 류성룡, 판부사 정탁, 판서 심희수, 좌의정 김명원, 참판 이정형, 대산헌 노직, 동지 최원, 동지 곽영

| 정탁(鄭琢, 1526~1605)
원로 대신 정탁은 이순신을 살리기 위해 구명 운동의 전면에 나섰다. 72세의 원로 대신이 나서자 선조도 더 이상 고집을 부리지 못했다.

등이 사람을 보내어 안부를 물었다. 술에 취하여 몸이 땀으로 흠뻑 젖었다.'

《난중일기》

그 사이 견내량 군사분계선의 균형은 무너졌다. 이순신의 뒤를 이어 삼도수군통제사에 임명된 원균은 제대로 수군을 통제하지 못했다. 요시라를 이용해 이순신 제거에 성공한 고니시는 같은 전술을 원균에게도 적용했다. 조정은 원균에게 부산 앞바다로 나아가 일본군 후속 부대를 막으라고 명령했다. 급기야 삼도수군통제사 원균은 도원수 권율에게 불려가 곤장까지 맞았다. 원균이 부산 출전을 미뤘기 때문이었다.

더 이상 피할 수 없었던 원균은 7월 14일 마침내 출전한다. 전 함대를 이끌고 한산도를 떠나 부산 앞바다로 나아갔다. 그것은 조선 수군의 운명을 결정지을 비운의 항해였다. 일본군은 정면 대결을 피했다. 적을 쫓던 원균의 조선 함대는 풍랑을 만났다. 온종일 풍랑 속에서 적선을 쫓다가 놓치기를 되풀이했다. 일본군의 유인 작전에 말려든 줄도 모르고 온종일 힘만 뺐다. 결국, 부산에는 접근조차 못 하고 후퇴했다.

밤은 깊고 바람은 점점 세지자 우리 배들은 사방으로 흩어져 표류하기 시작했다. 원균은 겨우 남은 배를 모아 가덕도에 닿을 수 있었다. 섬에 닿자마자 병사들은 다투어 내려 물을 찾았다. 우리 군사들이 허둥지둥 물을 찾아다닐 때, 갑자기 왜적이 섬에서 나타나 덮쳤다. 결국, 400여 군사를 잃고 원균은 다시 거제의 칠천도에 도착했다.

7월 15일, 가덕도에 상류하려다 일본군의 매복에 걸려 400명의 군사를 잃은 원균의 조선 함대는 풍랑에 시달리며 거제도 칠천량으로 후퇴했다. 정박 중이던 조선 함대는 새벽 4시, 일본군의 기습 공격을 받았

임진왜란 · 정유재란 가운데 조선 수군이 유일하게 패배한 해전이다. 1597년 7월 15일, 일본군은 달밤을 이용해 일제히 수륙 양면 기습 작전을 개시했다. 당황한 원균과 휘하 장수들은 적을 당해낼 수 없었다. 대부분의 전선들이 불타고 부서졌다. 전라우수사 이억기(李億祺), 충청수사 최호(崔湖) 등 수군 장수들이 전사했다. 원균도 육지로 탈출했다가 일본군의 추격을 받아 전사했다. 이로써 삼도 수군은 일시에 무너지고 적군은 남해 일원의 제해권을 장악해 서해로 진출할 수 있게 되었다.

다. 수백 척의 일본 수군 연합 함대가 조선 수군을 완전히 포위하고 공격해왔다. 전투는 조선군의 참패로 끝이 났다. 주력 함대였던 판옥선 100여 척과 3척의 거북선까지 모두 격침됐다. 통제사 원균도, 전라우수사 이억기도 목숨을 잃었다. 조선 수군은 완전히 무너졌고, 한산도 통제영은 궤멸했다.

적은 임진년 우리 국경을 침략한 이래 오직 수군에게만 패했는데, 이를 분하게 여긴 히데요시는 고니시에게 어떻게 해서든 조선의 수군을 무찌르라고 명령을 내렸다. 정면으로 붙어서는 이길 수 없다고 판단한 고시니는 계략을 꾸몄다. 김응서에게 호감을 사면서 한편으로는 이를 이용해 이순신이 모함에 빠지도록 술수를 부렸고, 그런 후에는 원균을 바다 한가운데로 유인해 습격한 것이다. 그의 간교한 계략에 빠져 큰 피해를 입었으니 참으로 슬픈 일이다.

견내량 군사분계선은 무너졌다. 제해권을 장악한 일본군은 견내량을 지나 곧장 전라도로 진격했다. 히데요시가 지시한 정유재란의 첫 번째 목표는 전라도였다.

8월 보름 밤의 대학살

왜적이 3도를 짓밟았다.
가는 곳마다 민가를 불태우고 백성들을 죽였다.
적은 우리나라 사람들을 붙잡기만 하면 코를 베는 만행을 저질렀기
때문에 왜적이 직산에 이르자 한양 사람들은 도망치기에 바빴다.

　이제 이순신의 한산도는 일본군의 차지였다. 남해안의 제해권을 잃게 되자 가장 위태로워진 것은 그동안 일본군의 손길이 미치지 않았던 전라도 지역이었다. 조선 수군이 없어진 상황에서 일본군은 거칠 것이 없었다. 전라도 점령 후 한양으로 진격하는 것이 목표였다. 좌군과 우군으로 편성된 일본군은 곧장 전라도로 나아갔다. 좌군은 남해안을 따라 고성·사천·하동·구례·남원·전주로, 우군은 낙동강을 건너 거창·안의·진안을 거쳐 전주로 진군했다. 수군 역시 하동에 상륙해 섬진강을 거쳐 구례·남원·전주로 진격했다. 그 길에서 참혹한 학살극이 벌어졌다. 정유년의 일본군은 달라져 있었다. 닥치는 대로 죽이고 불태웠다.

　"8월 6일, 들도 산도 마을도 죄다 불태우고, 사람을 잡아 죽인다.

산 사람은 쇠줄과 대나무로 목을 묶어 끌고, 부모는 자식 걱정에 울부
짖고, 자식은 부모를 찾아 헤매는 비참한 모습을 난생처음 보게 됐다."
〈일본 종군승 경념의 일기〉

일본군이 지나가는 곳은 산도 들도 마을도 모두 불탔다. 자식들 앞에
서 부모를 칼로 죽이고, 아이들은 묶어서 끌고 갔다. 지옥이 따로 없었
다. 전쟁은 학살극으로 변해가고 있었다. 조명 연합군이 방어막을 쳤으
나 상대가 되지 않았다. 일본군은 잔인한 살육을 저지르며 빠르게 북상
했다.

8월 13일, 고니시의 일본 좌군이 남원성에 도착했다. 남원성의 지키는
조명 연합군은 4,000명에 불과했다. 고니시의 일본군은 5만 6,000명, 열
배가 넘는 대병력이 남원성을 에워쌌다. 싸움이 시작되기도 전에 남원성
은 공포에 휩싸였다. 성을 지켜주는 것은 일본군의 접근을 막기 위해 뿌
려둔 마름쇠와 몇 문의 대포, 그리고 활과 창 같은 무기도 제대로 갖추지
못한 것으로 알려진 조명 연합군 4,000명과 수천 명의 민간인들이었다.

| 남원성의 터 정유재란이 일어난 1597년 8월, 치열한 전투 끝에 일본군에 함락되었다. 사적 제298호

일본군은 성을 포위한 채 압박해왔다. 일본군의 조총 공격으로 전투는 시작됐다.

> 8월 14일, 성을 삼면에 에워싼 적들이 총포를 쏴 대며 공격해왔다. 그 전에 성 밖에 민가들이 빼곡히 들어차 있었으므로 명군 부총병 양원이 이를 모두 불태우도록 했다. 그러나 담이나 벽은 그대로 남아 있었는데, 적이 바로 그 담과 벽을 이용해 몸을 숨긴 채 총을 쏴 댔으므로 성 위의 병사들이 많이 다쳤다.
>
> 8월 15일, 성 위에서 내려다보니 적들이 잡초와 벼를 베어 큰 다발을 수없이 만들어 담벼락 사이에 쌓아 놓았다. 무슨 용도로 쓰이는지 아는 사람은 아무도 없었다. 남원성의 조명 연합군은 전주에 주둔하고 있던 명군 유격장군 진우충에게 지원을 요청했다. 그러나 시간이 지나도 그들은 도착하지 않았고 성 안의 군사들은 점점 불안해졌다.
>
> 그날 저녁 성첩을 지키던 병사들이 수군거리면서 말에 안장을 준비하는 모습이 부산했다. 도망치려는 것이 분명했다.
>
> 초경저녁 6시쯤 되었을 때였다. 갑자기 적진에서 시끄러운 소리가 들리면서 부산하게 움직이더니 일제히 포사격을 시작했다. 성 위로 탄환이 우박 떨어지듯 쏟아졌다. 성 위의 우리 군사들은 모두 목을 움츠리고 쳐다보지도 못했다. 한두 시간쯤 지났을까, 조용해져서 성 밖을 쳐다보니 묶어 놓은 풀 다발로 참호는 다 메워진 후였다. 또 양마장 안팎에도 풀다발이 무더기로 쌓여 이미 성과 비슷한 높이에 있었다. 적들이 이것을 이용해 성을 넘어오자 성 안은 삽시간에 혼란에 빠졌다.

보름 달이 훤하게 남원성을 비추었다. 일본군은 성 안으로 진격했다. 고립된 조명 연합군은 사력을 다했으나 중과부적이었다. 남원성은 끝내 무너졌다. 성 안에 있던 조명 연합군과 민간인을 합쳐 1만여 명이 죽었다. 명군 부총병 양원만이 소수의 병력을 이끌고 겨우 탈출했다.

> 8월 16일, 남녀를 가리지 않고 성 안의 사람들을 모두 베어버리고 포로는 없다. 그러나 일부 목숨이 남은 사람도 있다.
> 무참하구나. 덧없는 세상일이라지만 하룻밤 사이에 남녀노소 모두 죽어 없어졌다. 모든 사람이 죽었구나.
>
> <일본 종군승 경념의 일기>

일본 종군승 경념이 목격한 남원성의 모습은 처참했다. 그러나 그것이 전부가 아니었다. 남원성이 함락되던 8월 보름 밤, 성 안에서는 끔찍한 일이 벌어졌다. 《조선물어》에 그 보름날 밤의 상황이 묘사되어 있다.

> 나에게 달려드는 적을 두 명 죽였다. 코를 잘랐다. 갑옷 주머니에 넣었다. 오늘은 8월 15일, 고향 신사의 제삿날로 생각되었다. 피 묻은 칼을 던지고 붉게 물든 손을 합장했다. 멀리 일본을 향해 절을 했다.
>
> 일본군 오코치의 《조선물어》

코를 베어 주머니에 넣었다고 하는 오코치의 증언, 그것은 조선인의 코였다. 오코치에 따르면 남원성 함락 후 3,726명의 목을 베었다. 그중 판관이나 대장급은 머리를, 그 외는 코를 잘라서 소금 항아리에 채워 일본으로 운반했다. 수급이나 코를 많이 획득한 가신들에게 봉토와 상급을 주겠다고 히데요시가 약속하자 만행은 경쟁적으로 이어졌다. 히데요시는 남원성 전투에 참가한 규슈의 한 장수에게 이렇게 답장을 보냈다.

> 8월 16일에 보낸 보고서 잘 보았다.

전라도 남원성을 명나라군이 수비하고 있었는데, 지난 13일 그 성을 포위하여 15일에 함락시키고 목 461개를 베고 그 코가 도착했다. 수고가 많았다.

남원성 8월 보름날의 참극은 여기서 그치지 않았다. 코 베기 만행은 일본군이 머무르는 전역에서 벌어졌다. 전북 김제 지역의 코 영수증 내용은 매우 구체적이다. 금군과 김제의 코 3,369개를 정확히 수령했다고 적혀 있다. 일본군의 무차별 코 베기는 갓난아이도 피해 갈 수 없었다. 정유년 8월에서 10월 사이에 무려 2만여 명의 코가 잘렸다. 그렇게 잘린 코는 소금에 절여 일본의 히데요시에게 보내졌다. 심지어 산 사람의 코도 베어 갔을 정도로 일본군의 잔인함은 극에 달했다.

이때 우리나라 사람 중에는 코가 없어진 채 살아난 자도 또한 많았다.

이수광의 《지봉유v설》

우는 아이를 달랠 때 쓰는 '에비야……'라는 말이 이때 생겨났다. 귀와 코를 뜻하는 '이비耳鼻'에서 비롯되었는데, 닥치는 대로 귀와 코를 베

I 남원 만인의총
1597년 정유재란 때 함락된 남원성과 운명을 함께 한 1만 명의 시신이 합장된 무덤. 만인총 합장 묘 안에는 목과 코가 없는 시신으로 남아 있다.

어가던 일본군의 만행이 두려운 조선인들 사이에 '이비'라는 말이 널리 퍼졌던 것이다. '이비'가 '에비'로 남았다. 우는 아이도 뚝 그치게 할 만큼 '에비야'는 무서운 말이었다.

정유년의 대학살극은 일본군 최고 수뇌부의 지시에 따른 것이었다. 남원성 전투 직후에 고니시가 서명한 포고문에는 '모두 죽이고 불 지르라. 조선의 관리는 물론, 그들의 가족도 모두 죽이라'고 되어 있다. 일본군 수뇌부는 조직적인 양민 학살을 명령했고, 전장의 일본군은 명령대로 실행했다.

여기에 인신매매상도 가세했다. 일본군을 따라온 인신매매상들은 일본군 본진을 따라다니며 남녀노소 할 것 없이 납치해 줄에 묶어 끌고 다녔다. 일본군 중에는 조선인을 잡아 상인에게 팔아넘겨 전비를 챙기는 자들도 많았다. 전쟁 중에 조선인 10만여 명이 일본으로 끌려갔고, 돌아

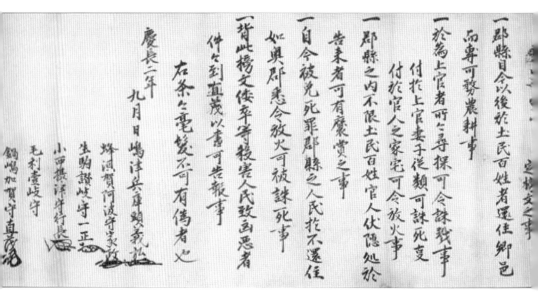

| 정유재란 당시 경남 창녕 지역에 걸렸던 일본군의 영산방문
조선의 관리와 그 가족을 찾아내 모두 죽이고, 피난길에 오른 백성들도 모두 죽이라는 내용이다.

오지 못했다. 끌려간 조선인들은 노예로 매매됐다. 노예로 팔려 멀리 이탈리아까지 보내진 조선인도 있었다.

> 일본 노예 상인들은 조선 땅에서 사람들을 마구잡이로 납치했다.
> 그들은 납치한 조선인들을 마카오에서 조선 해상으로 온 포르투갈인에게 팔았다.
>
> 1598년 9월, 나가사키 일본교구장 '세르게이라 주교 회의록'

남원을 함락시킨 일본군 좌군은 전주에 들이닥쳤다. 경상도 곳곳을 휩쓸고 지나온 6만 4,000명의 우군도 전주성에서 합류했다. 전주를 완전히 파괴한 뒤 우군은 계속 북상해 충청도 방면으로 올라가고, 좌군은 다시 남하해서 전라도 해안으로 진격했다. 그 길은 수군 재건에 나선 이순신이 가는 길이었다.

| 주인장(朱印狀)
  조선에서 세공(細工)이나 바느질 등에 능한 기술자들을 붙잡아 오도록 나베시마 나오시게(鍋島直茂)에게 지시한 도요토미 히데요시의 명령서

이순신의 선택
명량의 그날

이순신이 진도에 도착해 보니 남아 있는 배는 10여 척에 불과했다.
배를 타고 피난길에 나섰던 인근 해안의 백성들은
이순신이 돌아왔다는 소식을 듣고 기뻐 어쩔 줄 몰라 했다.
이순신은 여러 방법으로 사람들을 모았다.
배를 가진 수많은 어민이 몰려들자 군의 배후에 배치하여
병사들을 지원하도록 했다.
적장 마다시는 수전에 뛰어난 것으로 이름이 높았다.
그가 수백 척의 배를 거느리고 서해로 가려다
진도 벽파정 아래에서 이순신과 마주치게 된 것이다.

이순신은 백의종군 중에 칠천량해전의 비보를 접했다. 참담한 심정으로 찾아간 패전 현장은 남은 것이라곤 울부짖음뿐이었다. 함대는 물론 전장을 함께했던 조선 수군은 완벽하게 사라졌다. 이순신은 통곡했다.

> 노량에 이르니 거제현령 안위와 만호 조계종 등 열 명이 와서 통곡하
> 고 군사와 백성들도 울부짖지 않는 이가 없었다.
>
> 《난중일기》

삼도 수군이 모두 궤멸되면서 어느 한 곳 안전하지 않았다. 죽이려고 했던 이순신을 다시 불러들여야 했을 만큼 선조는 다급했다. 이순신 외에는 사태를 수습할 인물이 없었다. 7월 22일, 이순신에게 다시 삼도수군통제 사직을 맡기기로 결정했다. 이순신은 진주의 수곡에서 통제사 직첩을 받았다. 전함도 없고, 군사도 없는 맨몸의 통제사가 된 것이다.

이순신은 직접 군사와 배를 찾아 나섰다. 버려진 병장기와 군사를 모으며 서쪽으로 이동했다. 칠천량 패전 한 달 후, 장흥의 회령포에 닿았다. 칠천량해전에서 싸우지도 않고 도망쳐 온 경상우수사 배설을 여기서 만났다. 이순신은 통제사 자격으로 배설이 끌고 온 12척의 판옥선을 인수했다. 배는 얻었지만 상황은 여전히 절망적이었다. 배설은 명량해전 14일 전에 탈영했고, 군사들은 동요했다.

이 급박한 상황에서 이순신은 충격적인 내용의 교서를 받았다. 수군을 데리고 권율 장군의 휘하에서 싸우라는 명령이었다. 수군 해체령이었다. 그러나 이순신에게는 있을 수 없는 일이었다. 바다를 포기하는 것은 곧 전쟁의 패배를 의미한다. 선조는 바다를 포기했지만 이순신은 포기할 수 없었다. 이순신은 웅크리고 앉아 선조에게 장계를 썼다.

지금 신에게는 아직도 전선 12척이 있나이다.
나아가 죽기로 싸운다면 해볼 만하옵니다.
만일 수군을 전폐한다면 적이 만 번 다행으로
여기는 일일뿐더러 충청도를 거쳐 한강까지 갈 터인데
신은 그것을 걱정하는 것이옵니다.
전선의 수는 비록 적지만 신이 죽지 않는 한
적은 감히 우리를 업신여기지 못할 것이옵니다.

《이충무공전서》 중에서

한치 앞이 보이지 않던 정유년 가을, 이순신은 안팎으로 앓았다. 《난중일기》를 보면 명량해전 13일 전 비가 내렸다. 이순신은 전선의 거적 지붕 아래에서 머리를 웅크리고 앉았다. 명량해전 4일 전에도 비가 종일 뿌렸다. 그 복잡한 심경을 이렇게 썼다.

9월 12일, 종일 비가 뿌렸다.
배의 뜸거적 지붕 아래에서 심회를 걷잡을 수가 없었다.

《난중일기》

무수히 많은 적은 몰려오고 상황은 좋지 않았다. 이순신의 건강도 문제였다. 곽란으로 인사불성에 빠지기도 하고, 아예 움직이지 못하는 때도 있었다. 고문의 후유증에 시달리며 적을 막아야 하는 최악의 상황이었다.

명량해전을 하루 앞둔 9월 15일, 조선 수군 진영은 이루 말할 수 없는 긴장이 감돌았다. 군사들은 불안에 떨었다. 이순신이 그들 앞에 섰다. 그리고 필사즉생必死則生의 결의를 다진다.

必死則生 필사즉생   죽기를 각오하고 싸운다면 살 것이요,
必生則死 필생즉사   살기를 작정하고 싸운다면 반드시 죽을 것이다.

불안에 휩싸인 군사들을 데리고 적을 막아야 하는 절박한 상황, 더 이상 물러설 곳이 없었다. 그야말로 살기 위해 죽음을 각오해야 했던 비장한 결의였다. 이순신은 전 함대를 해남의 전라우수영으로 이동시켰다. 전 함대라고 해봐야 겨우 한 척이 더 늘어난 판옥선 13척이 전부였다.

9월 16일 아침, 이순신은 마침내 13척의 배를 이끌고 결전의 장으로 나아갔다.

진도와 해남 사이의 좁은 물길, 이순신은 명량해협을 선택했다. 폭이 좁은 명량은 우리나라 연안에서 물살이 가장 빠르고 센 곳이다.

6시간마다 방향이 바뀌는 조류가 좁은 해역을 통과하면서 엄청난 속도와 소용돌이를 만들어 낸다. 조류의 최고 속도는 시속 11노트, 전투는커녕 배를 정지해 있기도 벅찬 물살이다. 이순신이 노린 것은 바로 이 물살이었다. 이순신은 이 거센 물살이 흐르는 곳에서 적을 기다렸다.

> 9월 16일 맑음.
> 아침에 망군이 와서 보고하기를 200척의 적선이 명량을 거쳐 곧장 온다고 했다.
>
> 《난중일기》

적이 새카맣게 몰려왔다. 330척의 대함대였다. 칠천량에서 조선 수군을 궤멸시킨 도도 다카도라, 가토 요시아키, 그리고 한산해전의 패장 와

| 명량해협(鳴梁海峽)
울돌목이라고도 불리는 곳으로 전남 해남과 진도 사이의 좁고 긴 바다

키자카 야스하루와 구루지마 등 일본 수군 전력이 연합 함대를 이루어 진격해 왔다. 이순신의 예상대로 일본군은 정확히 조류를 타고 왔다. 일본군의 목표는 조류를 타고 명량을 통과하여 곧장 서해로 북상 서울로 진격하는 것이었다.

이순신은 명량의 바다에서 적을 기다렸다. 이순신이 선두에 섰다. 물살은 거셌다. 목포 쪽으로 흐르는 역류가 이순신 함대를 계속 밀어냈다. 역류 위에 멈춰 서 있기도 힘겨웠다. 드디어 적이 명량으로 들어섰다. 이순신은 공포에 질린 군사들을 몰아붙였다. 죽기로 싸워야만 살아날 것이었다. 오전 11시, 드디어 물살의 흐름이 바뀌기 시작했다. 조류의 방향이 바뀌면서 역류를 탄 일본군은 더 이상 앞으로 나오지 못했다. 이순신은 이 혼란의 순간을 놓치지 않았다. 이 싸움에서 적선 31척이 격침되었고, 수십 척이 망가졌다. 일본군 사상자는 1만여 명에 달했다. 더 이상의 공격을 견디지 못한 일본군은 동쪽으로 퇴각했다. 단 13척의 배로 얻어낸 조선 수군의 극적인 승리였다.

> 우리의 여러 배들은 적이 다시 침범하지 못할 것을 알고
> 일제히 북을 울리고 함성을 지르면서 쳐들어가 포를 쏘아대니
> 그 소리가 바다와 산을 뒤흔들었다.
> 또한, 화살을 빗발처럼 쏘아댔다.
> 적장 마다시의 시체를 토막 내어 적에게 보이게 하니
> 적의 기세가 꺾였다.
> 드디어 적선 31척을 쳐부수자 나머지 적선들은 달아나고
> 다시는 우리 수군에 가까이 다가오지 못했다.
>
> 《난중일기》

이순신의 명량해전은 필사즉생의 각오로 얻어낸 기적 같은 승리였다. 언제나 그렇듯 이순신의 탁월한 능력은 위기 상황에서 더욱 빛을 발했다. 13대 330, 다윗과 골리앗의 싸움에서 이겨 전력보다 전략이 중요하다는 것을 직접 증명했다.

이순신이 물의 흐름을 이용해 공격에 나서자 그 많은 적도 당하질 못하고 도망갔다. 이렇게 되자 이순신 부대의 명성은 날로 높아져 갔다.

| 명량해전도
이순신은 수로가 좁고 물살이 빠른 점을 이용해 적을 유인한 뒤 함포 공격을 퍼붓는 전략을 세웠다.

그러나 선조의 생각은 달랐다. 불가능을 가능으로 만들어낸 명량대첩이었지만 선조는 사소한 일이라고 치부했다. 늘 이순신에게는 '소우 쿨'하게 반응하는 선조였다.

통제사 이순신이 사소한 왜적을 잡은 것은
바로 그의 직분에 마땅한 일이며 큰 공이 있는 것도 아니다.
《선조실록》 1597년 10월 20일

대　신 : 이순신은 수군이 다 망가진 후에도 이런 큰 승리를 거두었습니
　　　　다. 표창을 해주는 문제는 오직 전하의 처분에 달려 있습니다.
선　조 : 이순신에 대하여는 참으로 포상할 만한 일이지만 품계를 올려
　　　　주는 것은 너무 지나친 듯하다. 이를 의논하여 보고하도록 하
　　　　라.
《선조실록》 1598년 4월 15일 어전회의

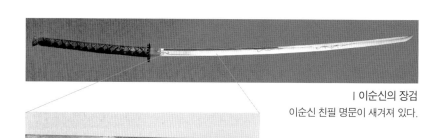

| 이순신의 장검
이순신 친필 명문이 새겨져 있다.

一揮掃蕩 血染山河 (일휘소탕 혈염산하)
한 번 휘두르니, 피가 강산을 물들이도다.

선조에게 명량대첩은 사소한 일, 당연히 해야 하는 일, 큰 공이 아니었다. 비변사의 건의에도 품계를 올려줄 수 없다는 입장이었다.

그러나 이순신이 아니었다면 선조는 위험했다. 일본 육군의 북상과 함께 수군의 서해 진입이 이루어졌다면 조선은 회복 불가능 상황에 빠질 가능성이 높았다. 안 그래도 남원성 함락 후 선조는 도망갈 생각뿐이었다. 그런데 이순신이 제해권을 되찾음으로써 그런 일은 일어나지 않았다. 명량해전의 승리로 조선 수군은 다시 남해의 제해권을 장악하게 되고, 일본은 고립무원의 상태에 빠졌다. 서해를 통한 보급로가 차단되어 진격이 더 이상 불가능해진 것이다.

이순신의 바다
7년 전쟁의 끝

이순신이 명나라 장수 진린과 함께
바다 어귀를 지키다가 쳐들어가자
고니시는 사천에 머물고 있던 시마즈 요시히로에게 구원을 요청했다.
이때 이순신이 요시히로를 공격,
적선 200여 척을 불태우고 수많은 왜적을 죽였으며,
도망치는 왜적을 노량까지 뒤쫓았다.

　1597년 9월, 명나라군도 직산전투에서 승리했다. 직산과 명량의 연이은 승리로 전선은 다시 축소됐다. 수세에 몰린 일본군은 북상을 포기하고 남쪽으로 물러났다. 울산에서 순천에 이르는 남해안 곳곳에 성을 쌓고 장기전 태세에 돌입했다.

　왜성은 일본에서 건너온 보급 물자를 운반하는 전진기지 역할을 했다. 또 조선에서 수탈한 문화재와 물자를 임시로 보관하거나 포로들을 수용했다. 군사용으로 구축된 왜성은 미로 같은 구조로 설계된 난공불락의 요새로 만들었다.

　가토 기요마사의 우군은 경상도로 후퇴해 양산 · 기장 · 서생포 등지로 들어가 왜성을 쌓고 틀어박혔다. 고니시의 좌군은 전라도로 후퇴해 순천 등지에 왜성을 쌓았다. 하지만 조선 수군이 제해권을 장악하고 있

| 순천 왜교성의 터 정유재란 때 고니시의 좌군이 쌓은 성이다.

어 전라도 장기 주둔은 위험했다. 그 때문에 경남 사천 · 고성 · 창원 · 김해 등지로 분산해 성을 쌓았다. 강화회담 때와 비슷한 양상이었다.

1597년 12월 23일, 마침내 조명 연합군이 대반격에 나섰다. 5만 병력을 동원해 가토가 주둔한 울산성을 포위했다. 전세가 역전된 상황에서 일본군을 완전히 몰아낼 수 있는 기회였다. 다음 날 공격이 시작됐다. 처절한 공방전이 벌어졌다. 일본군은 완강하게 저항했다. 성을 포위했지만 쉽게 함락되지 않았다. 성은 견고했다.

조명 연합군은 전략을 바꿨다. 성 안으로 들어가는 물과 식량을 차단하고 보급로를 끊어버렸다. 당시 일본군이 보유하고 있던 식량은 이틀치가 전부였다. 그러다 보니 일본군은 먹을 것이 없어 벽에 흙을 쪄서 먹기도 하고, 성 안에 우물이 없어 오줌을 마시거나 말을 죽여서 그 피를 마시는 상황이었다. 일본 기록에 따르면 심지어는 시체에서 생긴 물에

인육까지 먹었다고 한다. 하지만 일본군 지원병이 도착하자 명군은 퇴
각해 버렸다.

결국, 울산성 공략의 실패로 전쟁은 다시 교착 상태에 빠졌다. 정유년
은 그렇게 지나갔다.

> 명나라 군사들이 성 가까이 접근하면 성을 지키던 적들이 모두 나서
> 총을 비 오듯 쏴 댔다. 날마다 이런 상황이 계속되자 우리 군사들의
> 피해만 늘어갈 뿐이었다. 그리고 왜적의 배가 서생포에서부터 와 지
> 원을 했는데, 정박한 배의 모습이 꼭 물오리 떼와 같았다. 한편, 성 안
> 에는 물이 부족해서 밤만 되면 적병들이 밖으로 나왔다. 이를 본 명군
> 제독 양경리는 김응서에게 날랜 군사를 주어 매복하도록 했다. 샘물
> 주위에 매복한 우리 군사들은 밤마다 100여 명의 적병을 사로잡았다.
> 그들은 굶주림에 지쳐 겨우 목숨만 부지한 모습이었다.

| 울산성 전투도

정유재란 당시의 울산성 전황을 묘사한 8폭 병풍 그림. 1597년 12월 23일부터 이듬해 1월 4일까
지 13일간의 울산성 전투는 치열했다. 성 안의 일본군은 고립되어 있었지만, 경상도 지역에 주둔
하고 있던 일본군들이 몰려들면서 조명 연합군은 후퇴했다. 양측의 전사자만도 1만 2,000명이 넘
는 이 전투는 그야말로 혈전이었다.

그러자 장수들이 말했다.

"성 안에는 양식이 떨어졌으니 시간이 지나면 그들은 자연히 쓰러질
것이오."

그때는 겨울이라 날씨가 매우 추웠으며 비까지 내려 병사들은 동상으
로 고생하고 있었다. 그런데 육지에서 적의 구원병이 오자 겁을 먹은
양경리는 갑자기 군사를 돌리고 말았다. 이듬해 정월이 되자 명나라
장수들은 한양으로 돌아가 다시 공격할 계획을 수립했다.

　1598년 1월, 이순신은 고금도古今島(전남 완도)에 수군 진영을 차렸다.
고하도에 이어 안착한 고금도는 보다 넓고 인구도 많았다. 이순신은 조
선 수군 재건에 박차를 가했다. 휘하의 군사는 8,000명을 넘어섰다. 군
량이 부족했다. 이순신은 백성의 지원으로 군량을 마련할 수 있었다. 이
순신이 지키는 바닷길은 안전했다. 안전한 바닷길을 얻게 된 피난민들
은 이순신의 해로 통행첩을 반겼다. 그래서 곡식을 가져와 바친 것이다.

　　피난한 사람들은 기뻐하였다. 그래서 이순신은 10여 일 만에 1만 석의
　　군량을 확보할 수 있었다. 그가 추진하는 모든 일은 순조롭게 진행되
　　었으며, 먼 곳에 있던 사람들까지 그에게 의지하기 위해 모여들어 집
　　을 짓고 막사를 만들어 장사를 하게 되자 그들을 수용하기에 섬이 모
　　자랄 지경이었다.

　이순신의 고금도 수군 기지는 새로운 활기로 가득 찼다. 여기에 명나
라의 수군까지 가세했다. 명군 최초의 수군 지원이었다. 명나라 도독 진
린은 친히 선조의 전송을 받으며 그해 6월, 이순신의 고금도로 왔다. 이
순신의 조력자였던 류성룡의 우려는 컸다. 5,000명의 명나라 수군 지원
을 걱정해야 하는 모순된 상황에 처한 것이다. 게다가 진린은 조선 장수

를 때리고 툭하면 욕하는 그런 인물이었다. 타협할 줄 모르는 이순신의 성격을 잘 아는 류성룡은 걱정이 깊을 수밖에 없었다. 진린과 이순신이 화합하지 못하면 보통 큰 문제가 아니었다.

선조는 이순신에게 진린 도독을 노엽게 하지 말라는 전교까지 내렸다. 류성룡의 예상은 빗나가지 않았다. 고금도 도착 며칠 만에 진린은 술상을 엎었다. 이유는 간단했다. 절이도 전투에서 이순신의 군사가 크게 싸워 이겼다. 문제는 명나라 수군이 전공을 전혀 세우지 못한 것이다. 이순신은 모두 진린의 공으로 돌리고 분란을 피했다.

> 얼마 후 적선이 가까운 섬을 공격해 왔다. 군사를 보내 적선을 물리치고 적의 머리를 40여 개를 베어 진린에게 보내 그의 공으로 돌렸다. 진린은 뜻밖의 대우를 받자 너무나 기뻐했다. 이때부터 그는 무슨 일이든 이순신과 협의해 처리했다. 나들이를 나갈 때에도 이순신과 가마를 나란히 하면서 절대로 앞서 나가지 않았다.
> 이순신은 이후 진린과 합의해 명나라 군사와 우리 군사를 구별하지 않고 누구든 잘못을 저지르면 데려다 매로 다스리기로 했다. 그러자 모든 병사가 명령을 따르게 되어 섬 안의 질서가 유지되고 백성들 또한 걱정 없이 지내게 되었다.

이순신은 명나라 수군의 통제권까지 갖게 됐다. 진린은 이순신을 진심으로 존경했다. 선조에게 글을 올려 이순신을 극찬했다. 그럴수록 이순신에 대한 선조의 심기는 불편했다.

> '통제사는 천하를 다스릴만한 인재요,
> 하늘의 어려움을 능히 극복해 낼 공이 있습니다.'
>
> 〈명나라 수군 도독 진린〉

1598년 8월, 한여름 햇살이 뜨거웠다. 마침내 7년 전쟁의 끝이 왔다. 그 끝은 도요토미 히데요시의 죽음으로 비롯됐다. 그의 유언은 조선으로 비밀리에 전달됐다. 철군이었다.

당시 일본의 주력군 고니시는 순천의 왜성에서 농성 중이었다. 이순신 함대는 명나라 군대와 함께 순천 앞바다를 에워싼 채 그들의 퇴로를 막고 있었다. 고니시는 안전한 철수를 원했다. 명나라군의 전략은 협상으로 전투를 끝내는 것이었다. 명나라 육군대장 유정은 일본군의 뇌물에 넘어가 이순신을 궁지로 몰아넣었다. 유정의 칼은 적이 아닌 이순신을 겨누었다. 왜교성 전투 이후 유정은 선조에게 이순신의 지휘권을 박탈하라는 장계를 올리며 이순신을 사면초가로 몰아갔다.

노량해전을 앞둔 시점, 조정은 그 자체로 전쟁터였다. 이순신의 보고는 믿지 않았고, 명나라 유정의 말만 믿었다. 조정은 이순신의 지휘권을 거두었고, 고니시의 매수에 넘어간 유정의 지휘를 받으라고 명령했다. 그러나 이순신은 전투 중지 명령을 내리는 유정의 지시를 받아들일 수

| 정왜기공도병(征倭紀功圖屏)
명나라 종군 화가가 왜교성 전투, 노량해전 등에 대해 그린 그림

가 없었다. 이순신은 고니시의 바닷길을 봉쇄했다. 그런데 예상치 못한 일이 생겼다. 고니시가 명나라 군대에 뇌물을 주고 구원병을 요청할 연락선을 내보낸 것이다. 소식을 들은 일본군은 연합 함대를 편성해 고니시 구출 작전에 뛰어들었다. 그것이 노량해전의 시작이었다.

11월 18일 밤, 왜교성을 막고 있던 이순신은 노량으로 진격했다. 피하려면 피할 수도 있는 전투였다. 그러나 이순신은 적을 순순히 돌려보낼 수 없었다. 고니시를 구출해 일본으로 돌아가야 하는 일본군으로서도, 적을 그렇게 돌려보낼 수 없었던 이순신 함대로서도, 이 전투는 피차 양보할 수 없는 싸움이었다.

전투는 새벽 2시에 시작됐다. 명나라 진린의 선발대가 일본군의 진로를 차단하면서 이순신 함대는 중앙을 돌파한다. 화공 전술에 왜선이 불타올랐다. 노량의 좁은 바다에서 치열한 접근전으로 전개됐다. 불길이 타오르면서 적선 수백 척이 순식간에 잿더미로 변했고, 온 바다가 붉게 물들었다. 수세에 몰린 적은 필사의 탈출을 감행했다. 최대의 전과를 올렸지만 조선군의 피해도 적지 않았다. 고니시는 전투 도중 남해 먼 바다를 통해 도주했다.

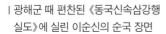
| 광해군 때 편찬된 《동국신속삼강행실도》에 실린 이순신의 순국 장면

화살이 빗발치는 속에서도 이순신은 직접 나서 싸우다가 날아오는 총알을 맞고 말았다. 총알은 가슴을 관통하고 등 뒤로 빠져나갔다.

주위 사람들이 그를 부축해 장막 안으로 옮겨 놓자 그는 "지금은 싸움이 급한 상태이다. 내가 죽었다는 사실을 알리지 말라." 하고는 숨을 거두었다.

그날 새벽, 빗발치는 총탄 가운데 하나가 이순신의 가슴을 꿰뚫었다. 이순신은 전투를 마지막까지 지켜보지 못하고 눈을 감았다. 회한도 슬픔도 없이 이순신이 남긴 것은 의지뿐이었다. 그의 전사는 즉각 알려지지 않았고, 전투는 정오가 되어서야 끝이 났다. 그의 죽음과 함께 7년간의 긴 전쟁도 마침내 끝이 났다. 이순신은 마지막까지 급류를 선택했고, 그 앞에서 최후를 맞았다. 자신의 몸을 죽여 나라를 살렸다. 그러하기에 죽음을 거슬러 불멸의 삶으로 되살았다. 적 앞에선 결코 물러서지 않았고, 부당한 권력과는 타협하지 않으며, 시대의 소명을 다하고 살았기에 그의 삶은 역사로 남은 것이었다.

류성룡은 《징비록》의 끝을 이순신의 이야기로 장식했다. 인간 이순신의 삶과 죽음이 그 속에서 되살아났다.

그는 뛰어난 재주에도 불구하고 운이 부족해서
100가지 경륜을 하나도 제대로 펴 보지 못한 채 죽고 말
았으니 참으로 애석한 일이다.

| 아산 현충사 이순신 무덤

기억을 기억하라.
역사는 기억하는 대로 움직인다.

8장

에필로그
역사는 기억하는 대로 움직인다

역사는
기억하는 대로
움직인다

왜적이 마침내 대패하니 사람들은 모두
'죽은 순신이 산 왜적을 물리쳤다.'라고 하였다.
부음이 전해지자 호남 일도의 사람들이 모두 통곡하여
노파와 아이들까지도 슬피 울지 않는 자가 없었다.
그러나 선조에게 이순신의 승리는 다소 빛나는 것일 뿐이었다.

전쟁은 끝났다. 그 끝에는 상처와 폐허의 조선이 남아 있었다. 인구의 3분의 1이 사라졌고, 전답은 5분의 1로 줄었다. 기근과 역병이 휩쓸었다. 전쟁이 남기고 간 그 폐허 위에서 새로운 삶이 시작됐다. 그것은 참혹한 역사를 되풀이하지 않을 출발선이기도 했다.

1604년선조 37 6월 25일, 전란 극복에 기여한 국가 공신功臣이 선정됐다. 1년 가까운 논의 끝에 공신에 오른 사람은 104명이다. 그중 직접 싸워 공을 세운 선무공신宣武功臣은 18명에 불과했다. 나머지 호성공신扈聖功臣 86명은 선조가 피난 갈 때 호위했던 사람이었다. 더 놀라운 것은 또 있다. 호성공신 가운데는 내시가 24명, 마의馬醫가 6명이나 들어 있다. 이는 선조의 생각이 절대적으로 반영된 결과였다. 선조는 시종일관 호성공신의 공을 높이 평가했고, 또 포상하고자 했다. 녹훈도감에서 공신 선정 작업이 한창일 때 남긴 선조의 발언은 의미심장했다.

> "이번 왜란의 적을 평정한 것은 오로지 명나라군의 덕분이다. 우리 장수들은 간혹 명군의 뒤를 쫓아다니다가 요행히 잔적의 머리를 얻었을 뿐, 일찍이 적 우두머리 하나를 베거나, 적진 하나를 함락시킨 적이 없었다. 그 가운데 이순신과 원균 두 장수의 해상에서의 승리와 권율의 행주대첩이 다소 빛날 뿐이다. 만약 명군이 들어오게 된 이유를 논한다면 그것은 모두 호종했던 여러 신료들이 험한 길에 엎어지면서도 의주까지 나를 따라와 천조에 호소했기 때문에 적을 토벌하여 강토를 회복할 수 있었던 것이다."
>
> 《선조실록》1601년 3월 14일

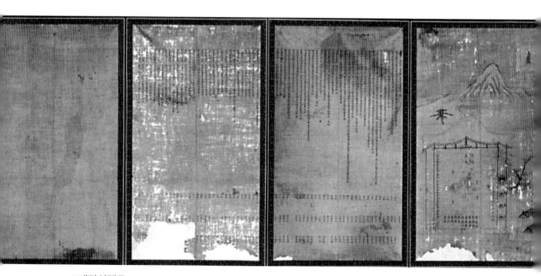

| 태평회맹도
1604년 임진왜란 때 임금을 호종한 공을 세운 호성공신(扈聖功臣)과 전공(戰功)을 세운 선무공신 (宣武功臣)이 모여 계회(契會)를 여는 장면이다. 병풍 옆에 따로 참여자들의 명단이 있는데 각 공신의 본관·생년·성명을 기록하였다.

정치적 복선이 깔린 기막힌 발언이었다. 전란 극복의 모든 공을 명군에게 돌림으로써 이순신 같은 전쟁 영웅의 공은 상대적으로 작게 만드는 것이다. 선조에게 전쟁 영웅들은 경계의 대상이었다. 이순신의 죽음 앞에서 극명하게 드러났다. 선조는 백성들의 슬픔과 통곡소리에 귀를 닫았다. 이순신을 기리는 사당을 짓자는 의견도 받아들이지 않았다.

> 이순신이 죽었다는 소식을 들은 우리 군사와 명나라 군사들은 각 진영에서 통곡을 그치지 않았는데, 마치 자기 부모가 세상을 떠난 듯 슬퍼했다. 그의 영구 행렬이 지나는 곳에서는 모든 백성이 길가에 나와 제사를 지내면서 울부짖었다.
> "공께서 우리를 살려 주셨는데, 이제 우리를 버리고 어디로 가시나이까?"
> 수많은 백성이 영구를 붙들고 울어 길이 막히고 행렬은 더 이상 나아가지 못할 지경이었다. 나라에서는 의정부 우의정을 추증했다. 명군 장수 형개가 나서서 말했다.
> "당연히 그를 기리는 사당을 지어 충혼을 달래 주어야 합니다."
> 그러나 그 제안은 받아들여지지 않았다. 이에 바닷가 백성들이 모여 사당을 짓고 민충사라 이름 붙인 후 때마다 제사를 지냈다. 장사치들과 어부들은 오가며 그곳에 들러 제사를 지냈다.

선조에겐 백성들이 따르고 존경하는 이순신은 위협일 뿐이었다. 명군 장수가 인정하는 이순신은 더 큰 위협이었다. 실제로 임진왜란과 함께 선조에게는 도성과 백성을 버린 왕이라는 꼬리표가 따라붙었다.

선조는 불안했다. 왕권은 추락하고, 이순신과 곽재우는 전쟁 영웅으로 떠올랐다. 돌파구가 필요했다. 이때 선조가 붙잡은 돌파구가 명나라군이었다. 그래서 이순신과 권율을 선무 일등공신에 책봉하면서 '그 승리는

다소 빛날 뿐'이라고 애써 낮추어 평가했다. 원균도 일등공신에 포함시켜 같은 급으로 만들었다. 곽재우와 조헌, 고경명 같은 의병장들은 아예 언급조차 하지 않았다. 반면, 공신 선정 과정에서 명군의 역할은 절대적으로 평가하고 강조했다. 그렇게 함으로써 피난만 다닌 무능한 왕이 아니라 명나라군을 불러 전란을 극복한 구국의 왕으로 이미지 변신을 시도한 것이다. 선조는 그렇게 재조지은再造之恩(망해 가던 나라를 명나라 군이 구원하여 되살아나게 해 준 은혜)의 이데올로기로 스스로를 세뇌해 유포시켰고,

ㅣ 동관왕묘
당시 이러한 조선의 분위기가 그대로 반영되어 있는 곳이 동관왕묘다. 중국식 사당, 중국의 장수인 관우를 모신 곳이다. 서울 한복판에 이런 동관왕묘를 세운 까닭은 임진왜란 직후-지원군으로 왔던 명나라군을 기리기 위한 것이었다.

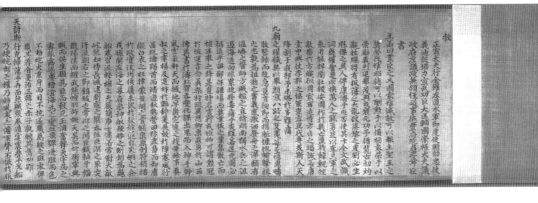

| 임진왜란 선무공신첩(일등공신에 이순신, 권율, 원균의 이름이 함께 올라 있다.)

임진왜란 극복의 원동력이 명나라군이라는 공식 기억을 만들어 냈다. 적어도 류성룡의 《징비록》이 등장하기 전에는 선조의 이미지 변신은 성공한 것처럼 보였다.

이순신은 죽었고, 곽재우는 의병을 해산하고 숨어 버렸다. 류성룡도 무사하지 못했다. 전쟁의 광풍이 그치자 책임 공방이 벌어졌다. 전시 내각을 이끌었던 류성룡의 존재는 정적들에게 큰 부담이었다. 탄핵의 이유는 '종계변무宗系辨誣'를 위한 명나라 사신행을 자처하지 않았다는 것이었다. 류성룡이 선조의 눈 밖에 나자 정적들 기회를 놓치지 않았다. 갖가지 무고로 헐뜯었다.

> (성룡은) 제일 먼저 기밀설을 주창하여 마침내 강화의 발판을 만들어 인심이 해이해지게 하고 국세를 부진케 하여 오늘날의 혼란에 이르게 하였으니 중외의 인심이 누가 원망하지 않겠습니까…… (중략) 대신이 이러한 죄를 지고서는 하루라도 관작을 보전할 수 없으니, 삭탈관직시키소서.
>
> 《선조실록》 1598년 11월 16일

선조는 기다렸다는 듯이 류성룡을 버렸다. 류성룡의 삭탈관직과 함께 그의 전시 개혁 입법들도 모두 폐기됐다. 양반과 노비에게도 병역 의무를 부과한 '속오군', 토지 소유를 기준으로 세금을 부과한 '작미법', 노비의 면천과 등용 등 양반 사대부들의 오랜 기득권을 흔드는 파격적인 제도였다. 전쟁이 끝나자 위기의식은 사라졌다. 성난 민심이 가라앉자 개혁하겠다는 의지도 사라졌다. 조선은 다시 전쟁 이전으로 돌아갔다.

성룡은 임진난이 일어난 뒤 건의해 처음으로 훈련도감을 설치했는데, 척계광의 《기효신서》를 모방해 포砲, 사射, 살殺의 삼수를 뽑아 군용을 갖추었고, 외방의 산성을 수선했으며, 진관법을 손질함으로써 비어책으로 삼았다. 그러나 성룡이 자리에서 떠나자 모두 폐지되어 실행되지 않았는데, 유독 훈련도감만은 존속되어 오늘에 이르도록 그 덕을 보고 있다.

《선조수정실록》 1607년 5월 1일

임진왜란 이후 명나라는 조선에 훨씬 더 버거운 존재가 되었다. 명나라의 지원군 덕분에 나라를 되찾게 되었다는 재조지은再造之恩의 이데올로기 때문이었다. 《선조실록》을 보면 명나라에 대한 재조지은이라는 표현이 무려 11번이나 등장한다. 당시 조선의 지배층들 사이에 명나라는 받들고 섬겨야 하는 재조지은의 대상이었다. 결국, 조선은 선조가 만들어낸 재조지은의 논리에 갇혀 명청 교체라는 현실을 제대로 보지 못했다. 정묘호란과 병자호란은 그 결과였다.

역사는 기억하는 대로 움직인다. 도쿠가와 막부 시대, 히데요시는 잊혀진 존재였다.

그러나 19세기 메이지 유신을 단행하고 다시 제국주의 노선을 걷기 시작하면서, 일본은 도요토미 히데요시를 부활시켰다. 히데요시는 교토의 도요쿠니 신사에 신으로 모셔졌다. 그리고 조선 침략의 주범을 모신 바로 그 신사 맞은편에 임진왜란 당시 일본군의 잔혹상을 증언하는 코무덤, 비총鼻塚이 있다. 정유재란 당시 일본군은 닥치는 대로 조선 백성을 잡아 죽이고 코를 베어 교토로 보냈다. 그 코를 모아서 묻은 코 무덤이다. 1873년 메이지 천황은 비총을 찾아 히데요시의 업적을 추켜세웠다. 임진왜란이 끝나고 300년 뒤, 메이지 정부는 히데요시를 부활시키고 다시 조선 침략에 나선 것이었다.

전쟁은 끝났지만 끝난 게 아니었다. 기억과의 전쟁이 여전히 남아 있었다. 그 불행한 전쟁의 역사를 끝내기 위해 이순신은 노량으로 나아갔고, 류성룡은 《징비록》을 썼다. 이순신이 전사한 1598년 11월 19일, 류성룡도 관직에서 쫓겨났다. 같은 날 장군은 죽고, 영의정은 파직됐다. 류성룡은 그 길로 고향으로 돌아갔다. 은거하는 동안 그의 누명은 벗겨

| 옥연정사 안동 하회마을

지고 관직은 다시 회복됐다. 그러나 선조의 부름도, 공신 책봉도 거부했다. 부용대 중턱의 옥연정사에서 오로지 《징비록》 집필에만 매달렸다.

> 생각하건대, 제가 일찍이 대신이라는 높은 지위에 있으면서 관직을 문란하게 하고 나라를 그르친 죄는 있어도 공은 없는데, 다시 공훈적에 들어가 성조의 수치가 되게 하시니 저는 밤낮으로 부끄럽고 두려워 어찌할 바를 모르겠습니다. 바라옵건대 저의 간절한 애원을 살피시어, 공신훈적에서 저의 이름을 삭제하시어 제가 분수에 편안하도록 하여 주시면 매우 다행이겠습니다.
>
> 〈호성공신 책봉을 사양하는 상소문〉

류성룡은 선조와는 다른 길을 갔다. 선조는 전쟁의 책임을 지지 않으려고 애썼지만, 류성룡은 통렬한 자기반성으로 출발했다. 잘못된 판단, 잘못 된 기억은 불행한 역사를 만든다. 류성룡은 미래의 기준이 될 바로 전쟁의 기억을 바로잡기 위해 붓을 들었다. 스스로 지킬 힘이 없을 때는 전쟁도 휴전도 스스로 결정할 수 없다. 류성룡의 《징비록》은 7년 전쟁을 관통해온 그 생생한 증언이었다. 지옥과도 같았던 전쟁의 기억, 그 끔찍한 참화를 경계하기 위해 쓰고 또 썼다. 1604년, 《징비록》이 완성되었고, 비로소 그의 기억 전쟁은 끝이 났다.

한 사람의 삶은 그의 죽음 앞에서 온전한 제 모습을 드러낸다. 류성룡은 1607년 5월 6일 예순다섯의 일기로 세상을 떠났다. 안동에서 전해 온 부음 소식에 온 나라가 통곡했다. 미처 안동으로 내려가지 못한 백성은 한양의 빈집으로 모여들었다. 장례비조차 없다는 소식에 가난한 백성이 주머니를 털어 안동으로 내려보냈다. 백성들은 4일간이나 시장 문을 걸어 잠그고 철시했다. 그 애도의 물결은 크고 깊었다.

　그는 갔지만 그의 시대는 《징비록》으로 남았다. 그리고 그것은 과거의 류성룡이 현재의 우리에게 보내온 400년의 메시지다.

기억을 기억하라.
역사는 기억하는 대로 움직인다.

Ⅰ 병산서원 류성룡을 추모하고 기리기 위해 세운 서원

징비록 기억을 기억하라

초판 1쇄 인쇄　　　2015년 11월 30일
초판 1쇄 발행　　　2015년 12월　4일

지은이 | 정종숙
펴낸이 | 박정태
편집이사 | 이명수　　　　　감수교정 | 정하경
책임편집 | 조유민　　　　　편집부 | 김동서, 위가연
마케팅 | 조화묵, 이상원　　온라인마케팅 | 박용대, 김찬영
경영지원 | 최윤숙

펴낸곳　　　BOOK★STAR
출판등록　　2006. 9. 8. 제 313-2006-000198 호
주소　　　　파주시 파주출판문화도시 광인사길 161
　　　　　　광문각 B/D 4F
전화　　　　031)955-8787
팩스　　　　031)955-3730
E-mail　　　kwangmk7@hanmail.net
홈페이지　　www.kwangmoonkag.co.kr

ISBN　　　　978-89-97383-73-3 03900
가격　　　　15,000원